一本职场与青少年历史教育的普及读物

# 巾帼从不让须眉

## 说说历史上那些才女们

姜若木◎编著

中国华侨出版社

**图书在版编目（CIP）数据**

巾帼从不让须眉：说说历史上那些才女们/姜若木 编著.
—北京：中国华侨出版社，2012.9（2023.1重印）

ISBN 978-7-5113-2790-1

Ⅰ.①巾…　　Ⅱ.①姜…　　Ⅲ.①女性-名人-生平事迹-中国-古代
Ⅳ.①K828.5

中国版本图书馆 CIP 数据核字（2012）第 186126 号

● 巾帼从不让须眉：说说历史上那些才女们

编　著/姜若木
责任编辑/崔卓力
责任校对/志　刚
版式设计/丽泰图文设计工作室/桃子
经　销/全国新华书店
开　本/710×1000毫米　　1/16开　　印张/17　　字数/238千字
印　刷/三河市嵩川印刷有限公司
版　次/2012年10月第1版　　2023年1月第3次印刷
书　号/ISBN 978-7-5113-2790-1
定　价/48.00元

中国华侨出版社　北京市朝阳区静安里26号通成达大厦3层　邮编：100028
**法律顾问：陈鹰律师事务所**
编辑部：(010) 64443056　64443979
发行部：(010) 64443051　传真：(010) 64439708
网　址：www.oveaschin.com
E-mail：oveaschin@sina.com

# 前　言

中华民族有着悠久的文明历史，传统文化博大精深，源远流长。尤其是三千多年古代文学的长河，犹如银河当空，群星灿烂。许多伟大的诗人、词人、史学家、作家等等以他们卓越的才能为祖国的文化宝库创造了无比珍贵的财富。然而，在古代，由于女子从社会生活中被排挤出去，无社会地位可言。并且几乎是社会公认的：女子无才便是德。所以，她们只有作为男子的附庸，终身桎梏在家里，加上传统封建礼教的束缚，导致几千年来，不知有多少妇女的卓越才华被摧残窒息。因此，在漫长的历史长卷中，女作家寥若晨星，屈指可数。当然，也有一些佼佼者，大都是偶遇特别的优越条件。而且，这些女子，从来都是不让须眉男儿的。

她们是：史笔光耀千秋的班昭。班昭家学渊博，尤擅文采。班昭十四岁嫁给同郡曹世叔为妻，生活得十分美满。班昭的两个哥哥也颇有文采，皆是受到父亲班彪的影响。班昭本人常被召入皇宫，教授皇后及诸贵人诵读经史，宫中尊之为师。尤其是班氏家族度尽劫波之后，班昭志气反而不减，更将才华发挥到极致。

她们是：悲愤绵延千古的蔡文姬。"文姬归汉"的故事传之千年，历久不衰，几乎有口皆碑。可是，谁又清晰地知道，她的一生自始至终都在和悲惨的命运抗争。幼年时便随父亲流放、继而亡命江南。成年后适逢战乱被掳往南匈奴。为报效祖国，她又抛稚别子、回归中原……她的大悲大愤，可谓绵延千古。

她们是：彩笺流芳万世的薛涛。薛涛豆蔻年华时，就已经颇有才华。这主要是因为她自幼受到的良好教育。可惜家道中落，不幸落入"乐籍"。身著乐籍的她，成了一个交际名家。可是，她又恃才傲物，因此，吃了不少苦头。在古代，像薛涛这样的才女少之又少。所以，她又像被众星捧月一样，占尽风流。后来，薛涛脱离了乐籍，离开了幕府，潜心造纸制笺。制成了我们今天说的"薛涛笺"。

　　她们是：道观悲情哀艳的鱼玄机。鱼玄机本出自一个小市民的家庭里。出身并不高贵，然而，她才貌双全，被李亿看中，并且纳为妾室。只可惜李亿的原配夫人妒忌心重，李亿骗说先将鱼玄机安置道观。等升官之后，再来道观把鱼玄机迎回，鱼玄机信以为真，苦苦等待。当鱼玄机知道丈夫确实已经升官后，再也等不下去了，千辛万苦去寻夫。好不容易找到丈夫，发现丈夫却移情别恋了。并且又被丈夫骗去钱财，鱼玄机明白过来后，万念俱灰。在一次气急之下，失手砸死丫环，酿成大祸。

　　她们是：绝色宫廷才女花蕊夫人。自古才华和美貌是不成正比的，尤其是在女子身上更加互不相容。唯一例外的，就是花蕊夫人。她是一个奇异的女子，美丽却摈弃妖娆，聪颖而博学强记，对如山的诗词歌赋和纷繁复杂的君王世界，了解得一如俯视自己手心的纹路。然而，在蜀主被害后，她也没能逃过一死。

　　她们是：幽怨断肠才女朱淑真。朱淑真生于美丽的西子湖畔。深闺里的她，希望嫁给一个自己挑选的如意郎君，为此，还写了不少诗篇。然而，在封建社会里，这个愿望是不可能实现的。她最终嫁给了一个不喜欢的人，夫妻感情非常不好，最终分道扬镳。回到父母的家中后，由于封建礼教的束缚，还是不能和心爱的人在一起，最终郁郁而终。

　　她们是：雪若柳絮风起的谢道韫。她出身于一个缨簪世家，也是一个人才济济的世家。后又嫁给著名书法家王羲之的二儿子王凝之，只可惜王凝之不才，使得她有遇人不淑之感。后来丈夫遇难，她仍然风仪不减，不愧是一代杰出女诗人。

她们是：词国旷代女杰李清照。李清照出身于一个书香世家，自幼受到良好的教育。嫁给赵明诚后，更是琴瑟和谐。夫妻二人都非常热爱诗词与金石研究。可惜生逢乱世之秋，她的作品几乎字字都是泣血之作，忧国忧民之思。她时刻关心国家大事，为了将她与丈夫多年研究金石的心血报效朝廷，她历尽磨难。只是皇帝昏聩，她不禁忧时伤世，尤其是丈夫死后，她更加孤苦。同时，也是她的词作造诣达到顶峰时期。

她们是：巾帼不让须眉的秋瑾。在封建礼教下，秋瑾少女时期仍能表现出奔放豪爽的性情，实属难能可贵。可惜的是，嫁了一个无才无德之人，在那个时代下，只能空留悲叹。后来，秋瑾受到先进人士的影响，为了追求自由，冲破樊篱，她只身东渡去日本留学。回国后，她奔走革命，视死如归。最后被坏人出卖，英勇就义。

她们是：影坛绝代女星阮玲玉。阮玲玉命运悲苦，可惜偏偏遇到一个纨绔子弟，玩弄了她的感情。由于生活所迫，阮玲玉自谋生路，初试银幕，又历经坎坷，经过自己的努力，终于一举成名。成名后，又面临着压力与竞争，后来另辟新的路子，并且又创新高。然而，在她事业如火如荼的时候，也正是她婚姻遭遇不幸的时候。她嫁过两次，又被欺骗两次。一代巨星背后、一个神女背后，到底有多少苦楚呢？

这些才女们通过自己的努力奋斗，实现了自己的价值，是中国妇女界的骄傲。

本书收录了乱世中的十位巾帼不让须眉的才女们，对她们的才华、美貌、重要的事迹都做了详尽的描述，包括史学家的评论及重要的文献论证。本书语言通俗易懂、故事生动有趣，将那些没有被浩淼历史湮没的才女们如电影般地重现在读者面前。

## 第一章

# 史笔光耀千秋——班昭

班昭（约 45 年~约 117 年）名姬，字惠班。汉族，扶风安陵（今陕西咸阳东北）人，东汉史学家。史学家班彪女、班固与班超之妹，博学高才，嫁同郡曹寿，早寡。兄班固著《汉书》，八表及《天文志》遗稿散乱，未竟而卒，班昭继承遗志，独立完成了第七表《百官公卿表》与第六志《天文志》，《汉书》遂成。帝数召入宫，令皇后贵人师事之，号曹大家（gū）。善赋颂，作《东征赋》、《女诫》。班昭为中国第一个女历史学家。

## 第二章

# 悲愤绵延千古——蔡文姬

蔡文姬（177~?）名琰，原字昭姬，晋时避司马昭讳，改字文姬，东汉末年陈留圉（今河南开封杞县）人，东汉大文学家蔡邕的女儿，是中国历史上著名的才女和文学家，精于天文数理，既博学能文，又善诗赋，兼长辩才与音律。代表作有《胡笳十八拍》、《悲愤诗》等。

巾帼从不让须眉——说说历史上那些才女们

**第三章**

# 彩笺留芳万世——薛涛

薛涛（？~约832年），字洪度（一作弘度），原籍长安（今陕西西安市）。幼年随父薛郧宦游入蜀（今成都），自幼聪敏，八九岁时就能知音律，吟诗作文，后入乐籍。因容貌美丽，又有诗才，书法亦精，故扬名蜀地。《宣和书谱》云薛涛"作字无女子气，笔力峻激，其行书妙处，颇得王羲之法。少加以学，亦卫夫人之流也。每喜写己所作，诗语亦工，思致俊逸，法书警句，因而得名"。可见，在唐朝，以才气闻名一世的，还有这位不可轻易忽略又不可随便多得的"扫眉才子"。

**第四章**

# 道观悲情哀艳——鱼玄机

鱼玄机（约844~约871年）字幼微，一字蕙兰，长安（今陕西省西安市）人。市民家女，姿色倾国，天性聪慧，才思敏捷，好读书，喜属文。15岁被李亿补阙（掌讽谏之官）纳为妾，与李情意甚笃，但夫人妒不能容。唐懿宗咸通时，李亿遣其出家，在长安咸宜观为女道士。她对李仍一往情深，写下许多怀念他的诗。她曾漫游江陵、汉阳、武昌、鄂州、九江等地。在大自然的陶冶中，情怀更趋豁达，遂放纵情怀以求知己，终不能及。著有《北梦琐言》。《全唐诗》中存诗48首，后被判为逼死侍婢绿翘，被京兆尹温璋处死。

## 第五章
# 绝色宫廷才女——花蕊夫人

花蕊夫人，后蜀皇帝孟昶的费贵妃，五代十国时期女诗人，青城（今都江堰市东南）人。幼能文，尤长于宫词。得幸蜀主孟昶，赐号花蕊夫人。其宫词描写的生活场景极为丰富，用语以浓艳为主，但也偶有清新朴实之作，如"三月樱桃乍熟时，内人相引看红枝。回头索取黄金弹，绕树藏身打雀儿"这一首，就写得十分生动活泼，富有生活情趣；其《述国亡诗》亦颇受人称道，实难得之才女也。诗一卷（《全唐诗》下卷第七百九十八）。

## 第六章

# 幽怨断肠才女——朱淑真

朱淑真，钱塘（今浙江杭州市）人，自号幽栖居士。大约生活在北宋末、南宋初，生卒年不详。她多才多艺，除工诗词外，兼通书法、擅丹青、识琴谱、解音律。她的婚姻家庭生活很不美满，痛苦、压抑的生活，使她抑郁而终。她的作品多抒写个人爱情生活的郁闷和忧伤，情调过于伤感，表现出她寂寞哀愁的情怀。其诗似乎由本人整理过，但原稿已由其父母"一火焚之"不可复得，后经宋人魏仲恭（字端礼）在"百不一存"的情况下，搜集整理，得诗10卷，集中诗句用"断肠"二字竟有多处，故名曰《断肠集》。

## 第七章

# 雪若柳絮风起——谢道韫

谢道韫 (349~409)，咏絮之作的起源，东晋著名才女。谢道韫的著作，《隋书·经籍志》卷四的"别集"部中著录有《谢道韫集》二卷，历经沧桑，今已亡佚；现在只有清人严可均的《全上古三代秦汉三国六朝文》收有她的《论语赞》一篇，近代丁福保所辑的《全汉三国晋南北朝诗》中保留了她的《登山》、《拟嵇中散咏松》等二诗，共存三篇。幸亏《晋书》、《世说新语》等载籍中保留了她生平行实和若干遗闻轶事的记述，综合起来大致还可以勾勒出谢道韫其人的轮廓，不仅可以觇见她的才情，而且还能体现她的很不平凡的有特征的个性。

# 第八章

## 词国旷代女杰——李清照

李清照（1084~1155），今山东省济南章丘人，号易安居士。宋代女词人，婉约词派代表。早期生活优裕，与夫赵明诚共同致力于书画金石的搜集整理。金兵入据中原时，流寓南方，境遇孤苦。所作词，前期多写其悠闲生活，后期多悲叹身世，情调感伤，也流露出对中原的怀念。形式上善用白描手法，自辟蹊径，语言清丽。论词强调协律，崇尚典雅，提出词"别是一家"之说，反对以作诗文之法作词。能诗，留存不多，部分篇章感时咏史，情辞慷慨，与其词风不同。有《易安居士文集》《易安词》，已散佚。后人有《漱玉词》辑本。今有《李清照集校注》。

**第九章**

# 巾帼不让须眉——秋瑾

秋瑾（1875~1907），近代民主革命志士，原名秋闺瑾，字璇卿，号旦吾，乳名玉姑，东渡后改名瑾，字（或作别号）竞雄，自称"鉴湖女侠"，笔名秋千，曾用笔名白萍。祖籍浙江山阴（今绍兴），生于福建闽侯县（今福州）。其蔑视封建礼法，提倡男女平等，常以花木兰、秦良玉自喻，性豪侠，习文练武，曾自费东渡日本留学。积极投身革命，先后参加过三合会、光复会、同盟会等革命组织，联络会党计划响应萍浏醴起义未果。1907年，她与徐锡麟等组织光复军，拟于7月6日在浙江、安徽同时起义，事泄被捕。7月15日从容就义于绍兴轩亭口。

**第十章**

# 影坛绝代女星——阮玲玉

阮玲玉的父亲在她6岁时病故，她与母亲二人相依为命，在上海崇德女子中学（现同济大学附属七一中学）就读。1926年（16岁）时，经张慧冲介绍，考入明星影片公司，开始其电影艺术生涯，主演《挂名夫妻》等5部电影。1928年转入大中华百合影片公司，主演《情欲宝鉴》等6部电影。1930年转入黎民伟、罗明佑创办的联华影业公司，主演《野草闲花》（饰演卖花女）一举成名，奠定她在影坛的地位，一生共主演29部电影。

# 第 一 章

## 史笔光耀千秋
## ——班昭

  班昭（约45年~约117年）名姬，字惠班。汉族，扶风安陵（今陕西咸阳东北）人，东汉史学家。史学家班彪女、班固与班超之妹，博学高才，嫁同郡曹寿，早寡。兄班固著《汉书》，八表及《天文志》遗稿散乱，未竟而卒，班昭继承遗志，独立完成了第七表《百官公卿表》与第六志《天文志》，《汉书》遂成。帝数召入宫，令皇后贵人师事之，号曹大家（gū）。善赋颂，作《东征赋》、《女诫》。班昭为中国第一个女历史学家。

# 女中魁元，当属班昭

端庄严谨的史学家班昭，在中国历史上，留下了光辉巨著。《汉书·天文志》、《汉书》中的《八表》都反映出她广博的学识。思维缜密，逻辑清晰，语言精炼，构篇奇特。

14岁的妙龄少女，嫁得才郎。曹寿，字世叔，娶得名门贵族的聪慧女子为妻，自是万分喜庆。不愿用家务琐事分散她的精力，以免坠入凡俗者流。班昭不愧为才女佳媛，其父班彪的功绩，两位兄长的成就，都鼓舞着她前进，她仿佛时刻都感到长辈在面前叫着她另一个名字叮嘱："班姬呀，你可要为父兄增光啊！"于是她下决心不辱没家门！相敬如宾的夫妇，在事业上总是互相支持的，曹世叔曾唤着她的字说："惠班哪，你是女中魁元，终究能成大器！"班昭常常只是一笑，算做回答，其实，心情是很复杂的。

丈夫的升迁，使她各地风光尽览，人生况味尽尝。故而，她能以刚健的脚步迈上彩虹般绚丽，鸾凤般优美，动魄夺魂的创作道路。美丽的彩缎，引不起妆扮的兴趣，潮涌的文思，使她挥洒笔墨，无尽地翻腾的思绪，为人间留下多好的创作啊！

《东征赋》是班昭随升官的儿子——曹成，字子谷，由洛阳至陈留，所写的赋篇。

班昭少有大志，苦炼有成，悉心揣摩，成为大赋之一代宗师。洗净铅华无脂粉气，引经据典，严整旗鼓，实具名家风范。

《东征赋》开头四句，写出发的时间。

唯永初之有七兮，余随子乎东征。

时孟春之吉日兮，选良辰而将行。

第五句到第八句，写举步登车，感情倒很平静，晚上住在洛阳东30里处的偃师县寓所时，思前想后，吊古伤今，不胜凄凉。

> 方举趾而升舆兮，夕余宿乎偃师。
>
> 遂去故而就新兮，志怆恨而怀悲。

班昭刚刚走出一天，思想感情怎么会起这么大的变化呢？一种原因是对住惯了的地方总有难以割舍的情，对新的环境尚一无所知，前途渺茫，心情能不惆怅？这正是人之常情！另一种原因是来到偃师，就联想到古代贤君帝喾曾经在此地建都。又是殷国盘庚所迁的地方。到个新地方，子谷会不会有所作为，以不负君王的眷顾呢？

到了第二天，思想上转了个180度的大弯。

> 明发曙而不寐兮，心迟迟而有违。
>
> 酌樽酒以驰念兮，喟抑情而自非。
>
> 谅不登巢而蠲兮，得不陈力而相追。
>
> 且从众而就列兮，听天命之所归。
>
> 遵通衢之大道兮，求捷径欲从谁？

这10句一气贯通，很有气魄。先说忧心忡忡，直到天亮也睡不着觉，一夜苦思苦想也没想出什么办法来，反而影响赶路。借酒浇愁，忽然悟出道理，于是觉得自己的想法不对路，完全加以否定。

她想到：新任的场所又不是像上古那样现搭巢当房屋，现发明火去改善饮食条件。那就尽最大的努力，和别人一起，按部就班地治理国家吧！重要的是走光明大道，而不要搞歪门邪道。第二天在思想激烈斗争中度过去了，下一步应考虑怎样做才算不虚此行。

> 乃遂往而徂逝兮，聊游目而遨魂。
>
> 历七邑而观览兮，遭巩县之多艰。
>
> 望河洛之交流兮，看成皋之旋门。
>
> 既免脱于峻兮，历荥阳而过卷。
>
> 食原武之息足，宿阳武之桑间。

没有思想负担，感到轻松自如。于是尽情观看各地的风土民情，以便子谷为官时做到清正廉明。历七县，指的是秦襄公灭东周时只有

河南、洛阳、穀城、平阴、偃师、巩、緱氏七个县为全部领土。班昭
此次行程，在巩县遇到了一些艰难险阻。但没因山高路险而停步，经
过了河南的荥阳县就顺利地通过虢亭。在河南的原武县吃饭歇脚，在
阳武县住宿。最令她高兴的是看到洛水流入黄河的汇合之处。浩浩荡
荡，真是壮阔景观，平生初见。遥向天际的河水，泛起滚滚波涛，高
山峻岭触目皆是屏翠叠岩。

离陈留郡越来越近了，她得为子谷找出学习的榜样。凭空设想，
不切实际，且显得生硬，班昭善于因势利导，走到哪里，记到哪里，
凡能联系的古圣先贤，一位也不漏掉。

> 涉封丘而践路兮，慕京师而窃叹。
>
> 小人性之怀土兮，自书传而有焉。
>
> 遂进道而少前兮，得平丘之北边。
>
> 入匡郭而追远兮，念夫子之厄勤。
>
> 彼衰乱之无道兮，乃困畏乎圣人。
>
> 怅客与而久驻兮，忘日夕而将昏。

班昭到了封丘县，不写什么山光水色，想起来殷纣王醢九侯的暴
虐无道，便暗自长叹。于是忆起《论语》上孔子说的："君子怀德，
小人怀土。"的名言。她希望子谷能成为道德高尚的君子，而不做那安
于一域，饱食终日无所用心的庸碌之徒。稍稍前进一些，到了平丘县
的北边。进入匡的城边，思想飞驰到遥远的古代，为孔子被误认为鲁
之阳虎，遭到匡人围攻的事，深感不平。为此，停留了好久，已经忘
记到了黄昏时刻。真是忧已忘时，感慨至深啊！做地方官该体恤民情，
关心老百姓的疾苦才能得到老百姓的信任和拥护。班昭想到这一点，
所到之处，观察得格外细心，并就所见阐发议论。

> 到长垣之境界兮，察农野之居民。
>
> 睹蒲城之丘墟兮，生荆棘之榛榛。
>
> 惕觉悟而顾问兮，想子路之威神。
>
> 卫人嘉其勇义兮，讫于今而称云。

到长垣县边上，着重说明孔子的学生子路为蒲大夫时，政声远扬。

卫国人称赞他的勇敢更重视他讲义施仁，立下祠堂，永远纪念他。

> 祗在城之东南兮，民亦尚其丘坟。
>
> 唯令德为不朽兮，身既没而名存。
>
> 唯经典之所美兮，贵道德与仁贤。
>
> 吴札称多君子兮，其言信而有徵。
>
> 后衰微而遭患兮，遂陵迟而不兴。
>
> 知性命之在天兮，由力行而近仁。
>
> 勉仰高而蹈景兮，尽忠恕而与人。
>
> 好正直而不回兮，精诚通于明神。
>
> 庶灵祗之鉴照兮，佑贞良而辅信。

长垣县遽乡有祗伯玉坟，从这些事例可以看到有德行才会永垂不朽，人虽不在世美名传扬。经典中所称赞的就是有道德的仁人志士和贤明善良的人。吴季札到卫国，对公子朝说："卫国的君子多，不会有灾患的。"（多君子，指的是遽瑗、史狗、史鰌、公子荆、公叔发）后来国势衰微，走向下坡路，最终，被秦二世所灭。

历史的教训应该记取。班昭谆谆教子：要顺应潮流，修身正己，性情淳厚，宽以待人。如此，才能有利于国，有利于民。上天才会庇护，后代人才会铭记。

班昭学屈原《离骚》手法，结束语用"乱"整理归纳出几项具体要求，使子谷在思想上极度震动，严母教子，确实抓住了时机。

乱曰：

> 君子之思必成文兮，盍各言志慕古人兮。
>
> 先君行止则有作兮，虽其不敏敢不法兮。
>
> 贵贱贫富不可求兮，正身履道以俟时兮。
>
> 修短之运愚智同兮，靖恭委命唯吉凶兮。
>
> 敬慎无怠思嗛约兮，清静少欲思公绰兮。

班昭学习孔子的教育方法，启发受教育者谈出自己真实思想，然后再根据其理想、志趣加以引导。先说自己写《东征赋》的原因，是以父亲班彪为榜样，虽然自己不太聪明，写出来的赋也赶不上《北征

赋》深刻，但是，继承父志，教育后人的责任感促使自己要阐明观点。

这篇赋，感情真挚热烈。是给先贤写赞歌，有的是因地而思人，思人而兴叹。有的是直赞其执政时善政，有的则赞其"死后尊荣"。对自己的内心世界，剖白彻底。忧者为何？略感安慰为何？矢志学习为何？起到了动之以情的作用。

穿插议论、大段议论，很有分量。不流于空口说教，有大量史实做根据，使人不能不点首称是，起到潜移默化的作用。即通常所说的晓之以理。

班昭熟读五经四书，一引典极为恰当，更谙诸子百家论述，句中转化，顺畅圆满。

班昭

引用《诗经》、《论语》、《楚辞》为最多，《礼记》、《左传》的记载，也较多转述，《老子》、《墨子》、《韩非子》中的某些主张，也被肯定下来。

时间明确、地点清楚，既便于理清脉络，又增加可信程度。

对朝代之更替、国家之兴衰，极为关心，反映其爱国情怀。

继骚体，创新赋，求对偶，讲铺排。音调铿锵，力贯千钧，春风时雨，鲸吞巨海。

# 芝兰玉树，聚生班门

班昭的两位胞兄，都是很有头脑的人。两兄弟的情谊因大哥班固遭到冤枉，做弟弟的班超为之辩冤而更加深厚了。班昭受到了感染，到必要的时候也会挺身而出的。

事情的始末，在《汉书·班彪传》里有详细的记载。

班彪去世后，班固要继承父业，用写史表达悼念之诚。"固以彪所续前史未详，乃潜精研思。"未详，便欲求其详。求其详便要花大力气。一般来说，丁父之忧不是守庐尽孝就是忧伤难抑打不起精神来。班固的行为是受责任感的驱使，应该说，其情可悯，其志可嘉。谁知风波骤起，不仅要把他写的史书，扼死在萌芽状态中，还要把这个有志之人诬为叛国逆徒，私改国史的罪魁。陷害人的钻穴觅空，下属官员也是唯皇帝命令是从。"既而有人上书显宗，告固私改作国史者。有诏下郡，收固系京兆狱，尽取其家书。"一告就灵，皇帝让人把班固抓起来，送到京城监狱，抄家搜出班固所写的书稿作为罪证。班固的一片苦心骤成泡影，牢狱之灾恰好磨炼其不悔之心。

谁最了解班固呢？谁肯冒死为之奔走，直达天听呢？那是他的弟弟班超。班超善于分析政治形势，既有前车可鉴，岂能让耿耿忠心的兄长冤死狱中，甚至祸及家族。实在是岌岌可危，欲告无门。"先是扶风人苏朗伪言图谶事，下狱死"。苏朗是"自作孽不可活也"。班固有半点与之相同吗？没有。班超权衡利害得失，急如星火地赶赴京师。"恐固为郡所核考，不能自明，乃驰诣阙上书"。他的担心不是没有道理的。旧社会在办案方面，屈打成招的案例无法统计，只不过留与后人讲古时一声长叹罢了。行动迅速的班超，是在班固受诬告后，定案前的极短时间里，赶到了京城，上书给皇帝的。其晓行夜宿的辛苦，不言而喻，忧心如焚，可想而知。所幸的是："得召见"，就是受到了皇帝的召见。有机会"具言固所著述意"。通过详详细细的陈述，可见班超对班固所写的史书非常清楚，简直如同自己写的一般。事有凑巧，"而郡亦上其书"。郡中的官吏也觉案情重大，不敢擅自主张，把班固的作品直接送到皇宫。"显宗甚奇之，召诣校书部，除兰台令史，与前睢阳令陈宗、长陵令尹敏、司隶从事孟异共成《世祖本纪》。迁为郎、典校秘书。"弄清原委，擢用奇才，班固得到写史的重权。兰台令史六人，秩百石，掌书劾奏。写《世祖本纪》有功，又被提升为郎、典校秘书。

班固以完成史书为己任，才华又高出云表，很快地写出了一系列作品。"固又撰功臣、平林、新市、公孙述事，作列传，载记二十八篇，奏之。"经过一番严峻的考验，他才获得了按照自己原有的写作计划，编撰史书的权利。"帝乃复使终成前所著书"。

由此，班固独立思考，发挥才智，遵古而不泥于古，重前人成绩，却找出其不足，而决定了自己的写作纲领。他认为汉代是了不起的朝代，是继承了圣明君主尧的运道，成就了帝王之业，"汉绍尧运，以建帝业"。那么，在写史上有什么偏差呢？那就是有三个问题：一是历史出现了断条，二是有所贬低，三是大面积空白。于是进行了史无前例或有例还需大量充实的工作。

倘若不是班超为之上书辩冤，力陈其忠、其著，可昭天日，决不会有这般成就。

班氏兄弟同胞义、手足情，决不只是为了一己之私，堪称是推动历史前进的巨大力量，进而为后世留下了宝贵的精神财富，可谓功高盖世。

文能济世，武可匡国。班氏兄弟文武全才。班超投笔从戎的故事，流传千载，鼓舞多少文人，或者说是知识分子，拿起刀枪，驰骋疆场，保卫祖国，保卫边疆，促进建设，赢来和平！

立大功的班超，有赫赫的战功，在中国历史上获得了应有的地位。

《后汉书·孝和孝殇帝纪》记载："夏五月……月氏国遣兵攻西域长班超，超击降之。"

六年秋"西域都护班超大破焉耆、尉犁，斩其王，自是西域降服，纳贡者五十余国。"

《班超传》历述受兄固的推荐、支持，由兰台令到军司马。后屡出奇兵，大获全胜，被帝拜为将兵长史。待遇如同大将"假鼓吹幢麾"。班超善于分析敌情，班超善于用兵，班超善于做群众的思想工作，对认输者，又会恩威并施。

当50余国皆进贡、交人质、归附于汉时，永元三年，皇帝下诏列举班超的功劳，并阐明封侯的目的："……先帝重元元之命，惮兵役之兴，故使军司马班超，安集于阗以西。超遂逾葱岭，迄县度。出入二十二年，莫不宾从。改立其王而绥其人。不动中国，不烦戍士，得远夷之和，同异俗之心，而致天诛，蠲宿耻，以报将士之仇。司马法曰：'赏不逾月。'欲人速睹为善之利也。其封超为定远侯，邑千户。"

每次封官，班超都没有沾沾自喜。这和他青年时投笔从戎的动机是一致的。他说："大丈夫无他志略，犹当效傅介子、张骞，立功异域，以取封侯，安能久事笔砚间乎？"

班超在给皇帝上书中，恳切要求归乡，只字未提功高乞养事。

班超欲以怀乡思国之情，打动君王，君王未为所动。班昭代兄上书，在《班超传》里，与超上书衔接。其后被收入《古文析义》一书中，世传此珍品，如捧政治宏论。

君王受感动，征超回洛阳，拜为射声校尉。超有胸肋疾，回到故国仅一个月，便溘然长逝。昭的一纸奏文功莫大焉。一显君王盛德，二慰边将老臣之心，戎马一生的班超死而无憾。

班昭奏疏中称皇帝对臣下的封赏是"天恩殊绝"，治国是"以至孝理天下"。这些话，君王听起来十分入耳。

班昭述超的战绩，突显其忠勇，且毫不夸张。得以生存归功于"赖蒙陛下神灵"。如此效忠之臣，君王岂能不视为股肱、腹心。

班昭从召回班超能利于国家安定强盛的角度加以申说，题目大而

凿实。君王倘能谋深虑远，岂有不动心之理。

班昭从关心班超健康角度，如小儿女向父执、向慈母哀哀乞怜，暗含君臣犹如父子情义，君王铁石之心也能为之软化。

班昭从班超的过去、现在，再推测到未来，君王还怎么能固执己见，不下现成台阶呢?

兹引原奏疏如下:

妾同产兄西域都护定远侯超，幸得以微功，特蒙重赏，爵列通侯，位二千石，天恩殊绝，诚非小臣所当被蒙。

超之始出，志捐躯命，冀立微功，以自陈效。会陈睦之变，道路隔绝。超以一身，转侧绝域，晓譬诸国，因其兵众。每有攻战，辄为先登。身被金夷，不避死亡。赖蒙陛下神灵，且得延命沙漠。至今积三十年，骨肉生离，不复相识。所与相随，时人士众，皆已物故。超年最长，今且七十。衰老被病，头发无黑。两手不仁，耳目不聪明，扶杖乃能行。虽欲竭尽其力，以报塞天恩，迫于岁暮，犬马齿索。蛮夷之性，悖逆侮老，而超旦暮入地。久不见代，恐开奸宄之源，生逆乱之心。而卿大夫咸怀一切，莫肯远虑。如有卒暴，超之气力，不能从心。便为上损国家累世之功，下弃忠臣竭力之用。诚可痛也。故超万里归诚，自陈苦急，延颈逾望，三年于今，未蒙省录。

妾窃闻古有十五受兵，六十还之。亦有休息，不任职也。缘陛下以至孝理天下，得万国之欢心。不遗小国之臣，况超得备侯伯之位。故敢触死，为超求哀。（匚亡）超余年。一得生还，复见阙庭，使国永无劳远之虑，西域无仓卒之忧。超得蒙文王葬骨之恩，子方哀老之惠。诗曰:"民亦劳止，汔可小康。惠此中国，以绥四方。"

超有书与妾生诀，恐不复相见。妾诚伤超，以壮年竭忠孝于沙漠，疲老则使捐死于旷野，诚可哀怜。如不蒙救护，超后有一旦之变，冀幸超家得蒙赵母卫姬先请之贷。妾愚戆不知大义，触犯忌讳，书奏。

班昭引《周礼》所言服兵役的制度，当无可驳。引《诗经》说明先施恩惠于国，然后能安定四方。引《史记》、《列女传》，表示效赵括之母、齐桓公之姬，请罪在先，不受连坐。于公于私说得面面俱到。

整篇奏疏中心是说明班超应该被召还朝。超上书乞归，感情凄切，只说明自己思归可谅，对国家、对民族，将有什么好处略而未谈，故搁置三年。班昭则在"应该"两字上做文章，既说动了君王，也征服了人心。

班超为兄解脱囹圄之苦，班昭代兄求得荣归，都有冒险成分，兄妹智勇双全，成为千古佳话。

## 倾国才华，贵为师尊

班昭的才识，朝廷显官、公侯将相、皇亲国戚无不钦敬。举国上下，男女老少，不知才女班昭的，可遗憾地称之为：不闻春雷响，但见桃李长，不知夏雨湿，但见秋圃场。因为一年四季当中，受班昭教育思想影响的那就太多了。由于班昭的教育而施德政的君王，能肃正朝纲，善纳忠言。以帝王之尊，下诏让班昭续成《汉书》所缺部分，完成班固的未竟事业。东观藏书阁里有琳琅满目的书册，班昭爱书如命，专心诵读、浏览，不逞一目十行之能，深钻，不辞铁杵磨针之苦。她最懂得：博览群书，是增长学识，扩大知识领域的必由之路。

班昭自从被和帝（89~105 年）召入宫中写书之后，不仅日夜钻研学问，还要承担起教育皇后、妃子、贵人等的责任。受君王的命令，谁敢怠慢师尊！

曹大家，是皇帝赐给班昭的号，宫廷中，后妃尽尊敬老师的礼节，当然不能直呼其名，而一律称之为曹大家。大家，当今指在某一方面独擅其长的人，如国画大家、书法大家。又因其地位高，或称为某国专家、某行业专家。班昭这位德才兼备的女子，受到这般礼遇，正体现出对社会贡献大，才得到了最公正的评价。家，读为 gū，同姑。意思是后妃不敢越礼，尊之为长辈，写成家而不写成姑，意思是亲情超过骨肉，师颜不可冒犯。

朝堂之上，班昭常常显出才华出众。凡接到进贡的出奇物品，皇帝就让曹大家作赋写颂辞。流传遍及国内外，文笔流丹史册，虽然不像现在作家署名，也是代撰篇章，记载了当时的奇闻盛事。在文学创作的历史上，多一分成就，创一种风格。在文化宝库中，收藏班昭种类纷繁的作品有16篇之多。诸如：铭、诔、问、注、哀辞、书、论、上疏、遗命等文学体式。

班昭所作，无不标明其时代特征，各抒发其政治见解，各标志鲜明爱憎。

班昭对她所施教的人，从不放松要求，可以称之为严师。对当朝执政者，不阿谀奉承，敢犯颜直谏，说她是诤臣，也没有什么不可以的。

邓太后执政期间，因为班昭常帮助研究政策，有远见，出善

辎车画像砖(东汉)

策良谋甚多，贡献很大。当时社会，女的不能封官晋爵，就把她的儿子曹成封为关内侯，官至齐相。

永初中，太后的哥哥大将军邓骘 (Zhì)，因为母亲去世，就上书辞官。邓太后内心里不愿意答应。自己官职这么高，又能为国出力，不借着皇亲国戚的身份，往前探求，反倒要退居家中，在一心巴望升官的人看来，有些不识抬举。当邓太后找班昭请教怎样做合适时，班昭有她的独到见解。引古证今、瞻前顾后，认为同意国舅邓骘离职是上策。

班昭先称颂邓太后一番，说："既然太后这么重视我，不嫌我的

见识浅薄，我就倾心吐胆地直言啦!"班昭的奏书中有这样一段话:

昔夷齐去国，天下服其廉高，太伯屡违邠，孔子称为三让。所以光昭令德，扬名于后者也。《论语》曰:"能以礼让为国，子从政乎何有?"由是言之，推让之诚，其致远矣。

今国舅深执忠孝，引身自退，而以方陲未静，拒而不许，如后有毫毛加于今日，诚恐推让之名不可再得。

邓太后采纳了班昭的建议，准许邓骘离职。班昭对建议经太后采纳，而使邓氏兄弟不受政治陷害一点，感到满意。尤其是，邓太后对灾区民众心情的理解，减租、免税、放赈的措施都有班昭的意见在内。皇家祭祀活动，让大臣的妻子参加，这是提高妇女地位的表现。

## 度尽劫波，志气不减

班昭如何度过人生的艰难时刻?她用自身的积极行动，给人以满意的答案。

寡居的岁月，孤单寂寞，美好的记忆，都付梦魂中。

她愈是不讲，愈使人感到她心情沉重。

是什么支撑她腰杆挺直?是事业。历史的任务，重重地落在她的双肩，抖落生活上的尘埃，由稚嫩而变得铁骨铮铮。悲苦吗?那太消耗时光，精神上的负担，能把人压得喘息费劲。腰肢瘦削，面容憔悴，那是必然的形态了。然而，从班昭的传记里，从班昭的著作中，简直寻不到一点软弱的影子。她不将血泪写蓼歌，而是高举生命的火炬，照亮千秋万代人。

班昭，斗志愈来愈旺，老而志弥坚。

何事感惆怅?教女一时搜索枯肠，啊!寻妙药，找良方，《女诫》

七条登上文墨场。不做临风断肠语，不对花月叹孤零。教子已成名，衣紫感恩隆，唯思报国竭尽忠。训女论从头，一自坠地便体现地位不同。社会造成生女低贱，她虽非有意揭穿，实际却证实了自古以来，男尊女卑的定格。生男生女庆祝物不同，各有良苦用心。男如玉温馨，成大器，传令名。并非惯养要娇生，让他们自诚休自傲，后天的教育起决定作用。

班昭强调教育的重要。不想在对子女的教育上产生漏洞。思维的细密，来源于对社会的谙熟。

《女诫》序言，简单勾出自身婚姻家庭的轮廓。首先写出所受的家庭教育，自谦地说："鄙人愚昧，受性不敏。"自谓自己是很愚昧的，对事物又缺乏明晰的判断，可以说并非与生俱来的聪明伶俐。旨在强调家庭教育良好，父亲不是溺爱，而是委托班昭的母亲进行了不间断的精心教育。"蒙先君之余宠，赖母师之典训。"先君，指已故的父亲班彪。余宠，说明为父的对子女真正的关心。也可以说靠父亲分出那么一点精力施以教育，并有其言传身教，良好的影响就足够了。何况，作为母亲来说，教女知书达礼是首要的任务，不然，嫁到夫家，刁悍疏懒，只能影响人际间各种关系，使父母无颜见人。应该说对女儿的教育要早下手。典训，说的是女老师用典谟训诰揭示的道理开导女弟子。当然，《诗》就成了重要教材。《诗·周南·葛覃》就有"言告师氏，言告言归"回娘家前的报告程序。

班昭有专人相教，所以思想上成熟得早。婚后，相夫有成。社会实践，使她懂得要进退有节，心怀戒惧，40年当中，"战战兢兢"如临深渊，如履薄冰般，从思想到行动，都是无可指责的。

她在《女诫》中，就七方面对妇女提出行为准则。"卑弱第一"可取的是，她传播了"谦让恭敬先人后己"的正确观点。"夫妇第二"说明夫妇互相尊重的辩证观点。"敬慎第三"提出要培养良好的习惯，从反面论证偏离敬慎，其害无穷。"妇行第四"提到"德言容功"的具体内容倘能正确理解，便不会成为精神桎梏。"妇德，不必才明绝异也，妇言不必辩口利辞也，妇容不必颜色美丽也，妇功不必工巧过人也。"别有新义。"专心第五"赞同的是"礼义居诘",反对的是"佞媚苟亲"。"曲从第六"指明为人媳者要尽孝道,处理好婆媳关系。"和叔妹第七"以推进法,逐层论述了要搞好嫂子和小姑的关系。

时代变化了,妇女解放了,自不能把《女诫》当为做人处世范本,但其中的正确观点,颇有借鉴意义。全盘照搬或一概否定,都有其片面性。

一个成功人的后面,有多少付出心血的真人;一个成功人的周围,有多少献智的能人;一个成功人的近旁,有多少奔走驱驰的杰人。班昭所写的八表,正昭示了这个道理。

八表,包括《异姓诸侯王表》、《诸侯王表》、《王子侯表》、《高惠高后孝文功臣表》、《景武昭宣元成功臣表》、《外戚恩泽表》、《百官公卿表》、《古今人表》等八篇分类列表,是有赞有评的著作。

《古今人表》将人分为九等。即上上、上中、上下;中上、中中、中下;下上、下中、下下。

班昭不以好恶乱排班次,也不局限于帝王、臣下、名人等,而是以政治地位、政绩、品德、贡献、对后代的影响为依据的。如 15 位圣人中就有周公、仲尼、老子。

周公姬旦辅佐过武王、成王,政绩远播,臣民咸服。

仲尼,是孔子的字。孔子在思想界、教育界开创新纪元,被称为无冕之王。老子开创道家学说,主张清静无为,反对不义战争。对睦邻友好、消除贪欲方面有其功劳。

要不,这几个人怎能与尧舜同列呢?

班昭列了仁人 174 人。第一位是炼石补天的女娲,第二位就是惊天动地的共工氏。其中不少是政治家、军事家、外交家、文学家、诗人、学者……。

智人共列出 213 人。

这些体现出班昭的正确史观,不以成败论英雄,做了大量的拨乱反正工作。把被颠倒的历史颠倒过来,使其恢复本来的面目。

对圣人的成功有帮助的人,如老师、家人、朋友、弟子,都列入适当评价其贡献的表内。

　　无情的历史，告诉人们：一帝居高位统辖海内，万将舍身家血战沙场。谁都应该记住：孤军奋战，难于获胜，而胜利的获得，需要付出极大的代价。班昭的《汉书》八表，让读者正视历史事实，不背离社会发展的轨道，做一个有贡献的人。

　　班昭还通过写《天文志》提醒当时及后代人要善识天文，通晓地理。要破除迷信，尊重天体可以探试，规律必须掌握。要百般研求，炽热能忘我，冷静好思索。理想的追求，可破"昊天罔极"的谜。

　　现如今：宇宙航行开天路，星际关系知连锁。星球各循其道，秘密已可探知。班昭所展望的，已成为现实，更使人感到班昭在那一个时代的远见卓识。作为东汉时代的一大才女，永远令今人赞叹。

# 第二章

## 悲愤绵延千古
## ——蔡文姬

　　蔡文姬（177~?）名琰，原字昭姬，晋时避司马昭讳，改字文姬，东汉末年陈留圉（今河南开封杞县）人，东汉大文学家蔡邕的女儿，是中国历史上著名的才女和文学家，精于天文数理，既博学能文，又善诗赋，兼长辩才与音律。代表作有《胡笳十八拍》、《悲愤诗》等。

# 时运不济，命途多舛

汉献帝兴平二年（195年）的冬季，一支剽悍的羌胡骑兵如滚滚浊流裹挟着数以万计的汉族百姓，由洛阳以西掉头回返，涌过函谷关再北折，登上了广袤无垠的黄土高原。在主要由妇女、儿童和老人组成的"战俘"行列中，走着一位身穿孝服的青年妇女。她容貌端庄而憔悴，气质高贵而萎顿，步履蹒跚，目光凝滞。悠悠千里路，不绝于耳的凶残叱骂、嚎哭和哀告，触目皆是的恣意折磨、血泪和白骨，已经使她麻木。每到傍晚，当夕阳如血，暮霭沉沉的时候，她总是怀抱着焦尾琴难以入睡，甚至是整夜地凝视着比江南水乡和中原大地更为高远明澈的夜空，更为繁多闪烁的星斗出神。她与众不同的姿仪和神情，仿佛是痛苦的象征，忧愤的化身，迎着如刀割的塞外朔风，站在似海的黄土高原上，似乎灵魂已经出窍。她就是年方19岁的蔡文姬。

蔡文姬，名琰。字文姬，又字昭姬。她的父亲是当时的名人蔡邕。

了解蔡邕这个人十分重要，了解了蔡邕，有助于了解蔡文姬童年和少年的生活经历，才学品格的形成，并为她以后所蒙受的苦难，所展示的才华做一个铺垫。

蔡文姬的父亲蔡邕（133~192年），字伯喈，是东汉时期极负盛名的大学者，"少有文名，博学善辞章，并精通音律"。在桓帝时，中常侍徐璜和左悺等人弄权，撺掇桓帝召蔡邕进京献艺，但蔡邕走在途中便称病返乡了。而且还就途中所见作了一篇《述行赋》，借古刺今，抒发了对人民贫困生活的同情和仁人志士被压抑的愤慨，正如鲁迅先生所说，蔡邕"并非单单的老学究，也是一个有血性的人"。他承继祖上遗风，无意仕宦，浮云富贵，只是闭门读书，挥笔著述，兴之所至则弹琴赋诗聊以自娱。但因他声名远播，在建宁三年，司徒桥玄召其为僚属，不久拜郎中，校书东观，继而迁议郎。这些官职大致上是以才学为用，顾问应对，拾遗补缺，虽也参予朝政，却不过如司马迁所说的是"陪外廷末议"而已。做议郎时，他鉴于儒家经典在辗转传抄中谬误繁多，奏请"正定六经文字"，并亲自手书刻石，开创了中国历史上最早的石经刻制。他的书法整饬而不刻板，静穆而有生气，方圆兼备，刚柔相济，端美雄健，雍容典雅，是汉隶成熟时期方整平正一路的典范，达到了东汉书法的最高境界。因书、文并茂，"及碑始立，其观视及摹写者，车乘日千余辆，填塞街陌"。蔡邕著述甚丰，体裁涉及诗、赋、碑、诔、铭、祝文、章表等。行文讲究音节和谐，字句典雅，喜用对偶，是两汉以来朴实厚重的文风向清丽典雅的文风转变中的代表作家。

如果蔡邕只潜心于"文章千古事"，我们所见到的蔡邕也许不会像现在这样更让后人钦佩不已。中国的知识分子素有忧国忧民的传统，这一点在蔡邕尤为突出。他为官之时已是"汉数将尽"，内忧外患此伏彼起，天灾人祸接踵而至，蔡邕以大无畏的勇气弹劾宦官，冒死苦谏，希望灵帝改弦易辙，修明法度，选贤任能，兴利除弊。但灵帝昏聩，听信谗言，竟把蔡邕判成死罪。幸有灵帝的亲信为蔡邕申辩，才被免于一死，全家发配朔方（在今内蒙古境内），时间是在光和二年。文姬两岁，就因她的父亲获罪而开始品尝人生的磨难与艰辛。蔡邕虽在阴山脚下服苦役，但一直没有泯灭续写汉书的志向，故而上书灵帝。灵帝怜其才正好又遇上大赦，蔡本可以回到陈留老家去修史了，偶然间的一件事又改变了文姬一家的生活走向。临行前，五原太守王智为蔡邕送行，太守向蔡邕敬酒，蔡邕才高气傲没有回敬，因而激怒了王智。蔡邕担心王智报复，便没敢回陈留老家，携妻带子"亡命江河，远迹吴会"，一去便是12年。这是蔡文姬颠沛流离的12年，同时也是她在父亲身边研习诗文、音乐、书法，奠定了坚实学养根基的12年，还是陶冶于江南物华天宝、人杰地灵的自然风物而使其外秀内慧，逐渐长大成人的12年。亡命期间，蔡邕著述之外，则沉浸于音乐和书法，造诣极高。生在这样一个书香之家，使蔡文姬"博学有才辩，又妙于音律"，自幼练成了一手好书法。有这样一位父亲言传身教，使蔡文姬品格端庄，情操高尚，志向远大。《蔡伯喈女赋》称她"明六列之尚志，服女史之箴言，参过庭之明训，才朗悟而通玄"。她仰慕东汉才女班昭，留心典籍、博览经史，有志与父亲一道续修汉书，青史留名。

蔡邕本想终老山林，却又被董卓逼上了官场，并最终使这一代大儒在官场上丧命。

蔡邕再度入仕，是被董卓逼出来的。董卓召他为官，是为装潢门面，蔡邕坚拒不从。董卓不允，竟以灭族相威胁，蔡邕只好违心到洛阳就任，被董卓拜为左中郎将，很快又封高阳乡侯。蔡邕的步步升迁，丝毫也不意味着他与董卓同流合污、沆瀣一气。正相反，他对董卓的种种倒行逆施，在一定程度上起到了规劝和抵制的作用。这一期间，蔡邕从布衣跃居高位，在危机四伏的官场上苦苦支撑，但对蔡文姬来说，却是她一生中唯一的一段生活相对稳定的时期。出入蔡府的，不是当朝重臣，就是学界名流，使蔡文姬眼界大开，见识倍增。这样一位品貌超群、德才兼备的蔡府千金，求婚者必然络绎不绝，当其二八佳龄时，嫁给了卫仲道。卫家是很有学术传统的世代官宦之家，卫仲道的父亲与蔡邕同朝为官，过从甚密，由同僚结为亲家。新婚夫妇志趣相投、性格相近，可谓是天作之合，秦晋之好。不过，这一切对蔡文姬来说就像昙花一现般的短暂。

董卓"志欲图篡弑"，激起"海内兴义师"，董卓在军事上连连失利，被迫迁都西京长安。但关东各郡义军取得了初步胜利之后闹起内讧，自行瓦解了。最后是靠司徒王允使用"美人计"才使董卓被诛。董卓是汉末大动乱的始作俑者，其被诛万民称快，额手相庆，然而蔡邕的反应至今还令人费解。《三国演义》虽非信史，但对蔡邕死因的描述并不违背历史真实，况且情节也比较生动。第九回写到董卓被诛，暴尸于市，蔡邕伏尸痛哭，王允责问蔡邕，蔡邕答曰："邕虽不才，亦知大义，岂肯背国而向卓？只因一时知遇之感，不觉为之一哭。"不论是为之一哭，还是叹息一声，或流露痛惜之意，因前有董卓对他的敬重并连连升迁，因果关系还是符合逻辑的。为了能续成汉史，蔡邕请求王允对他黥首刖刑，以赎其辜。满朝文武也念蔡邕为人耿介、才华盖世，仅因一时冲动做了错事，求王允赦免蔡邕。王允心胸狭隘，气度菲薄，竟以"孝武不杀司马迁，后使作史，遂致谤书流于后世"为由，治蔡邕于死罪。蔡邕死于文姬与卫仲道新婚燕尔。文姬刚刚安葬了父亲，她的丈夫又在婚后一年染病身亡，真是祸不单行，雪上加霜。

董卓伏诛，助卓为虐的董卓部将李傕、郭汜要求王允免罪，王允意气用事，坚拒不赦，致使李傕、郭汜引兵叛乱，进犯长安。至此，由董卓引发的祸患登峰造极，达到了高潮。

父死夫亡的蔡文姬在战乱时避居长安，她的母亲（相传为《琵琶记》中的赵五娘）可能也死于此时，文姬已是孑然一身。然而战乱还在紧针密线地编织着她更悲惨的遭遇。

李傕、郭汜率军追击逃离长安东还洛阳的汉献帝君臣及随行逃难的妇孺老幼，在李傕的叛军中有一部分是暂时依附于李傕的羌胡兵，这些羌胡兵除杀戮之外，便是掠夺或以战功邀赏，并无其他意图。在李傕追击汉献帝途中，掳掠了大批随汉献帝逃难的妇女、儿童和老人以及大批财物的羌胡兵，脱离了李傕的叛军，径自回返了。蔡文姬便和成千上万的汉族百姓成了羌胡骑兵的战利品，如枯叶卷进漩涡，似鱼肉陈于刀俎，只能听任沉浮和宰割了。

时代搭就了人生的舞台，命运铸成了各自的遭遇，蔡文姬一步一步地向着她童年曾被流放过的边荒大漠走去。她的命运就像她刚刚涉过的黄河的水流和走势，浊浪滔滔，千回百折。

## 囹圄北国，身心俱苦

蔡文姬被掠入南匈奴之后的遭遇，史载无多，只是蔡文姬用诗歌勾画出了一个清晰的轮廓，我们可以把诗句和史实连缀起来。

蔡文姬被卷进战俘行列之初，沿途所蒙受的屈辱是难以想象的，她在《悲愤诗》里做了真切的记录："马边悬男头，马后载妇女。长驱西入关，回路险且阻。所略有万计，不得令屯聚。或有骨肉俱，欲言不敢语。失意几微间，辄言毙降虏！要当以亭刃，我曹不活汝。岂复惜性命，不堪其詈骂。或便加棰杖，毒痛惨并下。旦则号泣行，夜则悲吟坐。欲死不能得，欲生无一可。"强者对于弱者的凌辱，无以复加！蔡文姬究竟是在被押解途中、还是在到达南匈奴之后遇到左贤王并成为左贤王妃的？从《胡笳十八拍》看，"戎羯逼我兮为世家，将我行兮向天涯"，是在路上较为可信。郭沫若在《蔡文姬》一剧中，也把蔡文姬与左贤王相遇安排在文姬被掠往南匈奴的路上，并从民族团结的角度出发，做了理想化的描述。

山川萧条，路陈白骨，烟尘蒙蒙，黄沙漫漫，蔡文姬和赵四娘被胡兵凌辱时，正值壮年的左贤王出现了。他喝退胡兵，问文姬和赵四娘是什么人。当得知蔡文姬是蔡邕蔡伯喈先生的小姐时，左贤王很是感慨："哦，难怪得，我说这位小姐怎么长得这样清秀！蔡伯喈先生，我们匈奴人也是知道的，他是汉朝的一位大学者。不幸他在长安被司徒王允杀死了。你就是他的小姐吗？难怪得，你们怎么这样零落呢？"赵四娘向左贤王诉说了蔡文姬一家在战乱中的遭遇和母女二人准备一路乞讨，卖唱到江南去的打算，左贤王认为她们只身到江南去是不可能的，并讲了一番很有说服力的话："目前汉朝的局面也闹得太不像样了！什么外戚，什么宦官，还有既非外戚又非宦官的豪强大户，他们就只晓得争权夺利，草菅人命。以前是抢田地，抢财产，抢官职，抢百姓的子女，现在是抢起皇帝来了。四处都在杀人放火，一杀就杀得一个精光，一烧就烧得一个精光，不要说你们，就有翅膀也飞不到长江以南，即使飞到了，长江以南的情形又怎样呢？恐怕也差不多吧？还不是一样在争权夺利，杀人放火？你们往哪里逃呢？"当左贤王得知蔡文姬已下定决心在无路可走的时候跳黄河自绝，很动情地请蔡文姬和赵四娘到匈奴去："我想，到匈奴去我就能够保护你们了。我们匈奴也是好地方，牛羊遍野，骆驼成群，夏天的草原是一片碧琉璃，冬天的草原是一片白银世界。你们到了那边，喜欢什么，我就给你们什

蔡文姬画像

么。"接着他介绍了自己的身份，并直爽地表示对蔡文姬一见钟情："我们匈奴也有不少的女子，我也看过不少的女子，但不知怎的，我今天一看到这位小姐，就好像遇到了一位仙女啦。"他希望蔡文姬也能喜欢他，还以"前朝不是有过一个王昭君吗？"来作征引。蔡文姬请左贤王保护她和赵四娘到长安为父亲蔡邕扫墓。扫墓之后，便在左贤王的庇护下进入了南匈奴，嫁给左贤王成为王妃。由于查考不到蔡文姬嫁给左贤王过程的史料，这种艺术上的描写，不论创作动机如何，都是很容易让读者和观众接受的。

蔡文姬没入南匈奴12年，她深陷胡地的生活情形，我们从她留下来的诗或托名是她创作的诗中来探幽抉微是一条捷径。艺术虽然是依靠想象创造真实，但艺术真实和生活真实都是以生活本身为支点的，所以两者之间可能会有惊人的一致。

蔡文姬生活在与文化发达、物阜民丰的中原和江南地区完全不同

的自然、社会环境之中，这种环境是："云山万里兮归路遐，疾风千里兮扬尘沙。人多暴猛兮如虺蛇，控弦披甲兮为骄奢。"衣食住行是日常生活须臾不能离开的，它们对蔡文姬构成了摆脱不开的压迫："毡裘为裳兮骨肉震惊，羯膻为味兮枉遏我情。鼓鼙喧兮从夜达明，胡风浩浩兮暗塞营。"自然条件如此恶劣，生活习惯如此不堪，社会风俗如此粗鄙，使蔡文姬难在"殊俗心异兮身难处"，更苦在"嗜欲不同兮谁可与语"。12年来，近4000个日日夜夜，每当日落向西，大漠苍茫，边声四起之时，是她的满腔愁绪最为沉重的时候，可又向谁去诉说呢？在这个左贤王妃的眼里，南匈奴是"原野萧条兮烽戍万里，俗贱老弱兮少壮为美。逐有水草兮安家葺垒，牛羊满野兮聚如蜂蚁。草尽水竭兮羊马皆徙"，真是"七拍流恨兮恶居于此"。

　　无时无刻地思念故乡，怀念父母，成了蔡文姬日常生活的主要内容，如果说她在悲观中还没有完全绝望的话，蔡文姬是在期待，"雁南征兮欲寄边心，雁北归兮为得汉音"，年复一年地期待，雁阵春来秋去，啁啾暖阳冷月，只剩下柔肠寸断的她。南北之间为什么如此隔膜？蔡文姬以自己的沉重代价得出的结论是："城头烽火不曾灭，疆场征战何时歇？杀气朝朝冲塞门，胡风夜夜吹边月。"怎能不与故乡音尘隔绝呢？

　　蔡文姬对胡地生活如此强烈地排异，为什么没有了此残生，是因为她始终抱着生还故土的希冀，还因为她嫁给了左贤王并为左贤王生了两个孩子，南匈奴和左贤王对她并不排异。在《胡笳十八拍》中，我们看到蔡文姬初嫁左贤王时在感情上是难以接受的，"越汉国兮入胡城，亡家失身兮不如无生"。在那个时代，一个女人在丈夫死后再嫁已经是失节，更何况还嫁给了胡人！是失了民族的大节即汉节，作为忠孝素著的蔡伯喈的女儿，她感到无比屈辱"志义乖兮节义亏"；作为一个有文化的女性，她内心的痛苦比之他人会更加强烈和深沉。但任何人又有对于环境的适应性，入乡随俗，求同存异，况且蔡文姬嫁给左贤王对她来说应是不幸中的大幸。她既没有像普通战俘沦为奴隶，遭受非人的凌辱甚至是杀戮，而左贤王又十分宠爱她。蔡文姬对自己之所以能够活下来，在《胡笳十八拍》中也做了明确的表述，"我非贪生而恶死，不能捐身兮心有以。生仍冀得兮归桑梓，死当埋骨兮长已矣。日居月诸兮在戎垒，胡人宠我兮有二子。鞠之育之兮不羞耻，悯之念之兮生长边鄙。"蔡文姬是被迫嫁给左贤王的，她可以不爱左贤王，但却不能不爱两个孩子，而有孩子作为纽带，她和左贤王之间大约是相敬如宾，和谐共处吧？王安石说的好，"君不见千里长门闭阿娇，人生失意无南北"。

为天有眼兮何不见我独漂流？

为神有灵兮何事处我天南海北头？

我不负天兮天何配我殊匹？

我不负神兮神何殛我越荒州？

正当蔡文姬呼天抢地地指斥上苍，痛责神明——这在那个时代是大逆不道的——对她太不公道的时候，在河南邺下，一支如迎亲的人马车队，旌旗招展地顶着从塞北高原而下的朔风出发了。他们带着汉丞相曹操写给南匈奴单于的亲笔信和"黄金千两、白璧十双，锦绢百匹"，沿着蔡文姬被掠入南匈奴的路途，"悠悠三千里"地逶迤而上。

蔡文姬流落南匈奴的12年，也正是曹操中原逐鹿并奠定了曹魏基业的12年。在蔡文姬被掠往南匈奴后的一年，即建安元年（196年），当时领兖州牧的曹操把穷途末路的汉献帝君臣迎于许昌。曹操是在与黄巾军作战中起家的。董卓作乱，他首倡义师讨伐，失败后回老家苦心经营，东山再起，在当时的军阀中最具雄才大略。他在政治上选贤任能，唯才是举；在经济上实行屯田制，恢复农业生产；在军事上先后削平吕布等割据势力，官渡之战又大破士族军阀袁绍，进而北击乌桓，统一了北部中国。

曹操外定武功，内修文学，广罗人才，力图文治，在他听说蔡文姬流落在南匈奴这个消息的时候感慨万千。曹操在洛阳为官时与蔡邕"有管鲍之好"，比蔡邕小22岁的曹操敬慕蔡邕的才学和信义，蔡邕则推重曹操的文采和武略，他们之间过从甚密。已经成为丞相，大权在握的曹操既有能力也有义务把亡友的女儿赎回，让蔡文姬重返故国，承继父志，续写汉书。于是，曹操以整理典籍，弘扬文化为宗旨，也真诚地出于与蔡邕私交的感情，以金璧为"矛"，以军力为"盾"，决心赎回蔡文姬。

## 万苦回归，骨肉难离

迎赎蔡文姬的车队由南向北，迂回曲折。兴高采烈地进行着一桩被千古传颂的盛举，同时也就快马加鞭、紧锣密鼓地把蔡文姬的悲剧推向了极致。

蔡文姬"无日无夜兮不思我故土，禀气含生兮莫过我最苦"。12年来，每每"有客从外来，闻之常欢喜。迎问其消息，辄复非乡里"。她已经心如古井，情同槁木了。在她麻木地承担着王妃和母亲的双重职责，听任命运摆布苦捱岁月的时候，汉朝的使者来迎赎她回归，她怎能不欣喜若狂："东风应律兮暖气多，知是汉家天子兮布阳和。羌胡蹈舞兮共讴歌，两国交欢兮罢兵戈。忽闻汉使兮称近诏，遗千金兮赎妾身。"然而，当她敞开的心扉尚未装进欣喜，旋即便被哀痛灌满"嗟别稚子兮会无因"，"去、住两情兮难具陈"。去住两情的后面是难以调和的尖锐矛盾的冲突。

年幼的孩子离不开母亲。文姬的大儿子时约8岁，小女儿尚在襁褓之中，当汉使迎归蔡文姬的消息像强劲的春风在草原上鼓荡时，文姬的大儿子紧紧地搂住了她的脖子："儿前抱我颈，问母欲何之？人言母当去，岂复有还时？阿母常仁侧，今何更不慈。我尚未成人，奈何不顾思！"不谙世事的孩子的娇憨问话，句句捶胸，声声刺心，让文姬答不能对，隐不能言。年幼的孩子尚不能洞悉他们的母亲将一去不再复返，而蔡文姬却深知此一去是"存亡永乖隔"了。当孩子扯着她的衣服，搂着她的脖子，哭着闹着不放妈妈走的时候，她何尝能走得开呢？

慈爱的母亲离不开孩子。古往今来，世界上最伟大的爱是母爱，因为母爱也许是唯一不寻求报偿的爱。蔡文姬的父亲、母亲和丈夫接二连三地死于政治斗争、战乱和疾病，这对文姬来说尽管过于残酷和沉重，但她都坚强地支撑着，没有倒下去。然而，在和孩子离别之际，文姬几乎要垮掉了。最初的惊喜似飞鸟在草原上投下的阴影，响箭在天空中划过的弧形，倏忽而逝，无影无踪。而别子的悲痛则似漫无边际的毛乌素沙地，连绵起伏的阴山山脉般地寥廓和沉重。孩子的问话，使蔡文姬"见此崩五内，恍惚生狂痴。号泣手抚摩，当发复回疑"。蔡文姬五内俱焚，恍惚若痴，失声痛哭，无法成行。她可以不爱南匈奴，不爱左贤王，可她却怎能不爱她的孩子呢？她要摆脱那日日悲风，夜夜笳声，杀气塞门，萧条万里的大漠荒原的愿望，似黄河之水从崇山峻岭之上奔腾而下，不可阻挡，冲绝一切障碍义无反顾地奔向大海。可是，在孩子的问话面前，她要回归中原的决心从根本上动摇了，她抱着儿子说："把你们留下，让娘一个人回去，这不是割下娘的心头肉吗？""我，我不想回去了，我们一同都留在这儿。"

左贤王离不开蔡文姬。左贤王其人其事史录不详，可以肯定他是爱蔡文姬的。同是黄河、长江哺育的中华文明，独钟中原，处于"四夷之地"的少数民族仰慕华夏文明，他们的领袖人物娶中原皇族女子为妻，比较著名的，在文姬之前有昭君王嫱，在文姬之后有文成公主。昭君和文成公主的婚姻在很大程度上是一种政治联姻，而左贤王纳文姬为妃，情感处在主导地位。少数民族领袖都敬重和喜爱汉家妻子，体现了文化上的追慕和趋同。在蔡文姬去留的抉择上，左贤王内心的激烈冲突可能不亚于蔡文姬。

在《悲愤诗》中，蔡文姬既回避了嫁予左贤王的追述，也对与左贤王之别未著一字，这是可以理解的，嫁给胡人"节义已亏"，岂能侈谈生离死别。是郭沫若为我们描画了一个轻生死、重义气的少数民族领袖的形象。当左贤王误以为曹操先礼后兵时，对文姬大叫："我想，他们一定还有大兵在后，先来试探我们。我不是对你说过，这是他们惯用的手法，这就叫先礼后兵。如果我不让你回去，那就会大兵压境，使得我们南匈奴，就要和北匈奴、三郡乌桓一样了！孩子的妈，我是不想让你走的，你叫我怎么办呢？呵，我恨不得把我自己剖成两半！"当文姬向他请求能否带走一个孩子的时候，左贤王怒吼了："不行！半个也不行！我这几天都快要发狂了。你要走，我不敢阻拦你。赵四娘你也可以带走。除此之外，谁也不许带走！不然，我要杀人，我要把我全家杀尽！"难以割舍的情爱和吞咽不下的愤怒被血泪凝合在一起。而当他消除了误解，明确了曹操赎文姬归汉是为让文姬继承父志，参与续写汉书，比留在南匈奴更有意义时，便坦露了宽广胸怀的英雄本色。他深情地对文姬说："文姬，你安心回去吧。你回去，遵照曹丞相的意愿，继承岳父伯喈先生的遗业，撰修《续汉书》，比你在匈奴更有意义。你将来还可以回匈奴来，我一有机会也可以到汉朝去。你回去了，我一定照着你的吩咐，让赵四娘抚养你的儿女。"并且对迎赎蔡文姬的汉使发誓："从今以后我决心与汉朝和好！"

　　左贤王深明大义，这是文姬始料不及的，与其说是坚定了她归汉的决心，莫不如说是动摇了她归汉的夙愿。左有儿女牵衣，尤其是小女儿嗷嗷待哺，右有丈夫辞行，十几年来相濡以沫。蔡文姬进退维谷，去留两难，站在她多难人生的最严峻的十字路口，她寝不能寐，食不能餐，去？还是留？决定只能由她自己做出了：不谓残生兮却得旋归，抚抱胡儿兮泣下沾衣。汉使迎我兮四牡，号失声兮谁得知？与我生死兮逢此时，愁为子兮日无光辉。安得羽翼兮将汝归？一步一步兮足难移，魂销影绝兮恩爱遗……真是"剪不断，理还乱，是离愁，别是一番滋味在心头。"

　　蔡文姬在昏暗的烛光中，泥塑木雕般地呆望着已经熟睡的一对儿女，小女儿露出天真的娇笑，大儿子眼角上却挂着泪珠。自此一别，势成永诀，蔡文姬抱着焦尾琴，失神地走到帐篷外。正是春夜，皎月临空，草原空阔而神秘。一种对草原从没有过的亲切感在蔡文姬的心头涌起，她把对儿女的惜别扩展到了对草原的依恋。她情不自禁地抚琴而歌，如泣如诉的琴声和歌声回荡在空阔而神秘的草原上。

蔡文姬思前想后，还是选择了归汉。

深陷在母子离散感情泥淖中的蔡文姬终于振作了起来，踏上归途，送行的场面是隆重而悲壮的。

她之所以毅然地抛稚别子回归，作为华夏儿女，是她对祖国深深的不可转移的恋情，作为蔡邕的女儿，是要完成她的父亲没有完成的事业。而作为母亲，她对儿女的思念将伴随终生。可从《胡笳十八拍》中看文姬归途的悲痛心情：

身归国兮儿莫知随，心悬悬兮长如饥。四时万物兮有盛衰，唯我愁苦兮不暂移。山高地阔兮见汝无期，更深夜阑兮梦汝求斯。梦中执手兮一喜一悲，觉后痛吾心兮无休歇时。十有四拍兮涕泪交垂，河水东流兮心是思。

十五拍兮节调促。气填胸兮谁识曲？处穹庐兮偶殊俗。愿将归来兮天从欲，再还汉国兮欢心足。心有怀兮愁转深，日月无私兮曾不照临。子母分离兮意难任，同天隔越兮如商参。生死不相知兮何处寻？

十六拍兮思茫茫，我与儿兮各一方。日东月西兮徒相望，不得相随兮空断肠。对萱草兮忧不忘，弹鸣琴兮愁何伤？今别子兮归故乡，旧怨平兮新怨长。泣血仰头兮诉苍苍，胡为生我兮独罹此殃？

十七拍兮心鼻酸，关山阻修兮行路难。去时怀土兮心无绪，来时别儿兮思漫漫。塞上黄松兮枝枯叶干，沙场白骨兮刀痕箭瘢。风霜凛凛兮春夏寒，人马饥豗兮筋力单。岂知重得兮入长安，叹息未绝兮泪阑干。

胡笳本自出胡中，缘琴翻出音律同。十八拍兮曲虽终，响有余兮思无穷。是知丝竹微妙兮均造化之功，哀乐各随人心兮有变则通。胡与汉兮异域殊风，天与地隔兮子西母东。苦我怨气兮浩于长空，六合虽广兮受之应不容。

蔡文姬是在春天时从南匈奴出发的，一路上跋山涉水，先到西京长安为父亲扫墓，再辗转陈留圉县故居，一路上历历所见，让她感叹唏嘘，使她个人的悲剧获得了深厚的社会内涵。秋风又起时，才到了邺下。邺下是曹魏集团的统治中心，又是建安文学骨干们的生聚之地。邺下和文姬一路上所见到的其他地方相比，还相对稳定和繁荣。在邺下，她既是蔡邕的女儿，自抱灵蛇之珠、荆山之玉。又是曹丞相的座上宾，自然倍受礼遇，优待有加。她没有辜负曹操的盛意，凭着记忆追补了父亲蔡邕散失的部分典籍和《续汉书》中的若干手稿。

源出于蔡邕生前与友人合撰《后汉记》，蔡邕在流放时上书灵帝"奏其所著十意"，这个所谓"十意"即是"十志"，是"修补《汉书》十志之下尽王莽而止，光武以来唯记纪传，无续志者"的。是蔡邕在他的老师胡广的指导下经20余年殚精竭虑而撰成的一部半成品。蔡邕一生多难，没能完成这项巨大的工程，其文稿也大多散失。为了使文姬能顺利整理其父亲的遗著，曹操曾建议为文姬配备助手帮她抄记，被文姬谢绝了。她边忆边写，在不长的时间内把她记诵于心的400多篇父亲的手稿和家藏典籍用真草书之，呈交曹丞相，曹操叹曰："真乃过目成诵，书艺皆通的女中才子也。"文姬是不是继续撰写了《续汉书》呢？这已经不得而知。《二十四史》中的《后汉书》是距文姬身后约300年的南朝的范晔撰述的，想必其中也有蔡文姬的贡献吧。蔡文姬在邺下文人集团中还有其他可观的创作成果，据《隋书·经籍志》载"梁又有妇人后汉黄门郎秦嘉妻徐淑集一卷，后汉董祀妻蔡文姬集一卷，傅石甫妻孔氏集一卷，亡。"在南北朝时还有蔡文姬的文集传世，只是到了隋朝时才散失了的。

蔡文姬被赎回归，时年三十出头。虽然胡地生活给她留下了深深的印记，塞北风沙却没能改变她的天生丽质，依然容貌端庄、气质清丽。曹操和文姬的文友们关心蔡文姬，都希望这位融诗、书、琴艺为一体的史家才女能有一个美满的家庭，用以抚平她心中的创伤，但一直被文姬婉拒。她用文学艺术活动迎送日出日落，用对远在大漠的儿女的不尽思念遥望月圆月亏，弹指之间，她已经迈向40岁的门槛。这时发生的一件事，促成了文姬再嫁。

在郭沫若的《蔡文姬》中，安排董祀（而不是周近）做迎赎文姬的正使，是为了使戏剧人物更集中和便于情节向蔡、董二人婚姻上发

东汉末年小钱

展。在史实中，董祀与文姬同是陈留圉人。董祀的官职不高，做屯田都尉时"犯法当死"，曹操令其自裁。文姬偶然得到这个消息，情急之中，披发跣足赶到丞相府为董祀求赦，她情动于衷，边说边哭，焦急万般而又音辞清辨。曹操和在座的建安文士们感到文姬讲的有道理，知错就改，派出勇士快马追回原判文状，董祀免于一死。曹操在这一过程中发现文姬有意于董祀的才学和品格，便由他主婚，文姬和董祀喜结百年。

文姬婚后，痛定思痛，追怀乱离，把她半生的坎坷与辛酸，和着血泪，凝成了一篇光耀千古的五言《悲愤诗》。它使蔡文姬的一生因之而闪烁出灼人的光华。

为了便于阅读，抄录原文并对应试作译文：

汉季失权柄，汉朝末年皇权衰亡，
董卓乱天常。董卓搅乱天理纲常。
志欲图篡弑，存心企图篡位弑君，
先害诸贤良。先行杀害贤臣良将。
逼迫迁旧邦，威逼百官迁都长安，
拥主以自强。挟持献帝军威势强。
海内兴义师，国中兴起讨伐之师，
欲共讨不祥。志在剿灭董卓贼党。
卓众来东下，董卓部众由西向东，
金甲耀日光。铠甲干戈辉耀日光。
平土人脆弱，中原大地军民羸弱，
来兵皆胡羌。乱兵骠悍北胡西羌。
猎野围城邑，攻城犹如狩猎围场，

所向悉破亡。　兵锋所指非破即亡。

斩截无孑遗，　杀人如麻了无幸存，

尸骸相撑拒。　腐尸交叠白骨相枕。

马边悬男头，　马边悬挂淋淋男头，

马后载妇女。　马车载着妇女老幼。

长驱西入关，　驱赶西入函谷雄关，

回路险且阻。　迂回北上艰难险阻。

还顾邈冥冥，　回望家乡迷茫荒远，

肝脾为烂腐。　伤心使得肝烂脾腐。

所略有万计，　被掠百姓数以万计，

不得令屯聚。　各属所主颠沛流离。

或有骨肉俱，　即是亲人一同被掠，

欲言不敢语。　欲互问询不敢言语。

失意几微间，　稍微不称贼兵之意，

辄言"毙降虏"，　贼兵狂言"该杀囚徒"，

要当以亭刃，　早晚是死砍头容易，

"我曹不活汝！"　"我正不让你活下去！"

岂复惜性命，　谁不顾惜身家性命，

不堪其詈骂。　却又难忍辱骂殴打。

或便加棰杖，　马鞭藤条棍棒交加，

毒痛惨并下。　毒骂痛打齐头并下。

旦则号泣行，　白天号啕抽泣奔走，

夜则悲吟坐。　夜晚悲痛呻吟独坐。

欲死不能得，　想求一死却不能得，

欲生无一可。　要活下去生路无掇。

彼苍者何辜，　黎民百姓何罪之有，

乃遭此厄祸。　竟然遭受如此厄祸。

边荒与华异，　大漠中原风物各异，

人俗少义理。　民俗习惯缺少礼仪。

处所多霜雪，　草原更多霜期雪月，
胡风春夏起。　春夏之时朔风不已。
翩翩吹我衣，　春风吹我翩翩胡衣，
肃肃入我耳。　秋风入耳肃肃凄凄。
感时念父母，　春去秋来怀念父母，
哀叹无穷已。　悲哀感叹没有尽期。
有客从外来，　时有客自中原而来，
闻之常欢喜。　每每为之异常欣喜。
迎问其消息，　迎候打听家乡音信，
辄复非乡里。　又总不是乡亲故里。
邂逅徼时愿，　意料之外遂我夙愿，
骨肉来迎己。　骨肉同胞赎我归汉。
己得自解免，　所庆一己幸免于难，
当复弃儿子。　却把孩子遗在荒边。
天属缀人心，　母子相属本是一体，
念别无会期。　自此一别丝连藕断。
存之永乖隔，　生生死死势成永诀。
不忍与之辞。　安能忍心去留两难。
儿前抱我颈，　儿扑向前紧抱我颈，
问"母欲何之？　憨问"妈妈要到哪去？
人言母当去，　人人都说妈妈归汉，
岂复有还时？　有还没有返回日期？
阿母常仁恻，　妈妈一向仁爱慈祥，
今何更不慈？　今天为何狠心如此？
我尚未成人，　我还年幼尚未长大，
奈何不顾思！"　竟为什么不顾不思！"
见此崩五内，　此情此景五内俱焚，
恍惚生狂痴。　恍恍惚惚如狂如痴。
号泣手抚摩，　号啕悲泣手牵娇儿，

当发复回疑。　走或不走犹疑迟滞。

兼有同时辈，　当年被掠同落难人，

相送告离别。　俱来相送依依惜别。

慕我独得归，　众皆羡我独得归汉，

哀叫声摧裂。　哀叫悲呼心摧肝裂。

马立为踟蹰，　骏马感之蹄不为奋，

车不为转辙。　车轮因之转不成辙。

观者皆嘘唏，　旁观的人不禁唏嘘，

行路也呜咽。　过路的人随之呜咽。

去去割恋情，　一步一去割舍恋情，

遄征日遐迈。　日疾夜速远离塞外。

悠悠三千里，　归路悠悠三千里长，

何时复交会？　何年何月相会再来。

念我出腹子，　昼思暮想心头骨肉，

胸臆为摧败。　满腔忧愤心哀意败。

既至家人尽，　终归家中了无生气，

又复无中外。　内兄外弟概莫能外。

城廓为山林，　外城内廓皆成山林，

庭宇生荆艾。　庭院房屋遍生荆艾。

白骨不知谁，　累累白骨不知谁属，

纵摸莫覆盖。　重叠交错无人掩埋。

出门无人声，　出门四顾杳无人声，

豺狼号且吠。　只闻狼号更着豺吠。

茕茕对孤景，　孑然一身形影相随，

怛咤糜肝肺。　惊叫悲泣撕裂肝肺。

登高远眺望，　登高翘首极目眺望，

魂神忽飞逝。　魂魄离我飞向塞北。

奄若寿命尽，　倏忽只觉命之已尽，

旁人相宽大。　随行众人给我宽慰。

为复强视息，勉为生存强作视息，
虽生何聊赖？虽生犹灭命焉足贵？
托命于新人，托身付命嫁予新人，
竭心自勖力。竭尽心力自勉自为。
流离成鄙见，漂泊流离世俗为鄙，
常恐复捐废。日日夜夜恐遭弃废。
人生几何时，人生艰难前路漫漫，
怀忧终年岁。怀忧抱愤终老年岁。

《悲愤诗》是蔡文姬个人经历的真实记录，更是她生活的那个时代的全景式的扫描，它把汉代兴起的五言叙事诗推向了一个她同代及其后的诗人难以企及的高度。

这首诗共分三章，构成了蔡文姬逢乱被掠至回归重嫁最为不幸的人生跨度中的三部曲：遭劫之苦，蒙难之辱；囚闭之怨，别子之痛；归乡之哀，重嫁之忧。是悲愤人写悲愤诗，没有亲身经历的人是绝不可能创作出如此动人心魄的诗作的。"吾以谓（《悲愤诗》）决非伪者，因其为文姬肺腑中言，非他人所能代也"。

《悲愤诗》是蔡文姬自传性质的作品，这一点是不容置疑的。

《悲愤诗》的价值如果仅仅是真实地记录了诗人一己之遭遇，那么它就不会如此历久不衰地感动千百万读者。它反映了东汉末年社会大动乱的真实面貌，《悲愤诗》开篇中的"董卓乱天常"，"卓众来东下"所描画的残酷场面，都是对历史事实的真实记录。《三国志·魏书·董卓传》载：董卓"尝遣军到阳城，时适二月社，民各在其社下，悉就断其男子头，驾其车牛，载其妇女财物，以所断头系车辕轴，连轸而还洛，云攻贼大获，称万岁。入开阳城门，焚烧其头，以妇女与甲兵为婢妾。"由此可见，《悲愤诗》与《蒿里行》、《七哀诗》等共同构成了汉末的诗史，激荡着强烈的时代精神。由于诗人自己也是受难者，也由于她的出身经历和文化修养，受害更烈，感受更深，但她又超越了一己，她为同时受难的妇女老幼向上天发出愤怒的诘问，把无限的同情与关怀投向他人，把"苍者"和"同辈"与自己水乳交融在一起，眼界开阔，胸怀宽广，体现了强烈的人道主义精神。

《悲愤诗》在艺术上的成功更使其魅力永存。它以叙事为经，以抒情为纬，客观叙事与主观抒情达到了高度的统一，成为一个不可分割的统一体。

蔡文姬把汉乐府民歌的叙事性和古诗十九首的抒情性天衣无缝地糅合在一起。《悲愤诗》接受汉乐府的影响是显而易见的，现实主义是它最显著的特色。它善于通过细节的描写，具体生动地再现场面和环境，使读者如同亲临其境，亲历其事，亲睹其人。如"马边悬男头，马后载妇女"惨烈历历再现；"旦则号泣行，夜则悲吟坐"悲泣声声如闻；"处所多霜雪，胡风春夏起"自然特征简括而鲜明。特别是："儿前抱我颈，问'母欲何之，人言母当去，岂复有还时！阿母常仁恻，今何更不慈？我尚未成人，奈何不顾思？'"诗人倍受煎熬的场面浮雕般地凸现在读者的面前。既是发自真情，更是匠心独运，它使铁石心肠的人也会为之动容。

《悲愤诗》顾名思义，是以抒发悲愤为旨要的，抒情性构成了《悲愤诗》的又一显著特色。蔡文姬把悲愤之情融于细节描写之中，使事中有情，情系乎事。当她明白是被押往胡地之时"还顾邈冥冥，肝脾为烂腐"极状其心哀；当她与同时被掠的妇女老幼横遭凌辱时，她直指上天"彼苍者何辜，乃遭此厄祸"极状其情愤；当她与儿女和她与"同辈"难以割舍的分离之时，其场面的悲恸，竟使得"马立为踟蹰，车不为转辙"，从而把悲愤之情的抒发提高到浪漫主义的高度。她从被掠、受辱、囚居、诀别，再到故乡凋敝，新嫁畏鄙，悲愤之事环环相接，推波助澜，最终凝聚、沉淀成海一样广阔和深邃的大悲大愤：人生几何时，怀忧终年岁。她再也摆脱不了悲愤，势必怀忧终生了。

《悲愤诗》在选材上，是从大处着眼小处落笔，再现典型环境中的典型事件，虽是自叙性质的作品，只取入胡归汉，使情节紧凑而集中。对失节事胡，只用"边荒与华异，人俗少义理"高度概括。而对母子离散，则不吝笔墨，细致状写，强化抒情效果。在结构上，恢弘博大，时逾20年，地跨3000里，把诗人自己的命运嵌入社会整体变迁之中，具有史诗般的规模。在语言上，形象、生动、朴实、晓畅。记大事，抓住历史事件的本质高度概括，叙经历，只选取最典型的场景。抒情感，总是事在先、情在后，情随事迁，情抒事中。尽管是1000多年前的作品，又是简奥的五言诗，今天读起来并无生涩之感。

《悲愤诗》是我国诗歌史上第一首由文人创作的自传体五言长篇叙事诗。它激昂酸楚的悲剧气氛和蕴涵其中的不为磨难所屈服的韧性精神，将绵延不绝地启迪和激励着古往今来的读者。

## 大悲大愤，绵延不绝

汉末以降，迄至于今，蔡文姬不屈不挠地与命运抗争的精神通过"文姬归汉"的故事广为流传，她是家喻户晓的杰出女性，也是光彩照人的艺术形象。

蔡文姬本身就是一位杰出的艺术家，试想，如果没有《悲愤诗》，蔡文姬也一定湮没于历史的浩淼烟雨之中了。《悲愤诗》像其他一些影响深远的作品一样，成为各种门类艺术创作的滥觞。

在诗文中，与蔡文姬同时或稍后的诗人们，有感于《悲愤诗》，创作了为数不少的诗赋，创作内容的重心都是围绕文姬归汉落笔。在这里，不仅避不开，而且首当其冲要碰到骚体《悲愤诗》和《胡笳十八拍》。这两篇作品，特别是《胡笳十八拍》也向为广泛传诵，影响深远，但是否为文姬所作，已经争论了上千年，两种意见各不相下。其实，一般的读者并不介意作者的创作权的，他们在被作品所感染所激动，受到美的熏陶的时候，并不直接进入理性的思辨和考证。因此，假设认定这两篇作品不是蔡文姬所作，也无损蔡文姬的丰采，一首五言《悲愤诗》已经确定了蔡文姬在文学史上的地位。

在绘画上，文姬归汉的故事被施以浓墨重彩，最早见于宋代。画家陈居中选取左贤王为文姬送行的场面，左贤王转身酌酒，但仍回眸凝视文姬，恋恋不舍。文姬的小女儿正抱着母亲的腰放声啼哭。此时的文姬侧面对着观众，其万千感慨，只能由欣赏者去猜度了。黄沙土坡、枯树短草，行者无言，送者无奈，而又人马齐备，整装待发。场面萧条荒疏，情绪悲凉凝重。此类重在表现离别的作品还有多幅。而金人张瑀的《文姬归汉》图另辟蹊径，避开了伤怀别离的场面，选取文姬逆风而行入画。画面上的蔡文姬头戴貂冠，足蹬皮靴，胡装未解。双手持缰，风尘仆仆，仪态端庄。尤其是那双凝视前方的眼睛，透出急切与期待。和前后随行的汉朝使节，护送的胡兵胡将藏头缩身不禁风寒的形象形成了鲜明的对照。尽管蔡文姬抛稚别子，伤怀乱离，但这一切并没有阻止她回归中原。看来画家是洞悉了文姬归汉的意义，才能化犹豫彷徨为坚定执著，变儿女之情为报国壮举，别出胸臆，别具新意。

可能是因为文姬归汉的剧烈的矛盾冲突更适于在舞台上来表现，较之其他艺术形式，以文姬归汉为题材的戏剧创作蔚为大观，几乎是各个朝代舞台上的保留剧目，不能一一赘述。

千百年来，蔡文姬及其艺术形象感染和激励了千百万人，是因为她控诉了战乱的罪恶，体现了爱国主义的传统美德，表达了民族团结的愿望，展示了坚强不屈的韧性精神。

蔡文姬的悲剧是谁造成的？是战乱！战乱给人类造成的苦难馨竹难书，它给妇女和儿童造成的肉体和精神上的摧残尤为深重。蔡文姬个人的悲剧固然感人，但她个人的悲剧仅仅是整个社会大悲剧中的一个音节。因此，她个人的悲剧就获得了古往今来善良的人们所共识的"把人类有价值的东西毁灭了给人看"的悲剧原则。1000多年来，人们正是在痛恨战乱所造成的苦难这个角度上为蔡文姬洒一掬同情之泪的。蔡文姬的悲剧具有认识的作用。

蔡文姬深陷胡地 12 年，身心俱苦，而最苦的是心。所谓失节事胡对于蔡文姬来说，道德上的痛苦退居次要的地位，道义上的痛苦才是根本性的、最强烈的。她是名门之女，全身心浸透了汉文化的墨香。曹操以续修汉书为由赎其回归，体现她价值的人生取向仅仅是促使她归国的表层原因，其底蕴，乃是"生乃冀得兮归桑梓，死当埋首兮长已矣。"所以，排山倒海般的别子之痛，并没有拖住她归汉的脚步。因为"爱国主义就是千百年来巩固起来的对自己的祖国的一种最深厚的感情。"当年蔡文姬生活过的南匈奴，早已是祖国大家庭中的一员。尽管蔡文姬的爱国主义有时代的局限性，然而用历史的眼光来看，直到今天也仍然具有教育的作用。

蔡文姬嫁予左贤王并为左贤王生了两个孩子，这在蔡文姬看来是"鞠之育之兮不羞耻"。在左贤王看来是什么呢？宋人题文姬归汉图诗中透露出来了一点信息："文姬别子地，一骑轻南驰。伤哉贤王北，一骑挟二儿。二儿抱父啼，问母何所之？停鞭屡回首，重会知无期。孰谓天壤内，野人无人彝？"左贤王处在被同情的位置上了，他的家庭被拆散，孩子把问母亲的话来问父亲，也同样令人心酸。如果汉蒙两个民族像今天这样同在蓝天下，还会有蔡文姬的悲剧吗？读者从蔡文姬家庭离散这个视角来对这个悲剧做出感情和理智的评价时，以汉为唯一正统的观念便受到了挑战。《悲愤诗》的社会效果超越了作者的创作意图，体现了民族团结的愿望，具有深刻的启迪作用。

蔡文姬多灾多难的一生使她有足够的理由选择死，在父亲、丈夫、母亲相继辞世，她孑然一身又被掠入胡时，可以以死来逃避；在失节事胡，蒙受奇耻大辱时，可以以死来排遣；在母子离散而又重会无期时，可以以死来解脱。然而，蔡文姬始终没有选择死，体现在她性格上的是不屈服厄运的抗争精神。悲哀是她生命的主旋律，愤怒则是主旋律中的最强者。有悲哀和凄婉，更有控诉和抗争。蔡文姬在鲜血和尸骨中艰难地前行，正是整个人类从远古走来的一个缩影：不屈不挠，悲而弥坚。蔡文姬贡献给我们的不只是《悲愤诗》，更多的是诗人的韧性与毅力，是诗人的人格光辉。可以想象，蔡文姬和她的《悲愤诗》将一如既往地发挥巨大的激励作用。

# 第 三 章

## 彩笺流芳万世
## ——薛涛

　　薛涛 (? ~约832年)，字洪度 (一作弘度)，原籍长安 (今陕西西安市)。幼年随父薛郧宦游入蜀 (今成都)，自幼聪敏，八九岁时就能知音律，吟诗作文，后入乐籍。因容貌美丽，又有诗才，书法亦精，故扬名蜀地。《宣和书谱》云薛涛"作字无女子气，笔力峻激，其行书妙处，颇得王羲之法。少加以学，亦卫夫人之流也。每喜写己所作，诗语亦工，思致俊逸，法书警句，因而得名"。可见，在唐朝，以才气闻名一世的，还有这位不可轻易忽略又不可随便多得的"扫眉才子"。

# 豆蔻诗才，初露锋芒

在四川成都一个幽静的宅院里，一位中年官员在院中散步。当他抬头望着院中那枝干挺拔、高耸入云的梧桐树，突然雅兴大发，即兴赋了两句幽雅清淡、富有韵味的诗：

庭除一古桐，耸干入云中。

这吟诗之人就是从长安来成都任职的薛郧（yún）。当他吟了这两句诗后，见自己的小女儿正凝神地在一旁听着，便突然想到：别人都说自己的女儿诗才敏捷，很有才华，今天何不让女儿接续上自己这以"梧桐"为题的诗呢？也试试她的诗才究竟如何。想到这儿，父亲对女儿说："孩子啊，父亲方才吟的那两句诗你可听清了？你能不能把父亲的诗续上呢？"薛郧边说此话，目光中边流露出了期盼。

对父亲方才吟的诗，女儿听得很清楚。因为她在听着的同时，小脑袋就在不停地转动着、思索着。而且，在她的心中也早已有了续诗。此刻见父亲这样对自己说，就微微一笑，脱口接上了两句：

枝迎南北鸟，叶送往来风。

使之成为一首完整的《井梧吟》。这两句诗续得很洒脱、很风流，对仗工整，词语蕴藉，不失为好句。父亲听了女儿的续诗后，先是非常惊喜，高兴地自语道："如此快地续上我的诗，还真是才思敏捷。"

作为父亲的薛郧，应该当场鼓励这个八九岁的小诗人，不过，在他高兴之后，却在皱紧眉头深思，回味着这两句诗的含意，很快又陷入了忧郁。他觉得，女儿虽然如此有才学，可在当时的社会，自己没有什么显赫的地位，将来的事情，就难以预料了。想到这儿，他便更增添了几分心事。

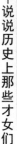

这个在庭院中能如此迅速地接续父亲诗的小姑娘，就是我国唐代一位非常有才气的女诗人，杰出的才女——薛涛。

在庭院续诗的事情过去没几年，薛涛的父亲就因病过早地离世，薛家的家境急剧下降，小薛涛的处境也就更加不如从前了。在重男轻女的封建社会里，男子读书，尚可以走考取官职的仕途，但对于小户人家中有才学的女子来说，却没有任何出路。10岁的薛涛，虽然自幼聪慧，知音律，通诗文，精书法，特别是作得一手好诗，却与"仕途"无缘，只能在达官贵人们饮酒时，给人家赋几首诗，供人家享乐。

那一年，刚刚到任的西川节度使韦相公听说本地有一个叫薛涛的小姑娘诗才不凡，长相又漂亮，就利用自己的职权，把交际甚广的她公开召进府去侍酒吟诗。这样，十五六岁的薛涛出于无奈，又被生活所迫，早早地就成了韦相公幕下官方最年轻的乐伎。

有一次在酒席筵上，薛涛因醉争酒令，掷注子误伤了韦皋的侄子，结果薛涛为此受到谴责，韦相公决定将她发往边疆松州（今四川松潘县）的军营。

当薛涛得知韦相公做出这个决定的消息时，联想到松州边境正在打仗，心里很是惧怕到那个偏僻的地方去，因此写下一首诗：

> 黠虏犹违命，烽烟直北愁。
>
> 却教严遣妾，不敢向松州。

这诗的大意是：狡猾之敌吐蕃竟敢违君命入侵陇、蜀之地，把战火一直烧到四川的正北方，在此之际，韦相公却严加责罚像我这样年少又柔弱的妇女，我实在是不愿赴往战火纷飞的松州边境线。诗写得哀怨、沉痛，所求之情流露字里行间，在求情的同时，还暗含抨击。然而，这首诗并没有达到能救薛涛的效果，她还是去了松州边境线。当薛涛到了松州军营，看到边境荒凉凄苦的环境，就又提笔写了一首诗：

> 闻道边城苦，今来到始知。
>
> 羞将筵上曲，唱与陇头儿。

诗写得更加恳切，感情也很细腻。诗中说：平时常听人们讲边城很苦，今天，当我真的来到这里，才知道这的确是真的。在这清苦的边城，我实在是不好意思把平日里在幕府筵席上所吟唱的欢乐之曲，唱给镇守边疆的战士们听。简捷形象的几句诗，就把边城艰难困苦的景象描绘出来，并与朱门府上花天酒地、歌舞升平的奢侈豪华的生活加以对比，使薛涛自己都觉得平日的词曲再也唱不出口。这两首诗合起来为《罚赴边有怀上韦相公》二首。对薛涛这两首诗，明代著名的诗评家都有评论。钟惺《名媛诗归》评曰："二诗如边城画角，别是一番哀怨。"杨慎《升庵诗话》评曰："有讽喻而不露，是诗人之妙，使李白见之，亦当叩首，元、白之流纷纷停笔，不亦宜乎？"此评语虽然"誉之过甚"，其诗句还是上乘之作。

为这次被罚往赴边，薛涛还曾写了《十离诗》，以悼千古才人之遭际，责百代用人之弊端来感怀自己的遭遇。可见其一《犬离主》：

> 出入朱门四五年，为知人意得人怜。
>
> 近缘咬著亲知客，不得红丝补上眠。

在诗中，薛涛把自己和韦皋的关系，比作犬和主，采用了民歌的笔法，以明白如画的诗句描绘了一个犬离主的故事，借物陈情，并敏锐地认识到豪门贵族的冷酷，正视自己所处地位的毫无保障，犬守主虽然很长时间，但偶有小过，也会被罚赴边，这就是犬为什么离去的原因。接下来，又一连写了共10首，《笔离手》、《马离厩》、《燕离窠》、《竹离亭》等，用十物的比拟，分别哀叹自己像笔"都缘用久锋头尽"、像马"为惊玉貌郎君坠"、像燕"衔泥秽污珊瑚枕"、像竹"为缘春笋钻墙破"（一作敝）等等，这《十离诗》不仅要求主子的同情和宽恕，同时更是发自内心的陈情一表。由于薛涛涉世未深，又恃才傲物，不拘小节，所以，因小错而遭罚赴边是难免的，在诗中，她不光为自己一吐真言，也为天下有才之人的共同命运而感慨万分，叹贵才因小事失误就贱之千古，也实在悲哀。"《十离诗》有引躬自责者，有归咎他人者，有拟议情好者，有直陈过端者，有微寄讽刺者，皆情到至处，一往而就。非才人、女人不能。盖女人善思，才人善达故也。"这是明代钟惺在《名媛诗归》中对薛涛《十离诗》比较中肯公允的评价。

远离成都府的边塞生活，离战争又很近很近，生活的艰苦是可想而知的，这对于一个生在宦家，长在城里，生活在幕府中的青年女子薛涛来说，是很难适应的。为了能尽快地离开连兵士都不愿意镇守的边塞，薛涛又给韦皋写了《罚赴边上韦相公》二首诗：

其一

萤在荒芜月在天，萤飞岂到月轮边。

重光万里应相照，目断云霄信不传。

其二

按辔岭头寒复寒，微风细雨彻心肝。

但得放儿归舍去，山水屏风永不看。

在第一首诗中，薛涛把韦皋比作一轮圆月，把自己比作小小的萤火虫，意思是说，我在荒芜的天边离月轮很远很远，能不能让我离得近一点使月亮的光明也照映到我的身上，好让我也发出一丝丝萤光呢？接着在第二首诗中，又将自己的心情更加依次递进，详细地描写了赴边时旅途的艰难。

薛涛

诗中说：当我骑着马翻过山头，天气更冷了，微风中夹着细雨的天气使人心碎肠断，如果您能将我放回去，今后我永远也不敢再看画屏上的山水了。面对艰难的行程，这位20岁的女子，只好动用自己的真情来向主宰她命运的上司写诗相求。对于一个身陷乐籍的弱女子，遭此厄运，除此之外，还能有什么好办法呢？

在1000多年以前，通讯条件是低级的，交通更是极不方便，薛涛写给韦相公发自心底的诗也不知什么时候他才能看到。薛涛确实出笔不凡，就连韦皋看了这些情真意切的求情诗后，怒气也渐渐地消了，于是就将她召回成都幕府，并且替她脱离了乐籍，恢复了她自由之身。

"出入朱门四五年"，"跳跃深池四五秋"（《十离诗》）的诗句，点明了她在成都生活的地点与时间，她从十五六岁入乐籍，侍奉于成都的最高地方长官剑南西川节度使韦皋幕下，除侍酒赋诗外，还以她特殊的身份周旋于上层人物之间，联络各方，便于咨询政事。从武元衡在任时，曾奏请薛涛为校（jiào）书之事，就可证明薛涛是很有业务才能的。因此，她在幕府的作用，远远超过了"交际花"的职能。

当薛涛初入幕府侍酒赋诗时，幕府的幕僚们开始以普通的乐伎对待薛涛，可薛涛的诗作一出，名士们均刮目相看。随后，便立刻以女诗人的礼仪相待。特别是继高崇文之后任节度使的武元衡也是一位诗人，他入川时，由于心情不好，就写了一首《题嘉陵驿》：

> 悠悠风旆（bèi）绕山川，山驿空蒙雨似烟。
>
> 路半嘉陵头已白，蜀门西更上青天。

薛涛读了以后，想了想，在首句引用了武元衡的末句，和道：

> 蜀门西更上青天，强为公歌蜀国弦。
>
> 卓氏长卿称士女，锦江玉垒献山川。

两首诗同写西川，但境界不同，对西川所流露出的感情也不同，武诗把西川写得山高水深，路险人稀，而薛涛则说西川是个好地方，人杰地灵，尽出卓文君与司马相如这样的人物。武元衡读了薛涛的诗，理解了她的一片良苦用心，所以就安下心来，高兴地在西川任职。此后，武元衡十分重视爱惜薛涛的才华，因而曾奏请薛涛为校书，虽没有被授职，世人还是都称她为"女校书"。

薛涛的命运并不好，校书一职奏而未授，对她无疑是一个打击，但从当时常与薛涛唱和往来的同时代诗人王建的诗中，我们感到薛涛在心灵上也应该有所慰藉。诗这样写的：

> 万里桥边女校书，琵琶花里闭门居。

扫眉才子知多少，管领春风总不如。

读了王建这首《寄蜀中薛涛校书》，我们不难看出，这位有才学的妇女，就像一颗闪闪发光的诗坛明星，是如此恰当地被冠以"扫眉才子"之名，为当时的文人所倾倒的，而并未授衔的"女校书"也已经在万里桥边叫开了。

"表荐校书偏遇变，枇杷门掩逐风流。"当薛涛在她脱离乐籍之后，便居住在成都西郊浣花溪枇杷门巷，身着女道士服（一作冠服），种花吟诗，并常与时人唱酬、赠答、或自己抒情遣怀、咏物写景，以排遣自己的心际。

薛涛身着道服，并不意味她出家。在中、晚唐时期，中国上层妇女时兴穿着女道士服，因为道服被她们看作是新潮的时装。为新缝制的道服，薛涛曾写下《试新服裁制初成》诗三首（选自陈文华《唐女诗人集三种》）：

紫阳宫里赐红绡，仙雾朦胧隔海遥。

霜兔毳寒冰茧静，嫦娥笑指织星桥。


九气分为九色霞，五灵仙驭五云车。

春风因过东君舍，偷样人间染百花。


长裾本是上清仪，曾逐群仙把玉芝。

每到宫中歌舞会，折腰齐唱步虚词。

诗中把新制的道服描绘的非常漂亮，穿上它就像到了仙境，远离了世俗，也展示了薛涛心中的一种理想境界，沉浸在自我陶醉之中。

## 乐籍才女，交际名家

薛涛这位自幼受到良好家庭的文化熏陶，通晓诗文的女诗人，由于家道的中衰，又无"仕"的资格，因而只能听凭命运的安排。无论是在乐籍，还是脱乐籍，"凡历事十一镇，皆以诗名受知"。从韦皋起到李德裕止，剑南西川节度使前后更换了 11 届。这些当权者依次是袁滋、刘辟、高崇文、武元衡、李夷简、王播、段文昌、杜元颖、郭钊。薛涛出入幕府，周旋于权贵之间，广泛地结交名流，履行的是"公关"的职责；她善于咨议政事，咨询治蜀得失，驭边方略，具有"谋士"的才能；她协理文案，校勘书籍，相当于是力尽"校书"之责，而她侍酒赋诗，以乐伎的面目出现，只是在她生活于幕府中的一部分。

从她诗人兼幕友的一生中来看，虽然曾因不幸身陷乐籍，但她出入幕府，在周旋于权贵之间的同时，广泛地结交宾客，体察世态人情，咨询政事，联络各方。她"历十一镇"，使人受知的不仅在于伎，也不只在于诗，更主要的她力尽咨政、文案之职，是具有不可低估其价值的社会活动家。正因为这样，她才得到"在位巨公谁拯溺，当时名士尽知音"（今朱朗煌）的评价和"红颜老去思谁主，赢得公卿唱和诗"（今邹光绥）的赞誉。

据元末蜀人费著《笺纸谱》记载："涛出入幕府，自皋至李德裕，凡历十一镇，皆以诗受知。其间与涛唱和者，元稹、白居易、牛僧孺、令狐楚、裴度、严绶、张籍、杜牧、刘禹锡、吴武陵、张祜，余皆名士，记载凡二十人，竞有酬和。"但从现存史料中，只能查阅到元稹、白居易、王建三人与薛涛有唱和诗，其他人的现存诗均无唱和之作。前人的著作，有自己自行隐匿的，有被后人删削的，有因遭战乱散失的。因此，具体原因都不详。由此可知，不仅薛涛的诗散失很多，其他人的存诗也都如此。再者说，当时流传下来的薛涛与人唱和诗，有的记有姓名，有的是经过考知的有 7 人；只有姓氏、官衔或排行、到现在尚未考知名字者也有 16 人；无姓氏、官衔或排行的唱和诗有 4 首（详见张蓬舟《薛涛诗笺》），而与薛涛直接唱和，并有姓氏确证的诗仅存三首。其一是王建《寄蜀中薛涛校书》，其二是元稹《寄赠薛涛》，其三就是白居易《与薛涛》，诗如下：

> 峨眉山势接云霓，欲逐刘郎此路迷。
>
> 若似剡（shàn）中容易到，春风犹隔武陵溪。

白居易与薛涛不知是否谋过面，这首诗可能是通过元稹与之唱和的。诗中"峨眉"句就是引用元稹"峨眉秀"之意比喻薛涛的，"欲逐刘郎"是引用刘晨、阮肇（zhào）入天台遇仙的故事，不说刘郎追逐仙女，却反过来说仙女追逐刘郎，实际上是暗示薛涛心属元稹之事。可见薛涛与元稹之间的感情纠葛，也不是世人不知的。下句中的"剡中"是县名，今在浙江嵊县，元稹此时正在浙江东任观察使，而薛涛在蜀西，从蜀西到浙东中间隔着湖南，武陵溪即桃花源，是幻想中的美好世界，桃花源是一个追寻不到的地方，更何况天台仙境呢？其含意大概是说薛涛距元稹之间的路途那么遥远，想聚到一起，实在是太难了。我们都知道，元稹与白居易的关系特别亲密，所以在给薛涛的诗中，其个人的感情是倾向挚友元稹的。

薛涛现存 91 首诗中，唱酬赠答之作占了一半，其中上蜀师的诗有十几首。这些诗意在颂扬，却不带媚气。诗要写得不卑不媚，发言得体，自然挺正，颂而不媚，讽而不露，是很难的。《罚赴边有怀上韦相公》历来为人称道；《贼平后上高相公》中有"始信大威能照映，由来日月借生光"之句，既赞颂高相公的威严之气，大将风度，又以"始信"一词一扫女人的媚气；《续嘉陵驿诗献武相国》中有巧妙地续诗"卓氏长卿称士女，锦江玉垒献山川"，歌颂了武元衡即将要出任的蜀地是士女山川，风光锦绣，诗续得不卑不亢；《赠段校书》中"玄成莫便骄名誉，文采风流定不如"，是说谁都不能随便地为名誉骄傲，韦玄成的文采就不如你的风流，"赠诗具有深意，不为苟作"；《段相国游武担寺病不能从题寄》也是写给段文昌的一首极难写而又写得不错的诗，本是应段相国之邀该一同游武担寺的，可晚年的薛涛因病不能随从，因而写道"依心犹道青春在，羞看飞蓬石镜中"，自认为还年轻，可病中蓬首垢面的，怕在武担寺石镜中看到这个狼狈的样子，以极其诙谐的语气，冲淡了不堪惋惜的气氛。再如《上王尚书》一诗中"手持云篆题新榜，十万人家春日长"之句，更是"逸而动，绝不带媚气"，既赞誉王播（原为剑南西川节度使，后任礼部尚书）执政辛劳，工作勤奋，又歌颂其管辖的地域国泰民安，一派生机的景象。

薛涛之所以名重于时，据推测，原因有两方面，其一，第一任韦皋镇蜀的时间最长是21年，以后继任的大多都出自其幕下，他们都是薛涛的故旧；其二，薛涛亲历各届治蜀的得失利弊，是具备咨询资格的，因而才有今人邹光绶的赞誉诗《无题》：

　　绣虎雕龙女辩才，江山绝境为谁开。

　　蛾眉莫道无知己，十一曾经节度来。

翻开张蓬舟《薛涛诗笺》，从不尽完整详细的薛涛传中得知，薛涛与同期的大诗人元稹（字微之，779~831年）的交情最为深厚，彼此曾互引为知己。

早在约元和四年（809年），元稹为东川监察御史时，听说成都浣花溪有一位女校书才貌双全，很是羡慕，并非常想认识交往。原在韦皋幕下任成都尹，当时已晋位司空，任太原节度使的严绶知晓元稹流露出这个意思后，就精心安排，派薛涛前往东川与之相识了。初次见面，元稹自恃才子，又是官人，自尊自大，没把幕府中的乐伎放在眼里，当薛涛作诗写字的时候，元稹矜持墨砚，根本也没想过薛涛能有多深的学问，所以表现出一副不以为然的样子。薛涛明知此意，当下写下了著名的短文《四友赞》，在称颂晋代王猛等4位历史上的著名人物之后又说，我与他们都很熟，结识交往的也都是大人物，"引书媒而默默，入文亩而休休"，是说我就是从小在书中长大，踏着诗文走过来的。意思是说你不要以我乐伎的身份小瞧人。元稹读了以后，对薛涛敏感的思维及俊美的文笔感到特别惊讶，进而从心里佩服至极。通过在东川近半年的走笔作诗，互相唱和往还，独身的薛涛渐渐地钟情于这个风流才子元稹。当时他们这两个文人的唱和诗一定很多，可惜现存诗集中，都不曾见到。

薛涛于青、中年居住在成都西郊浣花溪枇杷门巷的五云仙居时，创制了深红色小笺，给分手10年的元稹捎去100多幅，因而，元稹在薛涛赠予的小笺上题一首诗给薛涛，那就是《寄赠薛涛》：

锦江滑腻峨眉秀，幻出文君与薛涛。

言语巧偷鹦鹉舌，文章分得凤凰毛。

纷纷辞客多停笔，个个公卿欲梦刀。

别后相思隔烟水，菖蒲花发五云高。

元稹在诗中写道，四川秀丽的山水，养育出美女不知多少，古有爱好音乐的卓文君，今有喜善诗文的薛涛。你的诗篇言语巧得就像鹦鹉的嘴，文章漂亮得就像凤凰的羽毛。文人看了都纷纷停下笔，无法再写下去，公卿们都想到西蜀来做官。诗中"梦刀"句有一个典故，就是在晋朝有一个叫王浚的睡觉时梦到三把刀，后来又梦到一把，他觉得不吉利，就找人圆梦，别人告诉他这是好兆头，三刀预示着要做州官，又梦一刀，一通益，益州即蜀地。后来王浚真的做了益州的官。元稹在这里说公卿们都愿意到西蜀来做官，目的是好与薛涛相识，都想认识才女薛涛并和她在一起。尾联是说，好诗友离别之后，相距得太远，见面又不容易，但是尽管隔着千山万水，我在这也能看得到你五云仙居前盛开的菖蒲花。薛涛喜欢菖蒲花，在她居住的枇杷门巷种了不少，所以元稹在诗中特别提到这种黄色的菖蒲花，暗喻薛涛。其诗中"别后相思隔烟水"，一语道破了他与薛涛之间的感情关系。两人相聚过、相恋过，分手之后，浩如烟海广际无边的山水也隔不断两人的异地相思，可见两人除以文友相慕之外，男女相恋之情也是很深的。

薛涛收到元稹寄的诗后，也写一首诗给元稹，那就是《元微之赠诗因寄旧诗与之》（标题据《唐诗纪事》）：

诗篇调态人皆有，细腻风光我独知。

月下咏花怜暗淡，雨朝题柳为敧（qī）垂。

长教碧玉藏深处，总向红笺写自随。

老大不能收拾得，与君开似教男儿。

细细读来，总觉得有无限的哀怨流诸笔端。首联的大意是每个人的诗篇著作，都有着自己的情调心态各领风骚，而我的诗篇文中的心灵深处的细腻之情，却唯有我自己知道。接着又怜月下咏花的暗淡，风雨中题柳的斜垂，归纳起来都为一怨："长教碧玉藏深处"，自己作为一个地位低下的小家女，不能与相爱的人相依相随，所以只好总是向自己创制的红色小笺倾诉内心的随想。在尾联，字里行间更是流露出无尽的自悲自叹，她哀叹流年飞度，韶华易逝，自己的旺盛之年已经远去（薛涛此时约 50 岁），可自己写过的诗篇却始终没有归结到一起，如果今天能一起交给元君这位男子汉，得到指教并帮助整理出来，该多好哇。再回头看诗的标题"寄旧诗"，很可能这首诗是原来写的，没有交递给元稹，到现在才寄；也可能薛涛收拾起一部分旧诗，一并寄给元微之。这里的细情，只有 1000 年以前的当事人知道了。这互寄的两首小诗，也正像两个人的情诗。

从薛涛的现存诗中，我们得知"以赠朋之作居多，不少作品情调伤感"，她坎坷的生活命运，使其作品充满伤感情调是不足为奇的。任何一个女性，都向往着诚挚的爱情，希望拥有一个温暖幸福的家庭，这是一种正常的心理，更何况像薛涛这样聪明丽质又多愁善感，充满诗人气质的女性呢！她的苦闷，她的渴望，是情有可原的。

明了薛涛与元稹感情上的缠绵，让我们再读薛涛以前的诗《赠远》两绝句，便可以推断出那受赠者是谁了。其一：

芙蓉新落蜀山秋，锦字开缄到是愁。

闺阁不知戎马事，月高还上望夫楼。

元稹在认识薛涛的第二年即元和五年（810 年）被贬为江陵府士曹参军，这《赠远》两首诗，是在元稹被贬之后，薛涛写给他的。诗中的"芙蓉"是指水芙蓉，即荷花。荷花在夏季里盛开。诗的大意是说，在成都，当荷花凋落的秋天里，你拆开我的信所看到的都是忧愁。我这个闺房中的女子，不懂军事，可每天在月儿升高的时候，我总要到望夫楼去眺望你的。多才多艺的薛涛，总倚仗自己的才华，不将自己的芳心轻易许出，因而到了40岁左右的中年，还仍在未嫁之列。直到与元稹在前一年里相聚之后，才萌发一丝爱恋之心。因此，在诗中"锦字开缄"和"望夫楼"的字眼儿中，我们可以领略到薛涛对元稹的爱恋之情，对他被贬之事，虽爱莫能助，但情却难舍难消，因此在诗中，才把元稹比作自己的丈夫。"锦字"，是用锦织成的字，旧时特指妻子写给丈夫的书信或情诗。"望夫楼"顾名思义，就是眺望丈夫的高楼。由此可见，在薛涛的心中，蕴含着多么炽烈的爱恋之情，那情意浓郁而缠绵。

其另一首是：

> 扰弱新蒲叶又齐，春深花发塞前溪。
> 知君未转秦关骑，月照千门掩袖啼。

诗中是说：我插种的嫩弱的新菖蒲又长齐叶子了，春深时节，菖蒲花已经开放并布满了浣花溪，可我知道你暂时不能从秦地（陕西长安）回来了，在这阳光普照千家万户的日子里，我却只有掩面哭泣。其含情缠缠绵绵，又凄凄切切，寄予了自己对升迁之渴望，对情人眷恋之真意。从诗中所言，可以悟出薛涛与被赠者关系之深，关心之切，其交谊非同一般。从前面互赠的两首带有名字称谓的情诗来看，这《赠远》必定是薛涛赠予远贬的元稹无疑。

再看《江边》一诗：

> 西风忽报雁双双，人世心形两自降。
> 不为鱼肠有真诀，谁能夜夜立清江。

这首诗的大意是秋天来了，秋风把成双成对的雁儿送往南方，可我却身不随心愿，只好委屈地服从人世。要不是鱼肠中藏着书信，谁又能夜夜伫立在清江岸边等候着所爱的人捎来的音讯呢？从起句的"雁双双"，我们不难体会到薛涛自叹形单影孤的忧愁心况，再看转句用的"鱼肠"之典，更表现了她思念远别的情人，盼望捎来信息的迫切心清。"夜夜立清江"也绝不是笔者闲来泛泛之作，而是出于对情

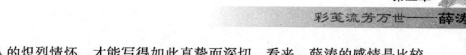

人的炽烈情怀，才能写得如此真挚而深切。看来，薛涛的感情是比较专注的。然而，使我国中唐这位文采风流的才女垂青的元稹又是怎样一个人呢？他是否值得薛涛的苦苦相恋呢？

当元稹被贬江陵途中，曾作《嘉陵驿》二首，其一是："嘉陵驿上空床客，一夜嘉陵江水声。仍对墙南满山树，野花撩乱月胧明。"其二是："墙外花枝压短墙，月明还照半张床。无人会得此时意，一夜独眠西畔廊。"我们都不曾忘记的是，前面已经读过薛涛于元稹被贬时写的情意缠绵的诗《赠远》，而元稹此时正是处于前一年丧妻，在后一年再娶，唯独这一年是独居，因此，与薛涛的关系也是最为密切。他诗中屡言"空床客"、"半张床"、"一夜独眠"，是什么意思呢？无非是暗言在未贬之前，并非独眠，同时也有许多怀想，怀想的一定是曾与他相聚并伴侍数月的另一位独眠者薛涛。

那么，薛涛对自己与元稹的这段姻缘，也不是没有什么想法，从两人的互赠诗及《赠远》的诗中，薛涛始终是以妻子的口吻向丈夫倾诉相恋的情思。毫不掩饰地自艾"碧玉藏深处"，盼望"鱼肠有真诀"，直截了当地告知"日照千门掩袖啼"，"月高还上望夫楼"，所有这些，要表白的只有一点，那就是自己的情属元稹，心系微之。可有情人未成眷属，对此，薛涛是否也有自己的态度呢？

在《全唐诗》或《薛涛诗笺》中，我们可以读到十余首咏物诗。通过她所咏之物，可以窥见她的内心世界，可以触摸她的苦闷，可以聆听她的叹息，也可了解她的追求。像《秋泉》："冷色初澄一带烟，幽声遥泻十丝弦。长来枕上牵情思，不使愁人半夜眠。"诗是由景物"泉"起笔的，薛涛不写春天的泉水是怎么欢快而又温暖，却写秋天的泉边被冷色笼罩着，一片雾气迷茫的景象，这实际上是与她的心情有关。秋天的冷气使人疲惫、惆怅，甚至战栗、心悸，她的心也更加迷茫，因此便牵起她的无限情思。这情思不仅是相恋的人相互思念的情思，更有离别带来的愁人的情思。愁的是什么，大概是有情人敬而远之的那种类似失恋之愁。诗中"长来"俗语的运用，使人感到诗人的心离我们很近很近。

再如《柳絮》诗："二月杨花轻复微，春风摇荡惹人衣。他家本是无情物，一任南飞又北飞。"这首诗读起来使人有一种轻柔、空灵之感，在春天的气息中，借咏柳絮一吐胸中几分深深的哀怨。诗的大意是，二月里的杨树花絮轻盈地飘飞，春风吹着它飘摇游荡，沾弄着行人的衣衫，这轻飘的柳絮就像无情之物一忽儿向南飞，一忽儿飞向北。诗中末尾两句是用来比喻无情男子朝三暮四、水性杨花，对爱情不专的。那么薛涛在这里怨恨的是谁，就可想而知了。咏物诗，是借咏之物而托物言志的，诗从心中出，是说诗中的感情是真挚的，《柳絮》也同样带着薛涛的真实感情。体味着这首诗，又帮助我们了解到在薛涛的一生中，确实存在遭人怨恨的水性杨花、朝三暮四的男人，这男人还必是与她相恋过。

查阅挖掘出来的有关于薛涛的全部史料，没有薛涛的本集，也没有墓志，从张蓬舟为薛涛做的零散而简略的小传中，我们查不出除元稹外，薛涛还和其他有名之人相恋过。因此，我们断定这怨恨之诗，就是针对元稹待薛涛的态度而发的。

"涛似属意于稹，终身未字，此樊增祥（字山）有'孤鸾一世'之叹也"（张蓬舟）。抄得清樊山的词《满庭芳》如下：

万里桥边，枇杷花底，闭门销尽炉香。孤鸾一世，无福学鸳鸯。十一西川节度使，谁能舍女校书郎。门前井，碧桐一树，七十五年霜。琳琅诗卷，元明枣本，佳话如簧。自微之吟玩付春阳。恨不红笺小字，桃花色自写斜行。碑铭事，昌黎不用，还用段文昌。

读了上面樊山于1914年题在明刻《薛涛诗》扉页上的词，我们对薛涛的身世及她的恋爱观会更加明了了，"孤鸾一世，无福学鸳鸯"。

# 诗国才女，众星捧月

中国是一个诗的国度，唐诗是中国五、七言古今体诗的高峰。在这高峰之上，在诗人的行列中，妇女的芳名屈指可数，寥若晨星。这是因为在我国漫长的封建社会里，政治上、经济上都没有妇女的地位，是封建礼教压抑了她们的聪明才智。尽管如此，中唐的薛涛以她顽强的抗争精神，在历代文化名人中，争得了一席之地，是我们妇女的光辉楷模。

薛涛的诗才确实不凡，难怪著名诗人元稹等为她的才华所倾慕。晚唐时张为在《诗人主客图》中将中、晚唐著名诗人分立为六主，其下是客，各分上人室、入室、升堂、及门 4 个级别，用来确定地位。薛涛被列在清奇雅正升堂这个级别中，共 7 人。她与方干、贾岛等人并列。在《诗人主客图》中，所列取的女诗人仅薛涛一位，可见，薛涛在中、晚唐诗坛的地位是很高的。所以历代评价薛涛的人都很多，比如像宋、明、清三个朝代都有名人做出各具特色的评语。

南宋时期的学者晁公武，总览薛涛《锦江集》全部作品之后，就其艺术水平评论说："工为诗。"虽然只有 3 个字，却胜过千言万语的长篇大论，真可谓少而精。就现存薛涛诗来看，她的作品，声韵优美，格律谨严，没有一首是浮滥之作。因此，薛涛诗的艺术水平，用一个"工"字概括就完全够了。

明末的胡震亨在《唐音癸签》中评说："薛工绝句，无雌声，自涛者相。""无雌声" 3 个字，非常能概括出薛涛诗的风格。以其现存诗而论，讽刺时政、评论人物、感叹身世、悲愤遭际的均有。即使有感叹、悲愤的内容，与同时代的李冶（字秀兰）、鱼玄机（字幼微）相比较，没有淫荡之辞，因此用"无雌声"来评价薛涛诗的风格特色是最为恰当不过的了。

清中期的大才子纪昀（字晓岚）在《四库全书总目》中说："涛《送友人》及《题竹郎庙》诗，为向来传诵。然如《筹边楼》诗……其托意深远……非寻常裙屐所及，宜其名重一时。"

像同时期的著名诗人王建的"扫眉才子"、"管领春风"；元稹的"辞客停笔"、"公卿梦刀"；及明代文豪杨慎对薛涛《罚赴边有怀上韦相公》诗的评价："有讽喻而不露，得诗人之妙，使李白见之亦当叩首，元、白之流纷纷停笔，不亦宜乎"等等，虽然有的"誉之过甚"，但薛涛诗，在诗的国度、诗的高峰中，也是有口皆碑的。

作为一个女诗人，特别是我国古代的女流之辈，她的心胸所容纳的并不仅仅是自己安闲宁静的生活，也不是躲在清幽的碧鸡坊吟诗楼这个小天地里，把自己和现实隔绝开来，她的那首《筹边楼》就是在其晚年关注时事政治的真实写照。其诗为：

　　平临云鸟八窗秋，壮压西川四十州。

　　诸将莫贪羌族马，最高层处见边头。

这是为李德裕（薛涛经历的 11 镇中最后一任）筹边楼竣成而作的贺诗。今天我们吟诵薛涛这首七绝，仍能使人心情激荡，诗人一片忧国忧民之情跃然纸上。1000 多年以前，这位孤独的老妇人托时感事，希望国家安定，社会稳定，人民安居乐业，其求安思治的精神是多么难能可贵。诗的前两句是描写筹边楼威武壮观的景象，"平临云鸟"是说楼之崇高，能平等地与云鸟相临，"八窗秋"是说楼的四周天旷气清，一望无际。在字面上，薛涛是夸赞筹边楼的壮丽景象，而实际上是暗里称誉李德裕镇守边疆的英明创举，表现出诗人的胸怀与识力。

诗中"羌族"就是指吐蕃，"诸将莫贪"，是告诫唐军不要因目光短浅，贪图夺取吐蕃的马而把捍卫自己的土地、抵御入侵之敌的正义行动变为无理的掠夺行为，再度引起边境之争，使西川的首府成都和广大人民群众都受到战争的威胁，其喻意深远，并且也正说明薛涛一贯关注政事，并熟知唐史。因为在唐朝的盛、中两期，吐蕃强大，曾屡次入侵中原的边境，掳掠人畜财物，唐朝的军队也不断地进行抵御，这就是当朝的史实。薛涛能直言不讳地"教戒诸将，何等心眼！洪度岂直女子哉，固一代之雄也"。后句中"最高层处见边头"与前边的"平临云鸟"、"壮压西川"相对，一则再次渲染筹边楼的巍然屹立，曾经是全蜀地政治军事的心脏，是西川的制高点；二则还喻示如登楼瞭望，可看到边界的烽火。由此，我们可以体会到晚年的薛涛抚时感事，忧思深远的博大心怀与不凡的政治眼光。这种心境同伟大的现实主义诗人杜甫的"西蜀地形天下险，安危还仗出群才"（《诸将》）的愿望是多么相似。可见清纪昀"非寻常裙屐所及，宜其名重一时"的评价，给薛涛这首小诗是毫无夸大之意，最恰当不过了。从写作技巧上看，诗人短短的四句诗里有感慨，有叙述，有描写，有动荡开阖，有含蓄顿挫，不仅能切中时弊而且善于知人论世。充分体现了她晚年在思想上、艺术上的成熟，作诗已达到出神入化的境界。在诗歌鼎盛时期的唐代，此诗也可称得上是篇不朽的佳作。

据说，薛涛有"诗500首"，现存诗仅及五分之一。像这类有关时事政治的作品流传太少，不免使人遗憾。在她的创作中，纵情恣意，吐露心声，表达上率直真切，忧喜之情溢于言表。特别是她的赠友遣怀诗，时有可观之处，与其他宫廷、闺阁中的女子文学相比，有其独特的风貌和韵味。

先请看四首《春望词》：

> 花开不同赏，花落不同悲。
> 欲问相思处，花开花落时。
>
> 揽草结同心，将以遗知音。
> 春愁正断绝，春鸟复哀吟。
>
> 风花日将老，佳期犹渺渺。
> 不结同心人，空结同心草。

> 那堪花满枝，翻作两相思。
>
> 玉箸垂朝镜，春风知不知？

这4首春望之诗，抒发了诗人对自己身世的悲叹和对命运的哀伤。明钟惺在《名媛诗归》中评曰："细讽四诗（一作时），觉有望意在，若率然读去，但知其幽恨，不知其怅叹。"

黄周星在《唐诗快》中评这4首《春望词》曰："皆以浅近而入情，故妙。"用浅显通俗明了的诗句，言表内心深处的离恨绵绵之情，如此得心应手，一来体现了薛涛不同寻常的文学功底，二来也体现了诗中的用情之真。那么，回想钟惺前面的话，大家也都觉得有"望"意在，而被诗人"望"者又是谁呢？诗中的"离恨"，使薛涛屡言"结同心"、"两相思"，不禁使我们寻绎出，只有是作者心中的所恋，才能消受得起这四首多情的诗歌，那一定是一位才貌出众的翩翩少年。

薛涛诗的风格，可以用"清秀雅正"概括。其"雅正"，即"思无邪"。前面那些"颂不媚"的诗句都可以说明这一点，而"清秀"大多都表现在她抒情、咏物、写景之作中。如《月》："魄依钩样小，扇逐汉机团。细影将圆质，人间几处看。"既写了如钩的弯月，又写了圆圆的满月，通过月亮的变幻，带给人们的是梦幻般的遐想和朦胧的思念，读来有一种月光如水的清静之感。《秋泉》更是在"长来枕上牵情思，不使愁人半夜眠"的诗句中，引人以深思，为善于想象的读者提供了一个广阔的天地，从而使它更富有诗意。再如《酬人雨后玩竹》：

> 南天春雨时，那鉴雪霜姿。
>
> 众类亦云茂，虚心能自持。
>
> 多留晋贤醉，早伴舜妃悲。
>
> 晚岁君能赏，苍苍劲节奇。

薛涛喜爱竹子，更赞美竹子终年青翠、挺然秀美。在诗中，她以竹子刚直虚心和自洁自爱的品格自比，以表白自己在纷繁的社会中自持节操的心态。尾句中一个"奇"字用得特妙，联系诗人的身世，又觉得这"奇"字很有分量。苍老的竹节不论在春雨时还是在雪霜中，都显示着不屈的劲节，也正是她人生的真实写照。

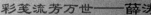

在遣词用字方面，最能体现薛涛诗的"工"字所在。如《鸳鸯草》："绿英满香彻，两两鸳鸯小。但娱春日长，不管秋风早。"第一句中的"满"字，把充满生命活力的"绿英"写得生机勃勃。"春风摇荡惹人衣"（《柳絮》）中的"惹"字写得形象而生动，又带有顽皮的拟人性格。"柳丝和叶卧清流"（《菱荇沼》）中的"卧"字，不仅使人见到岸边的垂柳，细长的柳丝轻轻地垂着，它尖端的嫩叶还活灵活现地躺在水面，随着流水飘动着。"峨眉山下水如油"（《乡思》）中的"油"字，把峨眉山下的江水描绘得碧绿如油，别一番美景显现在眼前，使人更思念故乡。

俗语的运用也是得心应手。像"他家本是无情物，一向南飞又北飞"（《柳絮》）中的"他家"、"一向"，像"长来枕上牵情思"（《秋泉》）中的"长来"，"但娱春日长，不管秋风早"（《鸳鸯草》）中的"不管"等，这些近似口语词的运用，并不显得浅白，反而使人感到更加平易、亲切，更富有韵味。

薛涛诗中双声叠韵及叠字的运用，也是很别致的。像"林梢明淅沥，松径夜凄清"（《风》）中的"淅沥"、"凄清"，即把如雨滴淅沥的黎明之风在林梢作声和充满凄清之情的夜晚之风直贯松径的景象描写得相当逼真，这除与象征手法的运用有关外，还离不开双声叠韵的运用，这样使诗句读起来既符合诗人的心境，又琅琅上口悦耳动听。像"苍苍劲节奇"（《酬人雨后玩竹》）、"声声似相接"（《蝉》）、"两两鸳鸯小"（《鸳鸯草》）、"开时九九知数，见处双双颉颃"（《咏八十一颗》）、"夕阳沉沉山更绿，声声更是迎郎曲"（《题竹郎庙》）中的"苍苍"、"声声"、"两两"、"九九"、"双双"、"沉沉"等等，把同一字叠起来用，这与诗的语言凝练并不矛盾，它并不是薛涛字词贫乏的表现，而是诗人作诗的功夫所在。"苍苍"把笑傲霜雪的竹子描绘得更加刚劲挺拔；"声声"把"各在一枝栖"的蝉，想象地聚在一起，一声紧接一声地鸣叫，显得十分热闹；"两两"把鸳鸯草这无情之物，凭自己的想象，溶入人的感情，两两相向的草叶，就像鸳鸯一样成对成双；"九九"，也并不单指节气中的第九个九天，而是为了与下面的"双双"相对，把唐代一种美好的民间习俗用诗的语言记录下来，颗颗点染过的素梅，"双双"成对，上下"颉颃"，更展现诗人渴望无边春色到来的艺术激情。

前面在元稹与之唱和诗《寄赠薛涛》中有"菖蒲花发五云高"的句子，其中"五云"一词，曾有人猜想是元稹在赞誉薛涛的字。据《辞源》记载，唐朝确有一个叫韦陟（Zhì）的人喜好书法，被封为郇（xún）国公，在他给别人的字画等签字时，"陟"字写得就像五朵云，当时的人都很羡慕，称为"郇公正云体"。韦陟所书写的其他的字，不可能都呈"五朵云"状，因此，也不能自成一体。"菖蒲花发五云高"中的"五云"，实指薛涛的住所为枇杷门巷内的五云楼或五云仙居。明人祝允明《杂题画景》中云"五云楼阁女仙居"、"知是成都薛校书"，清詹赞元《鸿雪偶存·薛涛井怀古》中"枇杷花里访仙居，百媚诗魂醒未醒"就是此意。薛涛的"仙居"是以"五云"为定语的。

五云虽然不是指薛涛的字，可她的字确实值得一提。前文已经提到北宋《宣和书谱》称薛涛"作字无女子气，笔力峻激，其行书妙处，颇得王羲之法"。如此看来，薛涛的书法必有可观之处。

《宣和书谱》真迹上说："薛涛'萱草'诸诗·行书。"可见北宋内府里所藏薛涛字的真迹，都是行书"萱草"诸诗。可惜的是后来都已失传。清中期嘉兴女子徐范自称集得晋、唐、宋、元朝卫铄、吴彩鸾、长孙后、薛涛、朱淑真、胡惠齐、张妙净、曹妙清、管道升及沈清友等10人墨迹，装潢一卷，其自有跋文。道光十二年（1832年），程璋借勒上石，已少长孙后、沈清友、曹妙清3幅，多了明朝柳如是、叶琼章两幅。程璋、冯登府都有跋文。于1922年由上海文明书局拓印为《女子习字帖》。原墨迹手卷名称《玉台名翰》，是由上海名医徐小圃所珍藏。1948年张蓬舟曾经亲自目睹并借印了薛涛的一幅为珂罗版，于1949年元旦印成，其字幅的大小与原帖一样。薛涛所书的是曹植的《美女篇》行书，共150字。实不知相传下来的这幅字是否为薛涛的真迹。

但是，真迹与否，并不影响薛涛是才华横溢的多面手。清张怀溥有诗为证："一时书手知多少，不书崔徽书薛涛"。"吟诗应事如豪俊，作字何曾类妇人"更是对薛涛一生的真实写照。

## 人过留名，雁过留声

当薛涛脱离乐籍，离开幕府，成为自由人之后，就隐居在成都市郊浣花溪枇杷门巷，这里就成了薛涛的久居之地。

当时在浣花溪，当地的居民多以造纸为职业。成都地区造纸制笺的有"数十百家"，可以说是一个造纸制笺的中心。蜀中纸笺质地好，除"乃尽用蔡伦法"制笺外，所用的原料也是很讲究的，而且用锦江之水造纸，效果更佳。当时，薛涛认为他们造的纸幅面太大，不便于写下自己所作的小诗，于是就命工匠改创一种为小笺，并染成深红色。这种红色小笺为世人所珍视，并称为"薛涛笺"，又称"浣花笺"、"校书笺"、"彩笺"、"红笺"等。

有唐著名诗人李商隐《送崔珏往西川》诗为证："浣花笺纸桃花色，好好题诗咏玉钩。"白居易在他《江楼夜吟元九律诗成三十韵》中，也挥笔写道："斜行题粉壁，短卷写红笺。"

宋钱易《南部新书》记载："元和之初，薛涛好制小诗，惜其幅大，不欲长剩，乃狭小之。蜀中才子既以为便，后减诸笺亦如是，特名曰薛涛笺。"元费著《笺纸谱》记载："纸以人得名者，有谢公、有薛涛……谢公有十色笺，深红、粉红、杏红、明黄、深青、浅青、深绿、浅绿、铜绿、浅云，既十色也……涛所制笺，特深红一色耳。"当地及附近的才子们，都觉得这种"薛涛笺"用来书写诗文，既美观又实用，很受欢迎，这种纸，不仅当时风行，并且千古流传。真是"一时节使酬新韵，千古词人重矮笺"（清黄琼）。据《环宇记》介绍，薛涛的诗笺小到只能写 8 行诗。自从这种小幅的宜于写诗的深红色彩笺问世以后，倍受世人所青睐。唐宋以下，一些爱舞文弄墨的文人雅士都巴不得搞到几张薛涛笺，以作题诗咏怀、赠友唱和之用。如唐僖宗时的进士司空图在《狂题》中有"应到去时题不尽，不劳分寄校书笺"的诗句。五代著名诗词作家韦庄曾写过一首《乞彩笺歌》，中有"也知价重连城璧，一纸万金独不惜。薛涛昨夜梦中去，殷勤劝向君边觅。"唐鲍溶《寄王播侍御求蜀笺》诗云："蜀川笺纸彩云初，闻说王家最有余。野客思将池上学，石楠红叶不堪书。"写诗无笺，便向节度使求赠，可以想象薛涛笺的名贵了。宋代文人韩浦在《寄弟旧蜀笺》诗中这样写道："十样鸾笺出益州，寄来新自浣溪头。老兄得此全无用，助尔添修正凤楼。"（与谢公十色笺相混，薛涛笺只"深红一色耳"）他甚至认为，用薛涛笺写诗还可以提高写作水平。这种争相选用薛涛笺的风尚，无疑是对薛涛笺的一种至高的赞颂，更有利于诗词创作的发展与提高。即使在后代，也留下了不少赞誉薛涛笺的诗句。像"纸同洛阳贵，芳名个独驰"，"校书久慕女郎祠，艳说风流薛氏诗。底事花笺留妙制，替人千古寄相思。""一代烟花付子虚，至今门巷景萧疏。校书去后芳徽歇，裁尽新笺总不如。"等等。

薛涛塑像

然而，事物总是发展的，我们今天使用的便笺、美术信笺的鼻祖，很可能就是由薛涛笺演变而来的，虽然便笺没有薛涛笺那么艳丽，可它却小巧实用；美术信笺因具备它特有漂亮的彩色图案，正适合青年人温馨的心情而惹人喜欢。可见，薛涛这位中唐的女诗人，不仅以她文人的才学闻名于世，而且她那切合实际的聪慧智力也无人比拟，那独特而创新的思路，在当时的造纸业略胜一筹。

在我国的造纸业，青史留名的只有三位，那就是汉蔡伦、唐薛涛、宋谢景初。

薛涛正式的诗集叫《锦江集》，共 5 卷，存诗约 500 首，可惜在元朝时代就已失传。现存最早的专集是明朝万历年间刻的《薛涛诗》一卷，仅收诗 85 首，清康熙年间刻的《全唐诗·薛涛》收入诗 89 首；《洪度集》、《名媛诗归》、《四妇人集》、《薛涛李冶诗集》、《浪漫二诗人》等，大都是根据《薛涛诗》所刊出的。今人张蓬舟专门研究薛涛几十年，并为她的诗作注，于 1983 年 6 月以人民文学、四川人民出版社两种稿本出版了第一个笺注本《薛涛诗笺》，收诗 91 首。1984年 3 月，陈文华校注的《唐女诗人集三种》收诗 89 首。这些书籍都是前人为我们留下的宝贵文化遗产和巨大的精神财富，为我们研究古老的中国民族文化提供了丰富的条件，让我们都去为实现张蓬舟的遗愿，寻找薛涛遗失的其他 400 多首诗，以充实我国的文学宝库而共同努力。

# 第 四 章

## 道观悲情哀艳
## ——鱼玄机

　　鱼玄机（约 844～约 871 年）字幼微，一字蕙兰，长安（今陕西省西安市）人。市民家女，姿色倾国，天性聪慧，才思敏捷，好读书，喜属文。15 岁被李亿补阙（掌讽谏之官）纳为妾，与李情意甚笃，但夫人妒不能容。唐懿宗咸通时，李亿遣其出家，在长安咸宜观为女道士。她对李仍一往情深，写下许多怀念他的诗。她曾漫游江陵、汉阳、武昌、鄂州、九江等地。在大自然的陶冶中，情怀更趋豁达，遂放纵情怀以求知己，终不能及。著有《北梦琐言》。《全唐诗》中存诗 48 首，后被判为逼死侍婢绿翘，被京兆尹温章处死。

# 道观幽怨，千里寻夫

唐懿宗咸通十二年（871 年）的秋风掠过古城长安（今西安）的大街小巷，显得格外肃杀悲凉。

朝廷大决人犯的日期就定在此时。

独柳树下，一位身着道袍的女子早已被摘除了切云道冠。长发披散下来，一丝一缕地在秋风中飞扬飘荡。

围观人们的目光渐渐向她聚拢过来，仔细地打量着，悄悄地议论着。

人们渐渐注意到了这位女子其实是俊美秀气的。

她面庞姣好，明眸皓齿，身材苗条柔美。也许是长期狱中关押的折磨，她消瘦中透出几分憔悴。几乎没有血色的嘴唇紧抿着，于柔弱中更增添了几分冷艳和凄美。她神气平和，似乎等在她面前的不是面目狰狞的死神，而是仙乐飘飘的天界。

恼人的第一通追命鼓响了。

而她的思绪、她的心，早已越过阴霾的天空，飞向远处的丽日蓝天，飞向那些充满希望的日子。

那是在丈夫李亿像扔掉一件旧衣服一样，把她扔在咸宜观里一年以后。当初丈夫"升了官夫人妒不相容的情形就会改变，就可以接你回家"的许诺在人们的记忆中已开始渐渐遗忘的时候。鱼玄机终于在一个天气晴和的日子里，从朝廷的邸报上得到了一个特大的喜讯：由于自己托朋友们的上下打点，丈夫李亿已升调回朝任右补阙（掌讽谏的官吏）的文告，总算发了下来。

仿佛无法承受这巨大的喜讯，仿佛久已渴盼的消息来得太快、太突然了似的，鱼玄机激动得浑身颤抖。

她拿起刚刚写完的《闺怨》，轻声吟诵起来：

靡（mí）芜盈手泣斜晖，闻道邻家夫婿归。

别日南鸿才北去，今朝北雁又南飞。

春来秋去相思在，秋去春来信息稀。

扃（jiōng）闭朱门人不到，砧（zhēn）声何事透罗帏？

那是怎样的一幅图景啊！秋天的傍晚，妇女们为在远方征战的亲人准备寒衣。她们纷纷取出藏在箱中的衣服放在砧石上捶捣起来。家家户户这一片片捣衣声，仿佛一块块重石敲击在鱼玄机的心头。春去秋来，北雁南飞，征人远行。夫妻分离，毕竟还有归期，团圆总归有望。可鱼玄机自己的丈夫李亿呢？《闺怨》虽不见一个"怨"字，离情别绪，哀婉凄清却从字里行间流泻出来，如山泉，似小溪。虽无汹涌澎湃之势，可那舒缓中的激越，深蓄中的蕴藏，更激起人们的感情共鸣。正值青春年华的鱼惠兰，自被咸宜观主赵炼师赐名鱼玄机后，便与黄卷青灯相伴。那如玉的容颜，满腹的才气，只能在绝世离俗的索居中苍老、泯灭……

而今，这一切都将过去，夫妻相见的日子就在眼前了。鱼玄机怎能不激情难抑？

她放下《闺怨》，拥着丫环绿翘，"老爷就要回来了！就要回来了！绿翘，我们要有一个自己的家了！一个非常非常温暖的家！"她一改往昔的平静，惊喜地狂呼着。过了一会儿，她仍无法从即将重逢的喜悦中回过神来，又充满神往地同绿翘娓娓而谈，"白天，老爷去上朝，你就跟着姑姑。哦，不，别再叫我'姑姑'了。绿翘，叫我'姨娘'好了。"

绿翘，这个曾在相府待过，而今名为丫头实为姐妹的美丽而聪慧的姑娘，早就与鱼玄机心心相通了。只不过她的感情漩涡中，除了对美好生活的向往之外，更多的还是为鱼玄机的不幸遭遇愤愤不平。她一向视鱼玄机为长姊、为恩师。她知道，与自己终日相伴的鱼玄机，虽然出身普通市民之家，却天性聪慧，才思敏捷。她自幼好读书，善属文。15岁被李亿纳为小妾后，受尽夫人的妒恨、凌辱。可她与李亿情意甚笃。在李亿离家出走，鱼玄机被置于长安咸宜观为女道士后，她仍对李亿一往情深，写下许多怀念丈夫的诗。有一首《赠邻女》，绿翘就在鱼玄机的反复吟咏中体味到了那种如泣如诉的似海深情。

> 羞日遮罗袖，愁春懒起妆。
>
> 易求无价宝，难得有心郎。
>
> 枕上潜垂泪，花间暗断肠。
>
> 自能窥宋玉，何必恨王昌。

诗中以王昌喻李亿，以邻女自比的用心绿翘早已知晓。

以绿翘与鱼玄机朝夕相伴的经历，她怎不知道，诗中的王昌即东平相散骑常侍，曾身为贵戚，出相东平，姿仪隽美，为世所共赏。鱼玄机以此人赞誉李亿还有一层隐情，此前诗人崔灏、上官仪都曾写诗提及此人："十五嫁王昌"，"东家复是忆王昌"。

身世暗合，怎能不由此及彼，借古托情？"易求无价宝，难得有心郎"，则直抒胸臆，表达了一个奇女子不同凡响的感情寄托。而"枕上垂泪"、"花间断肠"的情景，绿翘更是不止一次亲眼所见。如今，老爷升官，鱼玄机仍然只能被称做"姨娘"吗？

"不，"绿翘执拗地近乎呼喊。

"奴婢偏要称你为'夫人'。姑姑模样生得好，聪慧机敏又胜过须眉男子。人固然是人见人爱，你写的诗连礼部尚书刘老爷都赞不绝口。哪一处不比老爷太原老家的那位强？我就是要叫你夫人！"

"不要胡说，绿翘！"鱼玄机快步上前，掩住了丫头的口。

"我只是老爷的妾。妾，怎么能称做夫人呢？叫我姨娘好了。"

接着，她又似有所思，像对绿翘，又像是对自己，喃喃地诉说着，"姨娘！做个姨娘，我也就满足了。"

绿翘的气在鱼玄机情绪的感染下，好像都消了。她转怒为喜，又恢复了活泼欢快的样子。

"好，我就叫你姨娘。姨娘！"

"嗳！"鱼玄机高兴地答应着。然后，她合上双眼，微微仰起头来，两行热泪顺着脸颊缓缓流淌了下来。漫漫的两地相思之苦，总算结束了。

绿翘那活跃的思维，此时又不安分了。她突然想起什么，又埋怨起来："姑姑，不，姨娘，你在这里为老爷的事四处奔走，又求姐妹，又找侍御史打通关节，哪天不在卖力？老爷可倒好，连封信也不给咱们捎。"

鱼玄机的心咯噔了一下。整整3个月！李亿升官3个月竟然音信皆无。她何尝没有忧虑？只是，她不愿往坏处想。对李亿的挚爱，已经化解了她心头的一点隐忧。经绿翘一提，这股业已化解的隐忧重又升腾起来。她颓然坐下，又无力地辩解着，"老爷他前一段因为官事操心，也许还没来得及……"

"不，我有时想起来真有点害怕，咱们会不会只是一头热？"

鱼玄机被深深地刺痛了。对于李亿，要好的姐妹们倒是没少提醒她。人们数落着李亿的薄情，咒骂着他的寡义：

"夫人再妒忌，也不该送鱼玄机入观修道啊！"

"就是不带去江陵谋事，在长安赁屋别居还不行？又不缺那几个房钱！"

"别以为男人都是多情公子，你跟了他三年，色衰爱弛，小心他扔掉你！"

这些好心的劝告，响在鱼玄机耳边。真是的，李亿真要变心不爱她，可怎么好？继而她又找出理由安慰自己，"绿翘，你说老爷这些日子是不是病了？"

绿翘倒真希望这"病了"是事实，凭着鱼玄机对李亿的一片深情，什么样的病她不能看护好呢？

"姨娘，我看咱们最好还是去江陵看看。老爷要是真病了，我们也好照料他。再说，官员升调，依惯例应该有一年的假期，我们去住上些日子，再和老爷一起去太原省亲。说不定因为老爷升了官，老家的那位崔夫人会善待姨娘呢！"

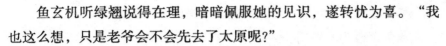
　　鱼玄机听绿翘说得在理，暗暗佩服她的见识，遂转忧为喜。"我也这么想，只是老爷会不会先去了太原呢？"

　　"要不，我们先捎封急信给老爷，让他在江陵等着。一接到回信，咱们就动身去那里。"

　　这主意不错。鱼玄机立即写了一封急信，还附上了《闺怨》一诗。封好后，她找到朝廷派往山南东道传送公文的快马驿使，千叮咛、万嘱咐，捎上了信。

　　光阴荏苒，转眼一二个月的时间过去了。每天掐指算着日期的鱼玄机，一直没有等到李亿的回信。

　　欢乐和初得消息时的惊喜，此时已完全被巨大的惊恐不安所代替。鱼玄机完全陷入了悲痛之中。她茶饭不思，彻夜难眠。

　　"他一定病了。绿翘，我一闭上眼睛，就看见老爷病体沉重的样子。他整天躺在床上，吃不上一口热饭，想喝口热汤也没人送。不行，绿翘，我们得走，去看老爷，去侍奉他。"

　　看着鱼玄机忧心如焚的样子，绿翘早就急不可耐了。此刻，听她说出了动身前往的打算，自然响应。不过心中那一丝隐隐的忧虑，却不知为什么又悄悄地冒了出来。

　　"既然你这样惦记，我们就不必再等了，这就动身吧。不管是吉是凶，都应该去看个明白。"

　　主仆二人主意已定，绿翘迅速打点好行装。一个秋高气爽的日子，她们雇了一辆马车，拜别了咸宜观中的师父、师姐妹们和观外的故友，便启程了。

　　一路上，瑟瑟秋风相伴，片片黄叶飘零。睹物思人，鱼玄机的心头虽也不时掠过一丝寒意，但她更多的还是沉浸在即将到来的与丈夫重逢的巨大喜悦中。

　　突然，意外的消息传来了。

　　南漳、义清一带的饥民，啸聚石梁山，截断了通往江陵的驿道。鱼玄机和绿翘被迫滞留了下来。过了几天，进剿的官兵出师不利，大败而回。驿道仍然无法开通，马车不能往前走了。鱼玄机实在按捺不住急切的心情，她转雇了一只小船，取道汉水沿江而下。

从陆路改为水路后，她们必须在到达汉阳以后，再换乘船只溯长江西行。行程增加了数倍。眼望滔滔江水，茫茫云天，真不知何日何时才能到达江陵？

夜晚，小船停泊在渡口上。隔江相望，对岸人家炊烟袅袅。妇女们捣衣的砧声不断从小村里传来。朦胧的月色，迷离的灯火，勾起了鱼玄机满腹的惆怅，早已涌动的才思也比以往任何时候都更猛烈地叩击着她的心房。身处困境的女诗人，仿佛进入了一种全新的、忘我境界。她随口吟出了一首新诗——《隔汉江寄子安》（李亿字子安）：

鱼玄机

> 江南江北秋望，相思相忆空吟。
> 鸳鸯暖卧沙浦，鸿雁闲飞桔林。
> 烟里歌声隐隐，渡头月色沉沉。
> 含情咫尺千里，况听家家远砧。

心中的郁闷，思念之情的深切溢于言表！

转眼到了九月下旬，鱼玄机和绿翘终于来到了汉阳。放眼波涛澎湃、一泻千里的长江，鱼玄机似乎暂时忘却了个人的忧思。她由衷地赞美祖国山河的壮丽，她觉得自己的胸襟也开阔了许多。等待渡江的日子，她一扫脸上的愁容和旅途的萎靡。她和绿翘一起游历了江夏、鄂州。她登黄鹤楼、入鹦鹉港、看鹦鹉洲。

晴川历历，芳草萋萋，烟波浩淼，日暮乡关。诗人鱼玄机那激荡的才情与大自然的壮美完全交融在一起，几乎进入了天人合一的奇妙境界。这激情、这才思，也有如奔腾不息的长江水滚滚而来。她提笔写下了《江行》、《过鄂州》等千古吟唱的不朽诗篇。

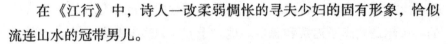

在《江行》中，诗人一改柔弱惆怅的寻夫少妇的固有形象，恰似流连山水的冠带男儿。

> 大江横抱武昌斜，鹦鹉洲前户万家。
>
> 画舸春眠朝未足，梦为蝴蝶也寻花。

长江水从西向东奔流不止，横贯武汉东西，好像一条洁白的玉带，把武汉三镇紧紧围抱。在东汉末年，江夏太守黄祖长子射大会宾客的鹦鹉洲上，装饰华丽的游船与如画的江山映衬，倾倒多少钟情男女！

至此，人们才真正领略了痴情依旧的才女鱼玄机对李亿的似海深情。流连山水也好，对景当歌也罢，她又有哪一时哪一天忘记过自己钟情的丈夫呢！尽管这个人，为了谋求仕途的升迁，曾经那么绝决地把她抛入道观！

十月中旬，鱼玄机乘坐雇来的小船，终于带着绿翘来到了江陵。


## 饱尝凄清，夫君别恋


小船缓缓向岸边靠去。鱼玄机站立船头，眺望着这座朝思暮想的古城。这里曾是战国时期楚国的郢都，三国时期的荆州。李亿在给她的信里还曾介绍说这里的城西，有关羽当年修筑的旧城。大唐立朝以来，这里辟为江陵府，府治在东部的新城。而李亿他们的县署，就在城里的栖霞楼上。

鱼玄机放眼望去，千树红枫点染着落霞。鳞次栉比的千万户民居，透露着古朴自然的风貌。江面上，水天一色。而在那水天相接之处，点点归帆正徐徐飘来。她脱口吟道："枫叶千枝复万枝，江桥掩映暮帆迟。忆君心似西江水，日夜东流无歇时。"

逝者如斯，往事如烟，不变的只有她对李亿的一片真情。她多么想马上见到子安啊！说来也怪，越是急切地盼望同李亿见面，鱼玄机的心头越是充满了迟疑和恐惧。他，子安，日夜梦想的亲人，也能像这日夜东流的长江水永不回头别顾，一如既往地爱她吗？

小船靠岸了。鱼玄机她们在渡口附近找了一家小店住下。由于急着赶路，她们连日没有吃好饭，在此时倒觉得有些饿了。向店家要了些饭菜，她们一边吃，鱼玄机一边向店家询问着："老爹，这县衙里有个叫李亿的主簿，认得吗？"

"你说的是李大人哪？认得，认得！"老店家说着抬眼打量了一番鱼玄机那一身道装，有些疑惑地问："姑姑是……"

"贫道是李主簿的朋友。云游至此，想顺路去拜访他。"

"哦。"老店家似有所悟，点了点头。又说道："是了。这可赶巧了。今儿是李大人大喜的日子。姑姑正好前去向李大人贺喜。"

这些日子玩得特别高兴的绿翘，此时并没感觉到二人说的话有什么不对头，仍顺着原来的思路笑着说："我们老爷……"突然，她好像意识到自己说走了嘴，急忙改口："李老爷这回奉调进京做大官，师父就是来接他的。"

鱼玄机这时早已觉察到一件很严重的事情可能发生了。她不高兴绿翘在这时插嘴打断了话头，狠狠地瞪了一眼后，接着问："刚才老爹说今天是李大人大喜的日子。不知他有什么喜事？"

"姑姑有所不知，"店家故意卖了个关子，"李大人纳了一名小妾，今天正在栖霞楼上请人喝喜酒呢！"

"什么？真的吗？"鱼玄机被这意外的消息惊呆了。竟然顾不得自己有些失态。她嘴唇颤抖着，像是问店家，又像是问自己。说了这句话以后，她好像再也支持不住。脸色变得煞白，手中的筷子也差点掉在了地上。

直到这时，绿翘才从连日来的兴奋中醒过神来，意识到一件大事发生了。

"你骗人！哪有这样的事！"她喝斥着店家，又连忙走上前来侍奉主人。她摸摸鱼玄机的手，早已没了以往的温热，冰凉冰凉的。她急得哭了起来，"姑姑别听他的，我们自己去找老爷，这就去！"

鱼玄机喝了一口绿翘递过来的茶，开始缓过一口气来。她连忙制止绿翘，"不要责怪老人家。"继而她又转向店家，问道："老爹，请问李大人新娶的这位夫人是哪里的姑娘？她姓什么叫什么？"

店家似乎有些后悔自己的多嘴，但一接触到鱼玄机那哀婉、恳切的目光时，他又再也不忍心对这位千里寻夫的弱女子隐瞒什么了。

"不瞒姑姑，别看我这店小，可整天在渡头上，南来北往什么样的客人不来？什么样的事传不到我的耳朵里来？实话实说吧，李大人今天娶的小妾是咱们江陵有名的歌女，那嗓子才叫好呢！模样长得也好，人称江陵第一美女。这姑娘名叫采菱，家住新城珍珠巷。听说完婚后，再过几天，李大人就要带着她回太原省亲去了。"

原来是这样！

鱼玄机谢过了店家。桌上的饭菜却再也吃不下去了。

她说要回房休息。刚一起身，眼前直冒金星，头也晕眩得要命。双脚一软，几乎栽倒在地上。绿翘和店家急忙扶住她。一步步把她送回房间，扶她在床上躺下。

店家走出了房门。鱼玄机再也无法控制自己极端悲痛的感情，她拉过棉被捂在头上，失声痛哭起来。

第二天早上醒来，鱼玄机的头脑比昨天清醒了许多。她打发绿翘去请来店家，如实讲述了自己的身世、遭遇。

她说自己本是长安（今陕西省西安市）一个普通市民家的女儿。字幼微，一字蕙兰。自小天性聪慧，好读书、善属文。15岁被李主簿纳为侍妾，情意甚笃。千里寻夫这一路上，她曾漫游汉阳、鄂州等地，写下许多思乡怀夫依恋山水的诗，以寄寓情怀。以前也曾同文友们以诗相赠，并以此打通门路，上下活动，才帮丈夫升调回朝任右补阙。

她哭着，说着；说着，哭着……似乎不是面对一个陌生的店家，而是在与一位久别重逢的老友娓娓谈心。

待心绪逐渐平静下来后，她又说："昨日是老爷的喜日，我们不便去寻他。如今喜日已过，烦店家带上我的书信，去老爷宅里通报一声，好备乘轿子来接我们。"

店家很同情她的遭遇，也很钦佩眼前这位女子的痴情，急忙走了。

鱼玄机的心里忐忑不安，她同绿翘一起焦急地等着。

同鱼玄机一样，绿翘的心也同样愤懑、委屈。途中，她一直憧憬着主母和老爷团聚的日子。她不止一次地想象着来到江陵后，老爷见到她们会多么高兴。哪知道一路颠簸，风尘仆仆，可投奔来了，老爷却在这里另有了新欢。昨天，她和鱼玄机一样，也是一夜未眠。待会儿见了老爷，哼！她要不狠狠地瞪他几眼才怪呢！

鱼玄机看绿翘的神情，早对她的心思知道了几分。她生怕李亿脸上下不来，又反过来劝开了绿翘："待会儿见了老爷，可不许没规没矩的。不要说我们途中多么辛苦，更不要埋怨他，给他脸色看。尽管你在相府待过，侍奉过宰相、公子，可如今我们总是侍妾、婢女，不能没上没下。再说，老爷娶妻，就是三个五个，我们也没话可说。何况，老爷如今还升了官……"

"升了官就可以不讲情义吗？"绿翘还是没有被说服，"老爷要不是你找朋友帮忙，能做京官吗？你吃了那么多苦，流了那么多泪，一颗心都在他身上。他可倒好，回信都不写一封，原来是这里有了新人！"绿翘越说越气，看看鱼玄机已经低下了头，脸色也越来越阴暗，便住口不敢再说，只轻轻地叹了口气，"算了，姑姑。奴婢也不再多嘴，让我给你换件新的衣裙吧！总不能穿着这道袍去见老爷，让那新人看咱们的笑话。"

绿翘手脚麻利地打开了她们随身携带的箱笼，取出一袭红罗长裙，一件葱绿抹胸，一件拷紫襦衫，一条淡黄披帛。然后出去拎了一桶水进来，服侍鱼玄机梳洗过了，为她换上女装，梳上发髻，插上珍珠步摇。又用脂粉扑匀了脸，为鱼玄机在额上贴了一片金钿，唇上点了一点红得恰到好处的胭脂。这才把一面铜镜递了过去，再退后两步，仔细打量一阵，自己便双手一拍惊叹道："唉呀！真是美死人了！姑姑，奴婢现在才知道，老爷当初为什么那么想得到你！原来你这么美，这么迷人。我在相府里，什么样的美女没见过？可她们都比不上姑姑！"

绿翘一阵高兴，连尊卑称呼都顾不得了，只是一味地夸赞着。

鱼玄机也在铜镜里看到了自己姣好的面容，禁不住百感丛生。不着女儿装，转眼已近一年了。多少次，她悄悄躲在房里，从箱底取出这些色彩艳丽的锦绣服装。借着灯光，一件件展开来观赏。末了，只好无限依恋、又无可奈何地把它们重新折叠起来，默默地放回箱底。她知道，那个重着女儿装的日子，也就是夫妻团聚的时刻。她尽力展开想象的翅膀，在头脑中描绘着那种重逢的得意和欢乐场景。而今，这一天终于盼到了。然而却没有欢乐，更没有得意，心中所有的只是不可言说的苦涩。

在焦急和渴盼中过了一个多时辰，店家才回来告诉鱼玄机，他在李大人家中见到了采菱。采菱听说老爷在长安的二房来了，忙派下人去打扫了一间住房，又雇了一乘轿子，由店家领着接她们来了。

停了一会儿，他又小声补充道："采菱挺高兴的，说老爷赴县令的饯别宴会去了。姑娘，去吧，我看不会有什么事的。"

绿翘可不领情："她好大的架子呀！总得有个大小，分个先来后到吧！她为什么不亲自来接？"

鱼玄机忙打断她："轿子来了就行了，咱们走吧！"

鱼玄机向店家道了谢，离开了客栈，乘上了停在门前的那顶轿子。绿翘在旁边跟着，一起奔旧城而去。

来接鱼玄机的是李亿原来的老仆李福，原来就与鱼玄机相熟，且又很敬佩鱼玄机的心性、为人。走在路上，禁不住就要提醒鱼玄机几句："老爷早知姨娘要来，因为要娶采菱，不便回姨娘的信。如今姨娘不经老爷允准，就贸然前来，老爷心里好像挺不高兴。况且采菱又是个刁钻古怪出了名的性子，以后还不知道要想出什么法子治弄姨娘呢！咱们还是凡事小心点，能忍就忍着点吧！"

鱼玄机这几天辗转反侧，已经渐渐虑到了这点，只是没想到事情会严重到这种地步。她很感激这位老仆，隔着轿窗点了点头说："大爷放心，惠兰这次来，就是对老爷的身体放心不下。只要见到他，看着他没病没灾的，就再没有所求了。"

说话之间，主仆们已经来到了旧城，走过十字街心，爬上一溜石阶，转进一条小巷。又走了不远，就来到了李亿宅前。

李福指点着进了门。鱼玄机看见两个小丫头扶着一位身着绫罗，打扮得珠光宝气的年轻丽人从正房屋里走了出来。亭亭玉立在院子当中，不冷不热地迎接着鱼玄机。

她抬眼打量着刚刚走进院来的这位比自己年长几岁的美人。这人虽说缺少自己二八妙龄的青春艳丽，举手投足间却透着常人少有的高雅气质。这内在的含蓄美，绝不是胭脂口红，金银珠宝玉器所能装扮出来的。采菱不由得自惭形秽，心中的妒嫉已从那流盼的目光中和那张俏丽的脸上显而易见地表现了出来。

"唉哟，"采菱故作惊讶，又非常做作地扭动了一下她那还算匀称的身躯，"姐姐等不得老爷的信去，自个儿就找上江陵来了。这心也太急了点。路上万一有个闪失，叫我们老爷可怎么好啊！"

鱼玄机的心猛跳了一下。李福说的刁钻古怪果然开始领教了。她真不明白，这么美丽的外表，为什么暗藏着一颗那样丑陋的嫉妒之心！她想起李福的话，这口气还是先忍下吧！

来到为自己准备的房间，采菱请鱼玄机坐下喝茶。一会儿，又扔出了几句不冷不热的话："姐姐是京师来的，我们这小地方，小门小户的，招待不周，就请多担待，再说我们家老爷……"

"呸！"从进院就一忍再忍的绿翘，此时实在忍无可忍了。她开口的话就很不中听，可细细品来，倒也句句说在了理上："什么你们老爷，也不撒泡尿照照！看看自个儿跟了老爷几天！也配称起'我们老爷'来了！咱们姨娘跟老爷那阵子，有的人还不知在哪个娼妇怀里吃奶呢！这时就'我们我们'的了，也不知天下还有没有羞耻二字！"

绿翘越骂越难听，采菱越听越气，却连一句话也回不上来。好半天，只听"哇"的一声，竟嚎啕大哭起来。鱼玄机本也气得不行，可见采菱被骂得可怜，她那善良的本性又使她无法不捧出怜悯之心。她喝住了绿翘，回过头来又劝采菱不要和丫头一般见识。采菱越哭越伤心，后来索性立起身来，推开丫头，冲出房门，把鱼玄机干脆撂在这里不管了。

刚来就生了这么大一场气，鱼玄机的心里懊恼得很。草草吃了点饭，李福过来收拾了碗碟，劝她俩早些休息。然后又忙着出去备了轿子，接老爷去了。

这里主仆俩也无心说什么。绿翘本是"路见不平"，为主子说几句公道话，反被鱼玄机派了一身不是，心里自然不平，气嘟嘟地坐在床上，一句话也不说。

鱼玄机原来每天都有看书的习惯。这时便拿出书来在灯下看了起来。慢慢地，她觉得有些困倦，就伏在案上打起盹来。绿翘虽在赌气，但多年来鱼玄机待她亲如姐妹的情分，她什么时候都还是记在心里的。她知道今晚鱼玄机未必能看进书去，实在是在等老爷回来。这时如果叫醒了，请到床上去睡，鱼玄机一定不肯。她只好取来一件厚重一点的衣服，给鱼玄机盖在身上。又守候了一会儿，老爷还不见回来。她才靠在床头上，合着眼睛打起盹来。

突然，一阵喧闹声惊醒了她们。鱼玄机首先睁开了眼睛。只见纸窗上透出一片灯光。时候不大，声音消失了，灯火已渐渐退去。院子里重又归于黑暗和寂静。上房门声音很大地响了一声后，便隐隐传来采菱的哭诉声，李亿的哄劝、抚慰声。许是夜深人静的缘故，这声音听起来是那么清晰、真切。

"你轻点声说不行吗？让她听见多不好。"李亿劝哄的声音中明显带有无可奈何的乞求。

"不嘛！我偏要大声说，我就是要让她听见！反正这次去太原，有她没我，有我没她！"

"你这样霸道，那就谁也别去了，夫人容不得她，就能容得下你吗？"

"我可没她那么好欺负！叫走就走，叫当姑子就当姑子，你别想扔就扔！"

"你再嚷嚷我就走了。"

许是李亿这一顿软硬兼施，特别是后来的吓唬起了作用，采菱的叫嚷声再也听不见了。嘤嘤一阵哭泣中夹杂着李亿的一两声叹息。随后一切就归入了寂静之中。

庭院里虫声唧唧，似乎在轻声述说着鱼玄机哀怨，悲凄的心曲。鱼玄机已经没有了睡意。她木然地坐在案前，独对一盏孤灯。秋风、冷月，陌生的四壁，从未睡过的床铺，都使她觉得凄冷。

以往，她总盼着离开道观，有一个自己的家。今天，按说已经到家了。可这是她的家吗？她回想起头一次到太原家中的情形。那时，尽管每天都要看崔氏夫人的脸色，听这位夫人指桑骂槐的吵闹，可她也没有现在这样痛苦。因为丈夫李亿是爱她的。有了这爱，别的一切痛苦还能被称做痛苦吗？如今，色衰爱弛，她已经被丈夫无情地遗弃了。

第二天清晨，鱼玄机带着绿翘正准备离开，被老仆李福拦住了。"姑姑千里迢迢来寻老爷，怎么能连一面都没见就走呢？"

这话，可能正说在了鱼玄机的心坎上。自己这一路风尘到底为了什么呢？她重又坐了下来。

## 被夫欺骗，疮痍满怀

"咚咚"一阵敲门声传来，丫环绿翘领着李亿进来了。知道这夫妻俩一定有许多话要说，丫头和老仆不知什么时候都悄悄躲开了。

"鱼玄机，你别怪我。这一年多来，你不在这里，我孤身一人……"李亿开口说话时，已是泪流满面了。他诉说着，无尽的哀怜，无尽的依恋……

鱼玄机脸上冷漠的表情渐渐散去，她的心软了。

天涯孤旅，客居异乡，身边连个陪伴的人都没有，丈夫能不再娶一个妾以慰寂寞吗？她掏出罗帕，为丈夫拭去了泪水。自己那几乎流淌了一夜的泪水，此时又不听话地淌了下来。

"你也别伤心，"李亿又为她拭泪，用那么柔和的声音劝慰着。"到了长安，我就把你接回家去。我答应过的事，决不食言。"

鱼玄机确有些感动了。只要能离开道观，回到丈夫身边，一切不都会好起来吗？采菱再刁蛮，可她毕竟还是个孩子，只要自己诚心诚意地和她以姐妹相处，她们总可以和好的。她把这想法告诉了丈夫，李亿那挂满愁容的脸渐渐舒展了，还露出了一丝笑容。

二人相对，执手倾谈。鱼玄机发现李亿的话慢慢少了，后来竟陷入了沉默。她便关切地打问："子安是不是为回太原的事发愁？我想，采菱一定要随老爷去，就带她去好了。我可以暂留江陵。"

"这怎么可以？"李亿连忙打断她的话，"要走一道走，哪能把你一个人抛在这里？"

鱼玄机又被感动了："子安，有你这句话，就比什么都好。不过，我想以前我一个人时，夫人尚且容不得，如今再添一个采菱，还不得闹翻天吗？要不这样吧，我和采菱都留下，等过些日子，再让李福来接我们进京。"

"鱼玄机，我也这样想呢！"李亿迟疑了一阵，说："只是采菱想回去与她母亲同住，你看？"

"这有什么不行？就让她回娘家去先住着好了。我和绿翘留在这里，你用不着挂念。"

"如此也好，只是……"李亿似乎还有什么为难的事，又吞吞吐吐地不肯说出来。

鱼玄机只好继续打问："老爷还有什么犯难的事？"

李亿说："别的都好办，只是还乡的钱不凑手。这一年，我的俸银有限，采菱又是个会花钱的主儿。如今又要绕道汉阳回乡，开销大得很哪！要不怎能拖到现在还迟迟不走呢！"

鱼玄机抬眼看了看他那愁眉苦脸的样子，不由得心疼起来。她这次来江陵，也曾想到丈夫搬家的盘费，便多带了些体己银子。临行时，长安的故旧、姐妹们又送了一些，总计有 500 多两。见李亿如此，她急忙转过身去，打开箱笼，取出 300 两白银："这些银两，你都拿去吧！凑合着雇车船和一路上的花销也就够了。你用不着烦心。"

白银在灯光下闪动着光亮。李亿一见这么多银两，大喜过望，连忙全数搬入上房。

有了银子，搬家的事进行得就快多了。李亿第二天先把采菱送回了娘家。回来后就招呼家人收拾行李。

临别那天，鱼玄机带了绿翘到江边送行。上船以前，鱼玄机把连夜写就的《送别》二首赠给李亿。李亿打开一看，上面写的是：

### 无题

秦楼几夜惬心期，不料仙郎又别离。

睡觉莫言人去处，残灯一盏野蛾飞。


水柔逐器知难定，云出无心肯再归。

惆怅秋风楚江暮，鸳鸯一只失群飞。

对丈夫的依依不舍，昼夜思念之情溢于言表！渴望团聚，不计前嫌的殷殷之意跃然纸上！

好一个痴情的多才多艺的奇女子！

李亿吟诵良久，似有不忍。可这种表情只是转瞬即逝。如此寄托着妻子浓浓情意的诗，竟没有引发他的离愁别绪。鱼玄机感觉到他似乎在掩饰着内心的慌乱，正急忙回过头去招呼家人们搬运行李，然后快步走下船舱，便连声呼叫开船了。

船开后，李亿方如释重负般长出了一口气。他钻出船舱，向鱼玄机点了点头。双眼又迅速移开，定定地瞧着江水，再不敢抬眼看鱼玄机。秋风吹动着李亿的袍服。幞头上的两只软角在江风里欢快地摆动。船渐渐远了，鱼玄机看着、看着，直到望不见影子，还死死盯着那船影刚刚隐去，红日完全消失的天边。

"姑姑怎么没走？"一个熟悉的声音，突然从鱼玄机身后传来。

她回头一看，正是渡口客栈那位相识的店家。他接着又追问了一句，"姑姑为什么不跟李大人回老家去呢？"

鱼玄机看他也是个热心人。对自己又挺关心，就一五一十地把实情全都告诉了他。

店家听了，十分惊讶："姑姑怎么不知道，采菱早带着丫环和一船细软，前日就离开江陵了。老朽以为姑姑同去，还帮着定了去太原的船呢？"

鱼玄机如同听到了一声炸雷，她两眼发直，又摇了摇头："怎么会呢！老爷说得好好的，采菱回她娘家去过些日子，再让李福来接我们一起回老家。"

绿翘早有预感，现在再也忍不住了："姑姑，你怎么这么呆气！你没见老爷慌里慌张的样子？你没见老仆李福从始到终都闭口无言？你没见他直到上了船，才回过头来，眼里还好像噙着泪水？你没看他那依依不舍地道别的样子，就跟生离死别一样？他这几天就总躲着咱们，像怕跟姑姑说话似的。姑姑，你先回去，让我上新城珍珠巷采菱的娘家看看再说。"

鱼玄机听她说得有根有据，心里也不踏实了。急忙告别店家，雇了乘轿子让绿翘去新城，自己便赶回家来等消息了。

约摸过了半个时辰，绿翘终于气呼呼地回来了。说："岂但采菱走了，连她母亲也一道乘船离开了江陵。"

鱼玄机顿觉胸口一阵涨闷，堵得难受。只听她"哼"了一声，便"哇"地吐出一口血来。她顿觉天旋地转，腿脚都站不稳了。

绿翘也慌了手脚，忙跑上去扶住她。鱼玄机再也站立不住，一下子瘫倒在丫环怀中……

回忆戛然而止，鱼玄机再也想不下去了。

她抬头看看法场周围。天，比原来阴得更沉了。地，也好像比原来又昏得厉害了。正在这时，第二通追命鼓敲响了。

鱼玄机已没有了恐惧，没有了悲伤，她索性闭上眼睛，任由思路驰骋……

那是在长安城内一处最好的角逐场所——乐游原上举行的一场马球比赛。

鱼玄机和李亿都参加了。并且分别被编在互相对抗的二支队伍中。

赛马场地宽阔平坦，原是京兆府监造的。场地以细沙浇拌桐油再用石碾压实，如砥石，似平镜。赛马驰骋起来，寸草不生的场子上决无一粒尘土扬起。

比赛就要开始了。因为有李亿这帮知名才子和朝廷的翰林学士以及鱼玄机等人才出众的才女、名妓们参加，看客便格外地踊跃。真可谓观者如潮，欢声如雷。

鱼玄机头一次来这里打马球，看什么都觉得新鲜。在外人看来，就更显天真活泼可爱。鱼玄机正是因为这次比赛而爱上李亿的。

此后，在她与李亿同游终南山的时候，李亿则完全同他在赛马场上的表现一样勇猛。他当面向鱼玄机求婚。上了十八盘以后，情急的他便情怀自信地如九天重落的罡风一样，将这个娇小美丽的少女的肉体和灵魂，一起卷进了圣寿寺旁那一片松林之中……

岁月悠悠，几年过去，鱼玄机竟成了不幸的弃妇!

连日来，绿翘托人请了江陵的名医为她诊治疾病，又衣不解带地精心服侍，鱼玄机的病体终于渐渐康复了。

然而，肉体上的病易除，心灵上的创伤却难以愈合。她心疼的不是那 300 两银子。钱，她并不看重。让采菱与老爷先回老家，原本也是她的主意。使她怒火中烧的是李亿为什么要骗她？他不仅让采菱一同去了太原，连采菱的母亲也一块带走了，可见他并不惧怕崔氏夫人。那么，当初送她去咸宜观做女道士，就并非不得已而为之了。鱼玄机看明白了，这只不过是李亿嫌弃、疏远她的一种手段罢了。

更使鱼玄机悔恨不已的是，李亿整整骗了她三年，而她自己对此竟浑然不觉。其实，以她的聪慧和机敏，她也并不是没有看到一些蛛丝马迹，只是她太爱李亿了！爱得那么专注、那么执著，以致每每有所觉察时，她都能以种种理由否定自己的疑虑。她全身心地沉浸在对李亿的挚爱之中。投入，而且强烈。在最困难的时候，支撑她含辛茹苦地抗争不已的就是这爱的力量了。她从没有对未来失望过，而是充满憧憬与期盼。她魂牵梦绕的都是夫妻的再度团聚。只要能回到丈夫身边，她就决意再不分开，而要永远厮守在一起。

可如今，人去屋空。鱼玄机苦苦等待的回报是什么呢？空荡荡的宅院，使鱼玄机觉得自己好像进入了一座孤坟。夜阑人静，她躺在床上，谛听着远处江涛澎湃，近处风扑纸窗的声响。再环顾室内如豆的灯火，她感到从未有过的凄凉。有什么比从充满希望的幻境中，走回被绝望围困的现实更悲凉的事呢？鱼玄机的心境坏极了。她翻捡出往日写给李亿的诗稿，重读着，回忆着，她怪自己用情太专，她的心酸和愤怒都已达到了极限。她拿起一卷诗稿，缓步走近正在煎药的炭炉，点着了，一张张地燃烧着。恍惚中，她不知怎么触碰了药壶。她知道这是绿翘看自己精神不振，求人开方买的药。虽于自己身体无补，可总是丫头的心哪。她不能负了这心，急忙伸手去扶。可偏偏没有扶住，反倒失手又推了一下。药壶已完全翻倒了，浇灭了部分炭火，屋子里立刻弥漫着烟雾，药味也显得那么刺鼻。鱼玄机原本恶劣的心境此时已经坏到了顶点。

因为连日疲劳，刚刚在一旁打个盹的绿翘被惊醒了。她睁眼看看一塌糊涂的屋子，急忙到炭炉边去照料药壶。可一切都晚了，药汁还在流淌着，烧过纸张的焦味和熄灭的炭火上残留的片片纸张，使她知道发生了什么事情。

"姑姑也真是，为这种人这样作践自己值得吗？死了张屠户，还非得吃带毛猪？我们老家的乡间女子，在这种事上倒都想得开。嫁人后，好便好，不好呢，离了再嫁一个喜欢的人就是。哪里就像姑姑这样要死要活的呢？要我说，姑姑还是养好身子要紧。等身体复原了，咱们还是早早离开这儿，回长安去吧！姑姑，奴婢说得对吗？"

鱼玄机沉思良久，也许是经过刚才一阵发泄，也许的确觉得绿翘说得在理，心气反倒平和了许多。她见绿翘睡意未消，又打起了哈欠，便催她回床去睡。然后，她又回到案前，剔掉灯花，重又吟起旧诗来：

> 羞日遮罗袖，愁春懒起妆。
>
> 易求无价宝，难得有心郎。
>
> 枕上潜垂泪，花间暗断肠。
>
> 自能窥宋玉，何必恨王昌。

以往的柔情蜜意，如今的恩断义绝，鱼玄机全都倾注在句句诗行中。

## 一时气急，酿成大祸

又养了几天，鱼玄机带绿翘雇船乘车，先后到了江夏、汉阳、镇江、扬州，又辗转回到长安。

在朋友们的帮助下，她渐渐从被遗弃的苦痛中解脱出来。她参加朋友们的聚会，她大张艳帜，重展诗才。

她的《感怀寄人》送出后，很快就在长安士林中迅速传诵开来：

恨寄朱弦上，含情意不任。

> 早知云雨会，未起蕙兰心。
>
> 灼灼桃兼李，无妨国士寻。
>
> 苍苍松与桂，仍羡世人钦。
>
> 月色苔阶净，歌声竹院深。
>
> 门前红叶地，不扫待知音。

诗中一扫被李亿遗弃的悲凉和郁闷，抒发了她崇高的生活追求。她不以弃妇自怨，而要与高风亮节的国士为伍。灼灼其华的桃李，四季苍苍的松桂，历经磨砺而不减其志，鱼玄机以此为寄托，以诗昭示心声。她要与平庸、屈辱的往昔告别，她要走向幸福美满的新生。

鱼玄机诗名大振，三省六部的权贵人物，名闻遐迩的诗人雅士，直至礼部尚书、京兆府尹、侍御大臣、王孙公子……京城里的富豪显贵们几乎都被色艺双绝的鱼玄机深深地吸引了。他们或贪恋她的美貌，或艳羡她的才气，纷纷以各自认为最好的表达方式向鱼玄机表示出了内心的折服和渴慕。

　　可时间一长，鱼玄机渐渐发现，这些人中并没有自己苦苦寻觅的知音。他们虽也表露了对她的江陵之行的同情，对她的诗才赞叹不已。但透过那或儒雅、或富贵、或斯文的外表，鱼玄机从他们的眼神中，分明看到了色欲的希求和附庸风雅、惜玉怜才的假象。

　　她伤心极了。她开始闭门谢客，寄情于笔墨山水之间。

　　鱼玄机的才名也传到了同在京城的李亿的耳中。当初的反感、嫌弃，此时已随着时间的推移而淡漠了。有时在亲友、同僚中，他也为有这样才华横溢的小妾而自豪。他开始萌动了一个新的念头：他要接回鱼玄机，他不许"自己的小妾"在外如此张扬。有一天，他带着老仆人李福来到鱼玄机的住处。

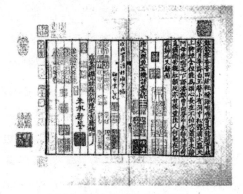

宋刻本《唐女郎鱼玄机诗集》

　　"鱼玄机、绿翘，我来了，快开门！"听出是李亿的声音，鱼玄机怔住了。绿翘却阴着脸，不搭理他。

　　李亿在窗外站立得久了，忍不住从没关严的窗户中向里张望。案头上，是一幅正在绘制中的山水横幅：危岩下，汹涌的洪波，一只木船出没在波峰浪谷之间。木船上的船工奋力扳橹，刚毅的面容如同一幅雕像，随时准备去闯过前面的险滩的神情清晰可见。好一幅《破浪行舟图》！

　　"鱼玄机，跟我回去吧，你不能没有家，这些日子，我好想你！"李亿在窗外又喊了起来。

"你走吧，咱们的事已经了结了。"

"鱼玄机，我说的话是真的。我还给你带来了50两银子！"听听屋里仍没人应声，李亿又站了许久，终于缓缓地走了。随风又传来他那并不洪亮的声音："绿翘，我搁台阶上了，你一会儿来取！"

声音渐渐飘散，脚步声渐渐远去。鱼玄机已无心作画，她放下笔踱出画室，"绿翘，快！把银子给他送回去！"

绿翘闻声连忙追了出去。不久，她又捧着银两来到鱼玄机面前。"人，已经走远了，我没有追上。"

白花花的银子在鱼玄机面前突然化作了江陵岸边面对的滔滔江水，化作了如絮如绵撕扯不断的片片雪花。她突然觉得异常寒冷，她的手已微微抖动起来。她感到自己的精神几乎要崩溃了。银子？道观里的清灯，江陵古城里抛洒的泪水，自己为李亿求官往返奔波呕心沥血……难道就是这50两银子的价值吗？树怕扒皮，人怕伤心，鱼玄机的心已经伤透，别说50两，就是10万两金银也医不好她的心病了。

李亿此番前来，果真是想接她回去，同她重修旧好吗？鱼玄机知道这决不是他的本意。这些天来，鱼玄机在长安城里抛头露面，出席各种交际场合。同文人墨客、权臣新贵都有书画往还。一帮市井无赖还以求画为名，骗去了鱼玄机不少字画、扇面偷偷换钱。这些，恐怕早已被李亿知晓。作为位居班列的高官，李亿并不满足于随侍皇上，他要利用一切机会寻找飞黄腾达之路。他岂能容忍自己名分上的小妾到处"张扬"，毁坏自己的名声？畏于权势，李亿不敢把鱼玄机怎么样，他知道得罪了鱼玄机的朋友们对他的仕途发展意味着什么。以"接"回家为名，把鱼玄机置于身边"冷室"，实在是两全其美的办法。鱼玄机重又感到被狠狠地伤害了！她几乎失去了理智，脱口冲绿翘喊道："没用的奴才，这点事也办不好！"

绿翘完全愣住了。她被相府主人送给鱼玄机以后，自认已得其所。尽心服侍新主人，昼夜不敢怠慢。鱼玄机也待她不薄，二人亲如姐妹，同甘苦共患难，从不以主仆相称。"姑姑今天这是怎么了？"她强使自己镇静下来，"我也不知他怎么走得这样快！"

鱼玄机本已回到屋内，她无法继续作画，正想一个人安安静静地待一会儿。突然见绿翘随后也跟了进来，还顶了一句嘴。她的理智更乱了，再也无法用平和的心气对待眼前发生的一切。她随手抄起桌上的画盘，冲着绿翘狠狠地砸了过去，然后快步走出了屋……

在姐妹处住了一夜，哭诉了一夜之后，鱼玄机第二天早晨醒来，心境已经好了许多。她渐渐回想起昨天的一切，真不知那一画盘把绿翘砸得怎么样了。她连忙邀上姐妹，雇了乘轿子急急向寓所赶来。

"绿翘，绿翘！你干什么呢？还在生我的气吗？"没等到应声，她就下轿抢先向房内奔去。

屋里的一切都是死寂的，静得有些让人窒息。鱼玄机似乎预感到发生了什么不测。"这死丫头，还在生我的气。"她自言自语，也似乎在捕捉着唯一的希望。

画室里没有，客厅里没有，自己的卧室里也没有。当鱼玄机一脚踏进绿翘的屋门时，身上的汗毛似乎都竖了起来。一幅白绫，悬吊着绿翘匀称美丽的身体……

"绿翘！你这孩子，我的好妹妹，你怎么能自寻短见啊！"

鱼玄机在女友的帮助下，解下了绿翘的尸体，平放在床上。她已顾不得有人在场，便放声大哭了起来。她无法原谅自己昨日的粗鲁。她无法从脑中赶走绿翘那鲜活美艳的形象。她更忘记不了绿翘为自己分忧解愁，为帮助自己摆脱困境所忍受的千般屈辱，万般无奈。可是自己都做了些什么呀！李亿已经那么沉重地伤害了自己，使自己心灵的创伤永远无法平复。而自己又是多么沉重地伤害了绿翘，使她陷入了绝望之中……

鱼玄机好悔恨啊！

她对天哭喊：苍天啊，命运啊！你为什么对我蕙兰这样不公？别人犯了多少错误都有改正的机会，我怎么就连改正一个错误的机会都没有？她顾不得报官，也无心张罗绿翘的后事，一切都任由别人"帮忙"。

后来，她恍惚中被官府抓进了监狱。又恍惚中被定了"逼打女仆，逼死人命，伪装上吊自杀"的罪名。又在恍惚中来到了刑场。她根本无心为自己辩护二句，她只求速死……

"嗵，嗵嗵！"恼人的第三通追命鼓终于敲响了。鱼玄机觉得这待决的时间好长啊！长得让她重温了自己那短暂坎坷的一生。鱼玄机又觉得这待决的时间太短了。短得使她无法再仔细体味以往的酸甜苦辣。

好在一切都过去了。她也再不必为人世间的丑恶而烦恼。美好生活的期望，真挚爱情的憧憬，心心相印的朋友情谊，一切都已烟消云散。"绿翘，姐姐找你来了，你等等我！"鱼玄机在心底里猛烈地呼喊了一句，就什么也不知道了。

肃杀秋风无情地掳掠着鱼玄机躺倒的地方，喷溅的鲜血染红了西市围墙边好大一片土地。

天，似乎更阴沉了。地，也似乎更昏暗了。

转眼间，纷纷扬扬的大雪铺天盖地压了下来。揪不完，扯不断。这场大雪整整下了三天三夜。大雪把鱼玄机的遗体覆盖得严严实实，似乎用一幅巨大的白绫完整地包裹着这一代才女，任何杂物尘埃都无法玷污她那纯洁的身体。

洁白，到处都被一片洁白包围着。

到了第四天清晨、雪后初露、冬日的朝阳显得格外红艳明丽。西市围墙边鱼玄机倒下的时候，几乎同时倒下了那棵独柳树。此时，它与鱼玄机并肩躺倒在这被洁白的大雪严密包裹着的世界里。接受初升旭日的光照，显得那么耀眼，那么灿烂。

市门外，有人面对鱼玄机的遗体点燃了香烛，跪拜了下来。人们似乎听见他在喃喃自语："某虽女子，秉志清真……凌虚绝俗……"然后，他对围观的人视而不见，策马而去……

人群中，有人指点猜测，说是李亿前来忏悔赎罪；也有人说是鱼玄机的朋友，仰慕她的才情，追念她的早逝……

各种各样的猜测仍在继续。在各种各样的猜测声中，人们只见东方的朝阳更加艳丽。红装素裹的大地，更透出几分圣洁。

# 第 五 章

## 宫廷绝色才女
## ——花蕊夫人

　　花蕊夫人，后蜀皇帝孟昶的费贵妃，五代十国时期女诗人，青城（今都江堰市东南）人。幼能文，尤长于宫词。得幸蜀主孟昶，赐号花蕊夫人。其宫词描写的生活场景极为丰富，用语以浓艳为主，但也偶有清新朴实之作，如"三月樱桃乍熟时，内人相引看红枝。回头索取黄金弹，绕树藏身打雀儿"这一首，就写得十分生动活泼，富有生活情趣；其《述国亡诗》亦颇受人称道，实难得之才女也。诗一卷（《全唐诗》下卷第七百九十八）。

## 宫廷史诗，晶莹纯真

花蕊夫人所写的一部宫词，包括 158 首诗。写出了宫廷活动的网络，大大方方地公开了宫廷的秘密，应该说是一部写实的史诗，也可以说是国家兴衰的笔录。可视为晶莹的美玉，可视为艺术的珍品。荡涤尘襟，开阔视野，从中看不出诗人低眉求宠，看不出攀高结贵。一片冰莹的冷静，一腔火热的纯真。

第一首诗为总起，带领全部诗篇步入人间最豪华的宫殿。"五云楼阁凤城间，花木长新日月闲。三十六宫连内苑，太平天子坐昆山。"五云，指楼台殿阁耸立于五彩祥云之间。似仙境而又非仙境，所到处，有四时不谢之花，正在度过安闲的岁月。因为没有战争，天子可以恣意享尽人间的快乐。昆山，是昆仑山的别称。蜀主孟昶自料可以江山永固，可与日月同辉。诗人这么写，意在歌颂丰年盛世。其实这是为蜀国的灭亡埋下了伏笔，也可以说是总体上的前后照应。当读到第一五八首时，便深以为然了。

整部诗，在创作手法上很讲究顺序。即在建筑规模上，由整体到部分，由陆地到水中。

第二首："会真广殿约宫墙，楼阁相扶倚太阳。净甃玉阶横水岸，御炉香气扑龙床。"名曰会真的广阔宫殿，包围它的是长长的宫墙，楼阁之间错落有致，高可接天。甃（qiū），此指洁净之处修起的玉阶，地理环境是在水岸。龙床，标志君王住处。"御炉香气"衬托华贵。

第三首写龙池之长，风光之美："龙池九曲远相通，杨柳丝牵两岸风，长似江南好风景，画船来去碧波中。"这应属于概括描写，既然有这样的水上的游览环境，便派生出许多角逐竞争，赌输赢的比赛活动。

第四首写东内的龙池凤苑，"东内斜将紫禁通，龙池凤苑夹城中。晓钟声断严妆罢。院院纱窗海日红。"旭日东升，照耀着布局合理的建筑群。

原有建筑虽然宏伟壮丽，但是君王犹感不足，随之而来的是不断的扩建。第五首写得好：

> 殿名新立号重光，岛上亭台尽改张。
>
> 但是一人行幸处，黄金阁子锁牙床。

改张，是尽皆重新陈设一番。这里专门设置了君王的休息地点。屋宇金碧辉煌，床则雕镂得最为时尚，体现出皇宫的华丽。

在写苑中池水的自然景色时，第九首先写地理位置："三面宫城尽夹墙"如此密封，似与外界隔绝，而"苑中池水白茫茫"说明大可利用它增添景点。"直从狮子门前入"是通道，"旋见亭台绕岸旁"是说岸边的景物很一般。因此，君王又产生绮想，对花蕊夫人说："要是在池水中修上楼阁，岂不是更美吗！"

花蕊夫人趁机凑趣说："那敢情好了，请陛下也赏给妾身一个住处！"

蜀主孟昶笑着说："我到哪里，你就得跟到哪里。"

花蕊夫人谢了恩，又探问了一句："那么，别人呢？"

孟昶说："都搬进来！"

真正是君无戏言。经过移走花树、铲除青苔的劳动，扩大了龙池，"展得绿波宽似海"，海上建筑的水心楼殿，简直胜过蓬莱。

蜀主孟昶巡幸到背靠城墙，面对龙池的"太虚高阁凌虚殿"，和分住各院的娘子们，捉起迷藏来，是"羊车到处不教知"。岂不知，最终还是落入妃嫔们摆下的迷魂阵里。

花蕊夫人伴随孟昶到龙池，到了受宠的女官修仪的住处。为了迎接君王，环境焕然一新，用"扫地焚香"表示虔诚，直到"日午时"才见到君王。总得拿出一个吸引人的项目吧！那就是"看教鹦鹉念新诗"。

花蕊夫人正在琢磨要给宫女们画几幅透露出机巧的画呢！蜀主开始封起官来了。"二十四司分六局"由于六宫官职大换班，排场势头其大无比，"御前频见错相呼"。画谁都可构成美女图，但是太呆板了，那又有什么意思呢，还是抓住特点好。于是先细致观察，然后写了以时间为顺序的 7 首诗，最后经过筛选，画出宫女"故将红豆打黄莺"、"斜望花开遥举袖"、"初学乘骑怯又娇"的三幅画来。

第十七首，是反映宫女的随机应变。季节是春天，时间是拂晓，事件是折花，地点是水岸。列表格就欠含蓄了，诗人写的是"春风一面晓妆成，偷折花枝傍水行。"妙在一个"偷"字，显出行动的诡秘。怕被别人发现，偏偏就被别人看见了："却被内监遥觑见"，这可怎么办？有了，"故将红豆打黄莺"，更妙的是用了一个"故"字，诗意就有了转折，由折花到打鸟，行动变化迅速。伶俐、机敏，由胆小变得大胆，由蹑手蹑脚，变得坦然大方了。

第十八首，"殿前排宴赏花开"地点和事件有了，中间有什么环节呢？"宫女侵晨探几回"人物和时间明确了，定型是"斜望花开遥举袖"，于是又引出新的人物："传声宣唤近臣来"。

第十九首突显场面热烈。因为是君王"宣唤勋臣试打球"的，当然就得"排御幄"，乐声起处如滚油翻花。

第二十首，突显参与球赛的供奉们的礼让谦逊："供奉头筹不敢争，上棚等唤近臣名。内人酌酒才宣赐，马上齐呼万岁声。"

这两首，很难用画面表示声音，所以描述一番渲染气氛也就够了。

花蕊夫人看着骑马打球的女队，不禁回忆起充当她们教练的往事来。

花蕊夫人按着事情发展的顺序，写出宫女当初怎样学骑马，怎样学打球。这历练的过程，战胜了多少困难，又是增加了多少胆识呵！

第二十一首，写出骑马术不易掌握，但是有了决心，也会成为好骑手的。

> 殿前宫女总纤腰，初学乘骑怯又娇。
>
> 上得马来才欲走，几回抛镫抱鞍桥。

花蕊夫人为了学会骑马，掌握狩猎的本领，确实下过苦功。尽管初学乍练时是那样生疏，但并没有滚下马背，也没有落荒而走。放下马勒子不要紧，能抱住鞍桥，也是镫底藏身的基本功。

第二十二首通过对比手法，说学打球的宫女们，确是外柔内刚。花蕊夫人的韧性感染了许多人。

> 自教宫娥学打球，玉鞍初跨柳腰柔。
>
> 上棚知是官家认，遍遍长赢第一筹。

为了报答君王的知遇之恩，花蕊夫人训练了一批骑马打球能手，看到君王期望的眼光，球打得格外出色。桃靥上平添喜色，心底浮上一丝骄傲的甜意。

带着喜悦回宫，想象着君王在耳畔的赞语，花蕊夫人忘记了一天的劳累，不住地顾盼夕阳映照下的花树，数着归船。

> 翔鸾阁外夕阳天，树影花光远接连。
>
> 望见内家来往处，水门斜过辇楼船。

归船里的风流天子，今晚是乘羊车漫游呢？还是乘软舆来款谈？

# 多才多艺，君王宠爱

花蕊夫人并不满足自己才艺的现有水平，她努力练习书法。第四十四首写道：

> 清晓自倾花上露，冷侵宫殿玉蟾蜍。
>
> 擘开五色销金纸，碧锁窗前学草书。

她在清凉寂静的拂晓，从花上把露水倒在杯里，抬眼看一看月亮，顿时感到整个宫殿都沉浸在清爽之中。在书案前轻轻地研墨，似乎墨汁里夹着花香。打开并铺平了洒金纸，面对着雕镂云锁的窗户，刷刷

点点地写起来，她要模仿书法家的笔致，以期与君王的草书媲美。

花蕊夫人绘画的技艺不断提高的原因是善于选材。

看了那三幅画，孟昶曾拍案叫绝，眼珠一转，出了个难题："何不自画一幅肖像，让朕随身携带？"

花蕊夫人说："妾与君王在一起的时间，比起其他夫人不是最多吗？"不立即回答，反而肯定不用画像的意思，实质上是以退为进。内心里希望听到"看不够"三个字。

孟昶要保持君王的尊严，不愿在历史上留下话柄，便说："备朕观察，做选美参考。"这不等于夸花蕊夫人是个最标准的美人吗！

花蕊夫人看不惯庸俗粉黛撒娇撒痴的伎俩，很会掌握适可而止的分寸。便微微点头，樱唇中清脆地吐出"谨遵圣旨"四个字。

第九十一首，朴朴素素地写出了呈画时羞赧，暗含着不以艳姿惑君、不以画技压众的深意。

> 春天睡起晓妆成，随侍君王触处行。
>
> 画得自家梳洗样，相凭女伴把来呈。

大有素面睹天颜，更觉心平气静的味道。

花蕊夫人作画勤苦，时刻留心寻找素材。

花蕊夫人

她画小宴流杯亭，重点没放在饮酒人身上，因为宴席规模不大，亭子也不出奇，唯一使人开眼的是"沉檀刻作神仙女，对捧金尊水上来"。这叫由平常转为稀奇。一脱尘气，巧借仙风。

再画一幅新宠"寻芍药"吧！第九十七首："慢梳鬟髻著轻红，春早争求芍药丛。近日承恩移住处，夹城里面占新宫。"这位受到宠幸的女子，为了巩固受宠的地位着意打扮。及早下手美化环境，可见有工于在众美中斗艳的心计。

另一幅是新宠"献桔"。短短四句，就说清了因果关系：

内人承宠赐新房，红纸泥窗绕画廊。

种得海桔才结子，乞求自送与君王。

这幅画，展示的是受宠者的内心世界，一种感恩戴德的真挚感情，溢于画面。

花蕊夫人的这幅画，进入一个高层次。不妒不怨，不争不扰。比起贵妃姊妹草草迁入新居可沉稳多了。

第一三八首，环境可观，人也美貌。心情未免太急了些。

小殿初成粉未干，贵妃姊妹自来看。

为逢好日先移入，续向街西索牡丹。

这个画面，容量较前增加了，应有看殿、迁移、索牡丹三个阶段。花蕊夫人运用巧妙画笔，在一张超长的宽幅上描绘出一望便可知的那迫不及待的心情。引得孟昶哈哈大笑，说："传神，传神！"

花蕊夫人又捧上两首诗，请教又兼请示地说："想就此画两幅画呢，第一幅题名《凭栏读文》，第二幅叫……"孟昶举起右手，示意暂停，慢慢地读下去：

薄罗衫子透肌肤，夏日初长板阁虚。

独立凭栏无一事，水风凉处读文书。

婕妤生长帝王家，常近龙颜逐翠华。

杨柳岸长春日暮，傍池行困倚桃花。

花蕊夫人递上纸笔，央求说："请陛下题个好名吧！"

孟昶提笔写了两行字：尚书捧卷　婕妤倚桃。

花蕊夫人何等机敏，谢过恩后，就构思标明季节的衬景：尚书捧卷要凭栏，再从服装上夸张薄、透，神情是专注的，意态是悠闲的。"潜勤"在其中。

婕妤倚桃应显出幸福带来疲倦。衬景是杨柳翠绿，桃花灼红。如将桃花比面，桃花减色，如将柳叶比眉，眉入鬓长。神态用"娇慵"凸现，体段用"婀娜"描线。

两幅画恰是鲜明对比。

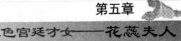

画的草图已定，题名又是圣笔亲书，完稿的日子不能拖延。

孟昶看了花蕊夫人所画的人物，是那样的逼真，不仅为之动容，而且也动心了。什么时候能给朕画一张像呢？心里一想，花蕊夫人也真就"灵犀一点通"了。无时无刻不在注意观察，但怕亵渎神明似的始终没有着笔。

第八十首遥望圣驾：

> 锦城上起凝烟阁，拥殿遮楼一向高。
>
> 认得圣颜遥望见，碧阑干映赭黄袍。

第八十四首天子便装骑马。

> 罗衫玉带最风流，斜插银篦慢裹头。
>
> 闲向殿前骑御马，挥鞭横过小红楼。

风采翩翩的形象，敏捷矫健的动作，因看得十分真切，便在大脑里贮存起来了。

第七十六首，三元节天子道装：

> 金画香台出露盘，黄龙雕刻绕朱阑。
>
> 焚修每遇三元节，天子亲簪白玉冠。

花蕊夫人随驾赏花、随驾钓鱼、侍宴、看舞……印象太多太深了，没有君王的命令岂敢轻易动笔，只怕有纤毫差错会惹来杀身大祸，赐给一条白绫自缢，那就算最便宜的了。

思来想去，画画风景，既可陶冶性情又没什么危险。用比较法，写出蜀主孟昶所居之处超过名城古迹。第一○四首便是：

> 杨柳荫中引御沟，碧梧桐树拥朱楼。
>
> 金陵城共滕王阁，画向丹青也合羞。

说的是从杨柳荫中挖出一条水沟，树影摇曳水面，水波流动树影，有动态美。碧绿的梧桐树簇拥着红楼，色调和谐，条条框框构成美丽的图案。又用拟人法指出名城胜境如果懂得感情也会自愧弗如。

更有环境美得难画难描的宣城院，花蕊夫人自叹："粉壁红窗画不成"便暂时搁下画笔，随君伴驾欣赏歌舞去了。

孟昶喜欢音乐，擅长吹笛，又能编写歌词，花蕊夫人堪称知音。

歌舞场面是多得数不胜数的。花蕊夫人采取了歌舞合写、分写、连续写、交错写的方法。

分写，突出中心；合写，创造气氛；连续写，推进情节发展；交错写，互相配搭成趣。

> 离宫别馆绕宫城，金板轻敲合凤笙。
>
> 夜夜月明花树底，傍池长有按歌声。

离宫别馆里乐器合奏是习以为常的，"夜夜"说明从不间断。按歌，说明欢娱的类别。

> 御制新翻曲子成，六宫才唱未知名。
>
> 尽将觱篥来抄谱，先按君王玉笛声。

觱篥（bìlì）从龟兹传入中国，发展成今日的喇叭。"未知名"，说明新颖。按，随着音律节拍，以讨君王的欢心为目的。

第十首，写合奏；第十一首，写抄谱，各有中心，不觉雷同，当然无杂沓之感。

第三十首，写单人舞：

> 选进仙韶第一人，才胜罗绮不胜春。
>
> 重教按舞桃花下，只踏残红作地茵。

突显舞者年轻、貌美、技高、多情。

第三十三首，写集体舞：

> 山楼彩凤栖寒月，宴殿金麟吐御香。
>
> 蜀锦地衣呈队舞，教头先出拜君王。

前一首写外景，此首则是外景与内景结合。前首场地利用自然条件，此首则为特设场地。时间上的区分，前首为白昼；此首为夜深。

写苦练新曲的是第五十九首：

> 博山夜宿沉香火，帐外时闻暖凤笙。
>
> 理遍从头新上曲，殿前龙直未交更。

第六十首，告知人们的是词曲来源：

> 春殿千官宴却归，上林莺舌报花时。
>
> 宣徽旋进新裁曲，学士争吟应诏诗。

第九十二首，写舞头服装特殊，唱词熟练，责任心强，终朝每日训练不息。乐声飞入君王御座，不嫌喧闹，也不觉得是受到干扰。

> 舞头皆著画罗衣，唱得新翻御制词。
>
> 每日内庭闻教队，乐声飞上到龙墀。

第九十六首，写表演者集合，然后合奏新曲：

> 梨园子弟簇池头，小乐携来候宴游。
>
> 旋炙银笙先按拍，海棠花下合梁州。

整个过程叙述得特别清楚。簇，说明纷纷而来，携来小型乐器，专等一声令下。玉笙起调，其他小乐器声奏齐鸣。最后一句写出具体地点和具体曲名，使人感到真切。

第一三九首，得知君王赏花消息，各自积极做准备工作。

> 内人相续报花开，准拟君王便看来。
>
> 逢着五弦琴绣袋，宜春院里按歌回。

由花开便联想到赏花的惯例，于是收拾乐器，千遍万遍地练习。

第一四〇首：

> 巡吹慢遍不相和，暗数看谁校曲多。
>
> 明日梨花园里见，先须逐得内家歌。

巡吹，挨个歌曲吹了一遍，慢，表示谨慎，很怕出现漏洞。

第一五二首，写舞罢归来。倦极累极，用的是夸张衬托手法。汗透衣衫，下楼梯都迈不动步。

> 舞罢汗湿罗衣彻，楼上人扶下玉梯。
>
> 归到院中重洗面，金花盆里泼银泥。

除了歌舞之外，还有许多活动，但写得合乎实际情况，有的可以自成画幅，有的联缀成片，却类乎连环画呢。

三首连排，都写采莲。构成组诗，虽然人物各异，着眼角度不同，但青年人争强好胜之心，却袒露无遗。

> 内家追逐采莲时，惊起沙鸥两岸飞。
>
> 兰桡把来齐拍水，并船相斗湿罗衣。

这是采莲时，看哪只船划得快，不写如何采莲，这是丢开要做的事情不谈，仿佛是在进行一场划船比赛似的。"追逐"形容船行快，"齐拍水"说明各不相让。飞速的小船，打破了池中的平静。沙鸥夺路而飞，惊惶失措的形象构成不规整但又有对称美的画面。一前一后的两只船，经过互相追逐，已成平行角度，自然是不分胜负。"湿罗衣"更增添欢乐气氛。因为两船的主人都是太监，其泼辣大胆，合乎人物身份。好不容易有个机会，顿感暂脱禁锢的轻松。

> 新秋女伴各相逢，卷画船飞别浦中。
>
> 旋折荷花伴歌舞，夕阳斜照满衣红。

船中主人是宫女，平日又很友好，乘船于水中相遇，格外高兴。为了折荷花于夜筵时伴歌舞用，略叙几句便分别去执行任务。这样的紧急任务，迫使她们无暇闲聊，船行如飞，不是赛船而是要早去早回。夕阳映照下，个个透露出文静的笑意，真是来时船如箭，归携飒爽风。

> 少年相逐采莲回，罗帽罗衫巧制裁。
>
> 每到岸头长拍水，竞提纤手出船来。

花蕊夫人抓住了人物性格的特点，通过竞争意识的描写，体现青年男女的上进心，在日常生活中最讲求快节奏的工作效率。从合身的罗衫和做工精巧的罗帽来看，男青年都有爱整洁的习惯，最后拉着同伴的手出船，表现互助友爱的良好风尚。

在这一组采莲诗的 12 首之后，即第三十九首，太监秋夜戴月采菱图更加吸引人：

> 内庭秋燕玉池东，香散荷花水殿风。
>
> 阿监采菱牵锦缆，月明犹在画船中。

这是一幅独立的画面，有牵锦缆的太监，有画船，"月明犹在"说明在月亮未出之前已经到了池中。刮过水殿的风，夹带着荷花的香味，还有酒宴上的酒香也阵阵袭来。采菱人没有完成任务自然是不甘心回去的。

为寻雅趣，皇宫中上自皇帝，下至妃嫔，都以钓鱼为逸事。第六十一首：

> 钓线沉波跃彩舟，鱼争芳饵上龙钩。

内人急捧金盘接，泼剌红鳞跃未休。

这是君王钓鱼。因称所用的鱼钩为龙钩，宫人用金盘来接活鱼。第一句，描写钓线，第二句，描写鱼上钩，第三句，叙述接鱼，第四句，描写红色鲤鱼的鲜活。总的突显钓鱼技术高超，表达了对君王的崇敬。

第一○一首，是写妃子垂钓。第一句是描写，第二句是叙述，第三句是抒情，第四句叙述兼抒情。重点突显钓鱼尽管有趣，如果技术不高便成了苦差事，缺乏耐心是不会有收获的。

慢搓红袖指纤纤，学钓池鱼傍水边。

忍冷不禁还自去，钓竿常被别人牵。

"忍冷不禁"说明钓鱼时间长，鱼不咬钩，心情烦乱。"还自去"坚持不住便放弃了。连钓竿都掌握不住，还有什么指望？技术不如别人，也是无可奈何。幽默中略带自嘲，讽刺中流露天真。

第一二二首，写观鱼奇趣：

嫩荷香扑钓鱼亭，水面文鱼作队行。

宫女齐来池畔看，傍帘呼唤勿高声。

前两句为描写，后两句为叙述。第二句堪称警句。强调鱼多，彩色斑斓，缕缕行行。众宫女互相提醒，不要高声呼喊或说话，以防惊动鱼群。水面上鱼行泼剌剌，岸边亭子中，人多却出奇地保持肃静。

## 才貌双绝，诗笔瑰丽

花蕊夫人在创作宫词中，毫无疑问，是受到地位限制，有些地位高于自己的人物很少涉及。然而，她有反映宫廷实况的创作欲望，便采取写排场、写活动、写景物、写人群的诸多方面来充实内容，展示正确的观点。

首先，排场最大的莫过于君王上朝、君王巡幸；其次是君王的封官、赐福；再次是宴饮游乐。

第四十二首，写准备早朝：

> 翠华香重玉炉添，双凤楼头晓日迟。
>
> 扇掩红鸾金殿悄，一声清跸卷珠帘。

第一句写君王所乘之车玉炉添香已经好久了；第二句写双凤楼头已经升起太阳；第三句写御座旁的执扇女官已静立多时了；第四句写群臣等待朝拜君王。显然，君王早朝是晚到了。清跸，是清洁道路、避止行人，为天子出行做准备。可能君王尚在路上。暗示双凤楼女主人不够佐君贤后的资格，应负日高未起，耽误君王上朝的主要责任。花蕊夫人用具体描写、侧面衬托手法表示遗憾，暗含真诚的责难。真的，翔鸾阁只留下君王的清兴，何尝延误早朝！

第四十八首，写天子临朝，听群臣上奏：

> 御按横金殿幄红，扇开云表露天容。
>
> 太常奏备三千曲，乐府新调十二钟。

金匾红帐显出朝堂御座的豪华，气派宏伟。君王高踞宝座，仪容端肃。太常，是主持宗庙祭祀礼仪的官职。准备3000曲调，提出可供祭祀用的乐曲。

第四十六首写退朝：

> 琐声金彻合门环，帘卷珍珠十二间。
>
> 别殿春风呼万岁，中丞新押散朝班。

又是一天开始了，蜀主孟昶要举行祭祀大典。第三十七首写了尽职尽责的御史准确掌握焚香上祭的时间。可惜的是：略略错过一点：

> 晓吹翩翩动翠旗，炉烟千叠瑞云飞。
>
> 何人奏对偏移刻，御史天香隔绣衣。

第五十三首，写回銮仪仗：

> 天门晏闭九重关，楼倚银河气象间。
>
> 一点星球垂绛阙，五云仙仗下蓬山。

君王要出城巡幸，侍从前呼后拥。第一〇九首，写敬候相送的宫人："翠辇每从城畔出，内人相次簇池隈。嫩荷花里摇船去，一阵香风逐水来。"用香风暗喻会给臣下带来幸福。

第九十三首写驾幸蚕市前的准备工作停当，人们盼望君王重视养殖事业，能提高和改善人民生活。花蕊夫人以切盼心情，等待着丝绸纺织有新的变化，写下了这首诗：

春早寻花到内园，竞传宣旨欲黄昏。

明朝驾幸游蚕市，暗使毡车就苑门。

大有保密的味道。私访、暗察，是明君、贤相、清官的举措，孟昶不以冶游为目的，正体现其关心民瘼的可取之处。花蕊夫人深知君王此举的政治作用，因此，先写了寻花到内园的闲散，忽然听到君王要游蚕市的消息，多少受到一些震动。由"竞传"到"暗使"证实果然要有一番轰轰烈烈的行动。

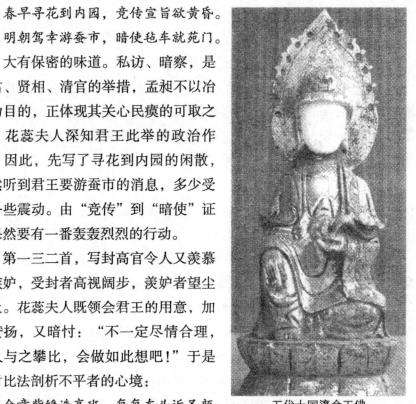

五代十国鎏金玉佛

第一三二首，写封高官令人又羡慕又嫉妒，受封者高视阔步，羡妒者望尘莫及。花蕊夫人既领会君王的用意，加以赞扬，又暗忖："不一定尽情合理，有人与之攀比，会做如此想吧！"于是用对比法剖析不平者的心境：

金章紫绶选高班，每每东头近圣颜。

才艺足当恩宠别，只堪供奉一场闲。

第一句通过描写官服，说明官职之高；第二句通过受到君王的宠幸，说明应是国家栋梁。重点在第三句上，花蕊夫人代替别人抒发不满之情，也是阐明自己的观点，这是用讽喻的笔法，进谏君王。

第一四八首，写封女尚书，受封者官服立即改换，身价立即提高。而女伴们个个喜笑盈盈，纷纷祝贺：

御前新赐紫罗襦，步步金阶上软舆。

官局总来为喜乐，院中新拜内尚书。

给大臣的赏赐，各有等级差别。第一三六首，写一位大臣不仅得到一座新的庄园，而且还获得君王亲幸的荣光：

大臣承宠赐新庄，栀子园东柳岸旁。

今日圣恩亲幸到，板桥头是读书堂。

到底这位蒙重赏的大臣有没有保国靖边之功呢！那就不得而知了。

花蕊夫人画了一个花样，唤来几个心灵手巧的宫女，照样编花。做花的原料是红缎子、白绸子，薰过香的绫罗，孟昶亲写敕字，宫女分别装在金盒里。红，象征官运亨通，白，象征不沾微尘。大臣们收到这样的礼品，怎能不心花怒放，感激涕零！都在想怎样报答君恩。有的琢磨：红，是红心似火，爱民如赤子；白，是明镜高悬，断案一清如水。

不管怎么说，都理解成大吉大利的象征。谁也想不到已经红袍罩体，还有白刃加身的日子。

花蕊夫人比得到赏赐更兴奋，因为她知道群臣绝对不能轻视这份宝物。她不无得意地吟着这第一四一首诗：

黄金盒里盛红雪，重结香罗四出花。

——旁边书敕字，中官送与大臣家。

赏赐真花，有郑重其事的，第一四七首就是如此：

大仪前日暖房来，嘱向朝阳乞药栽。

敕赐一窠红踯躅，谢恩未了奏花开。

也有没经过请求，顺手就赏给宫女的。第八首，描写花朵的艳丽，经露珠润过，益发美：

立春日进内园花，红蕊轻轻嫩浅霞。

跪到玉阶犹带露，一时宣赐与宫娃。

孟昶新宠，不是迁入新宫便是住进殿堂。第四十一首，通过描写纱幔、帘钩的造型别致，体现女主人公甚得君心，通过墙壁使用蜀椒而又涂成红色，说明得椒房专宠的地位尊贵。

纱幔薄垂金麦穗，帘钩纤挂玉葱条。

楼西别起长春殿，香碧红泥透蜀椒。

第七十三首，用加长内宫周边外延，铺垫地面的奢侈，说明蜀主孟昶对"诸院娘子"格外加恩，后妃们谁也挑不出毛病来。

花蕊夫人是否惋惜：君王若是把这番细密心思，用到治国、治军上，可能常胜不殆。做了亡国之君的陪房时，不能无悔吧！

写宴饮，从不同角度，突显内容不断变化。第二十八首君王诞辰设宴，隆重非凡。

内家宣锡生辰宴，隔夜六宫进御花。

后殿未闻宫主入，东门先报下金车。

皇宫各院进御花增添花彩，公主亲来祝贺。

第六十三首，庆生子：

东宫降诞挺佳辰，少海星边拥瑞云。

中尉传闻三日宴，翰林当撰洗儿文。

挺，特出。少海，比喻太子。说明太子是星宿转世，吉日良辰降生，三日后酒宴规模之大、之盛，可以想见。文笔最冲的翰林都得写专题文章祝贺。

盛宴离不开好酒。第六十四首，先写酒库蕴藏量大，种类之新，后写宴上用酒之多，取酒频繁：

酒库新修近水旁，泼醅初熟五云浆。

殿前供御频宣索，追入花间一阵香。

五云浆，指代青、白、赤、黑、黄，各种颜色的酒。

美酒杂陈，还有监酒人，不依不饶，不醉不休。第六十七首写监酒人官职高，劲头足，靠能写的精明人作记录，仍然统计得不准。因为喝酒的人在耍小聪明，赖酒账，增加和谐气氛：

昭仪侍宴足精神，玉烛抽看记饮巡。

倚赖识书为录事，灯前时复错瞒人。

饮酒还得歌舞添趣，所以"宣索教坊诸伎乐"，并催唤速速入船。

酒宴间，要行新酒令，调动近臣动笔抄写。而在酒令中所用的词

章都是由君王决定的，群臣哪敢不认真对待。第一二二首，突显准备
工作由点到面，普遍铺开：

> 新翻酒令著词章，侍宴初闻忆却忙。
>
> 宣使近臣传赐本，书家院里遍抄将。

夜宴穿插游戏，什么身份、地位、礼仪，统统忘记，只求玩得快
乐。第六十九首，反映出酒不醉人人自醉：

> 管弦声急满龙池，宫女藏钩夜宴时。
>
> 好是圣人亲捉得，便将浓墨扫双眉。

孟昶放下了君王的架子，与众同乐。可是，夜深宴散，妃嫔们就
撑不住酒力后反劲了，从乱插花的动作，已显出失态。群臣各自回家
去喝醒酒汤，君王也急于回宫安寝：

> 夜深饮散月初斜，无限宫嫔乱插花。
>
> 近侍婕妤先过水，遥闻隔岸唤船家。

带来的后果是什么？第一一一首诗，写得明白："日晚合门传圣
旨，明朝尽放紫宸朝。"

朝不上，游赏却是从早到晚不可或缺。花蕊夫人不用像后宫妃嫔
那样专寻"祗承"，即侍奉君王的美差，看不厌绝世丰姿的君王却情有
独钟，常召伴游。第一一八首写游百尺亭的原因和所见床上屏风花卉：

> 亭高百尺立春风，引得君王到此中。
>
> 床上翠屏开六扇，折枝花绽牡丹红。

蕊瓣逼真，仿佛面对花坛观赏红牡丹。花蕊夫人看得出神，半晌
默无一语。

孟昶也觉得花蕊夫人绘画、书法，并臻绝境，达到了炉火纯青的
程度，就说："爱妃，当朕面画几扇屏风吧！"

花蕊夫人原有随身携带笔砚的习惯，但为避免招摇，行动很谨慎。
第一五四首，可见写字作画均成拿手好戏：

> 众中偏得君王笑，偷把金箱笔砚开。
>
> 书破红蛮隔子上，旋推当直美人来。

花蕊夫人陪游的次数多一些，但孟昶也不能冷落群臣和众妃呀！

第一二〇首，写得宠的臣子伴驾，漫步而行，共赏池头花树：

> 翡翠帘前日影斜，御沟春水漫成霞。
>
> 侍臣向晚随天步，共看池头满树花。

别有一番悠闲自得的神韵，也表现了君臣相得的融洽感情。

第八十二首，重点写天子在近臣陪侍下，与众多妃嫔乘船游乐：

> 平头船子小龙床，多少神仙立御旁。
>
> 旋剌篙竿令过岸，满池春水蘸红妆。

这两首诗，善用借代法。上一首，以"天步"代替君王的脚步，即是代替君王。下一首以"小龙床"代替天子，因为只有天子才能坐龙床。"红妆"用众妃的服装，代替众妃。总之，是表示尊敬的意思。

声势大，随从人物众多，但没点出都有哪些人参加。可以想：不是群臣还有谁？不是后妃还有谁？

第五十一首写水上荡秋千的比赛。花蕊夫人观阵助战，希望君王得胜：

> 内人稀见水秋千，争擎珠帘帐殿前。
>
> 第一锦标谁夺得？右军输却小龙船。

先写比赛项目的新颖，所以是宫中人少见的景观，个个怀着"看新鲜"的心情，争着抢着地擘开珠帘在帐殿前观瞧。

比赛，也不能只限定一两项，否则，怎么能选出不畏风险的勇武之士，做"公侯干城"，成捍国良将？孟昶由喜欢博戏，转为颇好投壶，并亲自参加，获胜时赢来"妙手"的一片称赞声。第一〇〇首，先写了兴趣的转移，次写威武雄姿，再写群臣的赞佩，最后写出君王获得冠军：

> 博蒲冷淡学投壶，箭倚腰身约画图。
>
> 尽对君王称妙手，一人来射一人输。

打猎，目的不在获得多少猎获物上，主要是练武演兵。孟昶也愿意手下的将士有高超的射猎本领，久而久之，弓马娴熟的人，愈来愈多。

第八十三首是写仍在皇宫内苑游乐，以箭射鸭，小试身手：

苑东天子爱巡游，柳岸花堤枕碧流。

新教内人供射鸭，长将弓箭绕池头。

经过初步尝试，孟昶觉得打猎更壮精神，于是，告诉花蕊夫人挑选一批太监、宫女参加。第一〇七首，突出写随驾诸人的打猎服装，有一股利落的英气：

明朝腊日官家出，随驾先须点内人。

回鹘衣装回鹘马，就中偏称小腰身。

随驾人选既已确定，都在喜悦地等待着、盼望着，要一睹天子的丰采。

御马房的主管人，更不敢怠慢，把供君王打猎骑的御马，格外小心地装扮了一番：

盘龙鞍鞯闪色妆、黄金压胯紫游缰。

自从拣得真龙种，别置东头小马坊。

可以想象：骏马驰骋猎场，还不得四蹄生风？精心的饲马人，说不定能受到奖赏。有关的人是越想越美，打猎的人，各逞神威。花蕊夫人用第一二七首诗，记录了猎手的功绩。

日晚宫人外按回，自牵骢马出林隈。

御前接得高叉手，射得山鸡喜进来。

君王要射猎，先选好场地，然后再做一系列周密的安排。第一二八首，写了一个好环境，面对盛开的鲜花，打猎时可以爽心悦目，预排下供射猎的动物，保证箭不虚发：

朱雀门高花外开，球场空阔净尘埃。

预排白兔兼苍狗，等候君王按鹘来。

鹘（gǔ），鸷鸟，能俯击鸽子之类的鸟。一说是隼。既然有了充分的准备，那么，射猎的场面会喧闹热烈，猎获良多，也是意料中事。

也有意料以外的情况。谁想到孟昶能与花蕊夫人携手去参加那别出心裁的女官们的捉迷藏游戏。第一三三首，只有一个天子藏进仙洞里的镜头，最逗趣了：

内人深夜学迷藏，偏绕花丛水岸旁。

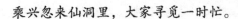

> 乘兴忽来仙洞里，大家寻觅一时忙。

宫内组织的各种游戏，天子都要给胜利者发奖，这也是刺激开展活动的诱饵吧！

> 寒食清明小殿旁，彩楼双夹斗鸡场。

> 内人对御分明看，先赌红罗被十床。

第一五三首，写拳击武术，赏钱由国库支付。时间绝早："宿妆残粉未明天"，"总立昭阳花树边。"写在正宫娘娘的院里比赛，项目是"寒食内人长白打"，一个"长"字说明比赛活动常常进行，为什么能这样反复循环呢？那是因为君王喜剽悍，赏赐又破格。"库中先散与金钱"，说明一出场，双方都争做重赏之下的勇夫。输也不白输。一旦受到赏识，升官有指望。

宫中挥金如土，君王享乐无度。人间豪华，生活奢靡，无出蜀宫之右者。

花蕊夫人目睹繁华景象，频挥妙笔，记录了蜀宫实况。写景时，分社会环境描写，自然景物描写，有时在两景结合上煞费苦心。

第一，季节各具特色，感觉随之变化。

写春景，第八十九首，宫女冒着霏霏细雨，踏着滑腻的青苔，折一枝鲜花，捧献给君王：

> 小雨霏微润绿苔，石楠红杏傍池开。

> 一枝插向金瓶里，捧进君王御殿来。

第一、二句描写，第三、四句叙述，省略了献花的人，只用"插向金瓶"这个动宾结构，抒写其灵巧，善解人意。

写早春杨柳，第二十七首，动词用得出神入化：

> 早春杨柳引长条，倚岸沿堤一面高。

> 称与画船牵锦缆，暖风搓出彩丝条。

一个"引"字，写出杨柳自身的生长能力。"搓"字显出春风的威力，也就是强调它的作用。心情舒展，眉窦喜开。柳丝垂垂，幸引青睐！

夏季系小船夜游，见第一一四首：

池心小样钓鱼船，入玩偏宜向晚天。

挂得彩船教便放，急风吹过水门前。

第一二一首，以蝉鸣、摇纨扇标志夏天。

第三十八首，写秋夜，写虫声、滴漏声，突显环境清静。络纬即是沙鸡，金井是有雕栏的井：

金井秋啼络纬声，出花宫漏报严更。

不知谁是金銮直，玉宇沉沉夜气清。

季节、时间皆明确点出。声音都有一定的节奏，人的感觉是一片清凉。

第七十首，写冬季屋中温度高，没写任何外景。"密室红泥地火炉"，一片暖烘烘的感觉。

第二，时间交待明确，入目景物各殊。

第四十七首报晓，强调环境不再沉寂：

鸡人报晓传三唱，玉井金床转辘轳。

烟引御炉香绕殿，漏签初刻上铜壶。

第四十九首，在朝阳照耀下，门刚开锁，而夜宴迟归的人，尚在酣睡，拿白天当黑夜过呢！

宫女薰香进御衣，殿门开锁请金匙。

朝阳初上黄金屋，禁夜春深昼漏迟。

白昼，在写重大活动时，花蕊夫人都写得明白、具体，这里不再赘述。那么，黑夜的景色又是怎样描绘的呢？第三十六首，写后妃在天子宫殿大聚会。

夜寒金屋篆烟飞，灯烛分明在紫微。

漏永禁宫三十六，燕回争踏月轮归。

真是地面灯光一大片，天上月轮照人圆。灯月相映，人暄神怡。

第四十首，单句皆为现实真景，双句都含有幻梦般的浪漫色彩：

东宫花烛彩楼新，天上仙桥上锁春。

遍出六宫歌舞奏，嫦娥初到月虚轮。

既说明月亮清澈圆润，又说明舞者美若天仙。一语双关，妙笔婉致。

第五十二首，写月亮与密灯，光色陆离：

> 夜色楼台月数层，金猊烟穗绕觚棱。
>
> 重廊屈折连三殿，密上珍珠百宝灯。

金猊，是涂金为狻猊状的香炉。觚（gū）棱，是殿堂上最高转角处。此诗说明楼高而层多，每层楼上都可以看见月亮。也是灯月交辉，强调数量之多，因此，一个月亮也可由观察位置不同，而成为"分身有术"毫不示弱。

第三，物体静态描写，流露喜爱心情。

人工造景，木刻装饰，第一三五首则通过鹤影映水中，随水波流动而变得富有生机：

> 岛树高低约浪痕，苑中斜日欲黄昏。
>
> 树头木刻双飞鹤，荡起晴空映水门。

写新妆的画船花舫是"松柏楼窗楠木板"（第七十一首），连造船的材料质地都研究透了，甚至还可以闻到木板的香味。

写君王游幸避暑，屋中装饰的是金色盘龙，锦绣的麒麟："金作蟠龙绣作麟"（第四十三首），一派豪华富贵气象。

第四，以对仗壮大声势。

> "一沟泛碧流春水，四面琼钩搭绮疏。"
>
> "天外明河翻玉浪，楼西凉月涌金盆。"
>
> "帘畔玉盆盛净水，内人手里剖银瓜。"
>
> "春心滴破花边漏，晓梦敲回禁里钟。"
>
> "丹霞亭浸池心冷，曲沼门含水脚清。"

此外，还可以从其他八首诗里，选出例句。

第五，写景目的在于抒情。

第八十一首，暗示君王为了个人享受，不顾别人如何劳累：

> 水车踏水上宫城，寝殿檐头滴滴鸣。
>
> 助得圣人高枕兴，夜凉长作远滩声。

这"滴滴鸣"，这"远滩声"，说明消耗强健者的体力，混合着汗水，溶进了泪滴。

第五十六首，是失意者触景伤情，自怜自叹：

> 太液波清水殿凉，画船惊起宿鸳鸯。
>
> 翠眉不及池边柳，取次飞花入建章。

翠眉，魏宫人多做翠眉簪鹤髻，此诗中代指美女。太液池，是汉武帝时修筑建章宫并开凿大池后为大池起的名字，以示津泽所及广泛。花蕊夫人用汉朝的建筑，魏宫的打扮，暗指蜀宫事。替失宠者抒怨，代鸣不平，希君王有所悔悟。

第九十首，一、二句为描写，第三句比喻，结句抒情：

> 锦鳞跃水出浮萍，荇草牵风翠带横。
>
> 恰似金梭穿碧沼，好题幽恨写闺情。

这首诗，省略了人称。不知女主人公为谁。但，肯定不是花蕊夫人，因为她很少写自己的心情，以防别人窥破奥秘，倘孟昶要问她有什么"幽恨"？无法回答。只能算做替心有郁闷，借景排遣的女官、宫女而写的吧！既然能觅到抒情的机会，难道就寻不到进身之梯！

花蕊夫人在描写人物上是不拘一格的，因而生动活泼。

一是直赞其美。"小小宫娥入内园，未梳云鬓脸如莲。"这是写以美貌获得夫人宠爱并严加管教的宫女。"别色官司御辇家，黄衫束带脸如花。"这是写受天子信任的参乘人员，服装与长相皆美。

二是以突出的才艺得宠。"宫娥小小艳红妆，唱得歌声绕画梁。缘是太妃新进入，座前颁赐小罗箱。"根子硬，可能一步登天。

有个好姐姐也行。"小随阿姊学吹笙，见好君王赐与名。夜拂玉床朝把镜，黄金殿外不教行。"以学笙作为进身之路。没人举荐，只怕没有出头之日。

三是描写神态。"月头支给买花钱，满殿宫人近数千。遇着唱名多不语，含羞走过御床前。"第八十八首，写宫人娇羞，惹人怜爱。

"会仙观内玉清坛，新点宫人作女冠。每度驾来羞不出，羽衣初着怕人看。"第一二九首，写宫人尚不适应新的环境，以道装为丑，用遮羞不出，掩盖一百个不愿意。

四是以首饰之美衬托人美。"翠钿贴靥轻如笑，玉凤雕钗袅欲飞。"

五是用服装的特异，标识地位身份。

"六宫一例鸡冠子，新样交镂白玉花。"这是着淡装、道装的六宫妃子们已厌奇装异服，换换样追求新颖，为博得君王的欢心。而真正被派去当女官的人，从所着的"鹿皮冠子淡黄裙"来看，地位显然降低了许多，她们对已抛弃的后宫歌舞还非常眷恋。

六是写动作敏捷，显示勇敢、机智。

"侍女争挥玉弹弓，金丸飞入乱花中。一时惊起流莺散，踏落残花满地红。"花蕊夫人在这首诗里动词用得极其灵活。

"秋晚红妆傍水行，竟将衣袖扑蜻蜓。回头瞥见宫中唤，几度藏身入画屏。"写宫女玩耍怕被发现，其躲藏之快透出聪明。

七是描写心理活动。

心细多乖巧，斗草见高低："水中芹叶土中花，拾得还将避众家。总待别人般数尽，袖中拈出郁金芽。"整个过程显出绝具灵慧。

玩得痛快，又怕惹来麻烦，见第九十九首：

> 日高房里学围棋，等候官家未出时。
>
> 为赌金钱争路数，专忧女伴怪来迟。

即便是极得宠幸的"后宫阿监"还免不了朝朝暮暮提心吊胆："承奉圣颜忧误失，就中长怕内夫人。"相形之下，天子的脉搏好摸，而夫人的深心难测呀！

这个襄罗巾的太监，处境比给天子薰衣"辄更阑"的宫女强得太多了。那个得不到君王、后妃赏识的人，心凉到底："一枕西风梦里寒。"

宫廷里，钩心斗角的事情，没有一件能逃过花蕊夫人的眼睛，不需特意搜罗，扫视所及，看穿肺腑。那个"偷教鹩儿"的妃子，因羡鹦鹉念诗，心生妙计，要以"八哥儿"的利口，压她一溜跟头。

各式各样的人，带着美好的想象，在角逐着……

八是留下悬念。

> 斗草深宫玉槛前，春蒲如箭荇如钱。

> 不知红叶阑干曲，日暮何人落翠钿？

输赢未卜，高下难分，赌樱桃掷双陆与此诗相近。

> 分朋闲坐赌樱桃，收却投壶玉腕劳。

> 各把沉香双陆子，局中斗累阿谁高？

前诗描写斗草时的环境，后诗叙述玩兴的倾斜。但均以疑问句结尾。

另外两首诗，结尾如同七嘴八舌地争问。第一三七首，众宫女问丢钗的人："拾得从他要赎么？"这是一句问话，发自石榴花丛的美人嘴里，一片笑声中推测，一定要不惜代价赎回金钗的。第一四三首诗，宫人早起看见不认识的扫地夫，给他钱，只求他回答："外边还似此间无？"有问无答，事实是正确的答案。有一点常识的人，都会清楚：外面是大千世界，正翻卷着战争的风云。

## 蜀主遇害，花蕊玉殒

蜀主孟昶，原名仁赞，改名为昶。他的父亲孟知祥系两川节度使，被封为蜀王，历史上叫做后蜀。自称帝未久，病死，传位于昶。父子两代，共在位32年。孟昶公元934年即位，公元965年遇害。

宋太祖赵匡胤以7万兵力打败了兵众粮多的后蜀。孟昶成了降虏，后妃宫嫔都成为亡国之妇。宋太祖封孟昶为检校太师兼中书令，授爵秦国公。宋太祖召孟昶饮酒，不久孟昶毒发而死。为其特建的500间大厦，收归大内。

花蕊夫人的《述国亡诗》发出对误国害民的蜀主的痛斥。不平之意，愤慨之情，可断行云，可遏流水，信知巾帼不让须眉：

> 君王城上竖降旗，妾在深宫哪得知。

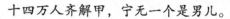

十四万人齐解甲，宁无一个是男儿。

文韬武略，威风尽扫。罪在君王，无可恕矣。后蜀不是兵微将寡，错在君王不能识人善任。

爱国情，亡国恨，折磨着花蕊夫人。虽被宋太祖封为妃子，但誓志再不写诗。

成往事，"百子楼"上回望："绿荫红艳满池头"。又浮起，"绕树藏身打鸟儿"。爱只爱君王多才多艺，感只感君王义重情深。谁稀罕楼台歌舞，懒重演禁中藏春。闷悠悠，韶华虚度，忽铭记，暗示写真。

花蕊夫人似从噩梦中醒来，铺纸，蘸墨，不敢画"赭黄袍"、"白玉冠"，还是画一帧俏郎君的风流肖像吧！所以，后来对宋太祖说这是"张仙送子"也没露出破绽。

花蕊夫人画名大噪，妃嫔、女官，求画的接踵而至。孟昶啊！就成了受宫廷美女敬祀的、后又受广大民间妇女膜拜的真神。

宋太祖心血来潮，让花蕊夫人去陪猎。暗箭难防，赵光义虚张的弓，忽然转向花蕊夫人，血流如注。

血滋润沃土，沃土培育名花。为权位之争消除障碍者比比皆是，何止赵氏兄弟？

美人弃世，或说是玉殒香消，或说是玉碎珠沉。实际上，花蕊夫人既是诗人，又是画家，其158首诗和流传下来的画，皆可视为稀世明珠，两代名花，艳超群芳，深宫揭秘，红颜大成。

# 第 六 章

## 幽怨断肠才女
## ——朱淑真

　　朱淑真，钱塘（今浙江杭州市）人，自号幽栖居士。大约生活在北宋末、南宋初，生卒年不详。她多才多艺，除工诗词外，兼通书法、擅丹青、识琴谱、解音律。她的婚姻家庭生活很不美满，痛苦、压抑的生活，使她抑郁而终。她的作品多抒写个人爱情生活的郁闷和忧伤，情调过于伤感，表现出她寂寞哀愁的情怀。其诗似乎由本人整理过，但原稿已由其父母"一火焚之"不可复得，后经宋人魏仲恭（字端礼）在"百不一存"的情况下，搜集整理，得诗 10 卷，集中诗句用"断肠"二字竟有多处，故名曰《断肠集》。

## 西子才女，深闺幽怨

　　朱淑真的少女时代到出嫁前是在绣楼里度过的，在这个与外界隔绝的环境里，终日赏花吟月，赋诗抚琴，过着天真烂漫的少女生活。周围环境的美，文学艺术的美，使她以女性特有的敏感细腻的感情，对周围的一切事物有一种强烈的爱，也使她产生了一种强烈的对美的追求。早期她那明快舒畅的诗作，就是这种优越生活的真实写照，如她的《晚春会东园》等：

> 红叠苔痕绿满枝，举杯和泪送春归。
> 鸹鹕有意留残景，杜宇无情恋晚晖。
> 蝶趁落花盘地舞，燕随狂絮入帘飞。
> 醉中曾记题诗处，临水人家半掩扉。

纳凉楼堂

> 微凉待月画楼西，风递荷香拂面吹。
> 先自桂堂无暑气，那堪人唱雪堂词。

夜留依绿亭其一

> 水鸟栖烟夜不喧，风传宫漏到湖边。
> 三更好月十分魄，万里无云一样天。

　　这些小诗，用清新明快的语言，把自己闲步踏青、春游东西园、观花看柳、戏蝶逐燕的无穷乐趣和盛夏在西楼、桂堂纳凉、读书待月的清爽兴致及夜留依绿亭观看的只闻更漏，万物悄然的景致，展现在读者的面前，使我们既随朱淑真游了一遍她家的胜地，又窥视了她天真浪漫的行迹。

春花秋月，一年四季的交替变换，乃至最细微的景物变化，都引起她不可遏制的诗情。她在《惜花》诗中吟道：

> 生情赋得春心性，剩选名花绕砌栽。
>
> 客到且堪供客眼，诗悭聊可助诗才。

姑娘都喜爱鲜花，展望着自家园内五彩缤纷的花卉，给她带来了无尽的喜悦，使她诗兴大发。

在"穷日追欢"之余，整日待在绣楼里，眼看着时光的流逝，每天又无所事事，朱淑真突然觉得有些孤独寂寞之感，因此她写道：

> 闲将诗草临轩读，静听渔船隔岸歌。
>
> 尽日倚窗情脉脉，眼前无事奈春何。

《春月即事》表达出她无所用心地读诗写字，是为了掩饰内心的空虚，而芳心却早被那隔岸渔船上的情歌所打动。终日关在闺房中的大家闺秀也只能以对春的无奈，来婉转地表达对爱的追求。再看她的《羞燕》诗：

> 停针无语泪盈眸，不但伤春夏亦愁。
>
> 花外飞来双燕子，一番飞过一番羞。

这首诗真实地透露了朱淑真的心迹。寂寞惆怅的心情，使她愁到放下手中的针线，闷不作声地泪浸双眸的地步，尤其是当她看到那成双成对飞来的燕子，更使她为自己的形只影单感到阵阵娇羞。

咏花吟月，抒发不尽自己的情怀，朱淑真在爱山、爱水、爱花、爱月的情趣之上，才情、灵秀与敏感更激起她对人杰之爱的情思，在《探梅》诗中她咏道：

> 温温天气似春和，试探寒梅已满坡。
>
> 笑折一支插云鬓，问人潇洒似谁么？

严冬里温煦的春意，撩拨着少女心中的柔情，此时的淑真已出落得光彩照人，到了待字闺中的年龄，春意之美泛起她对美好爱情的向往，当她折一枝露珠晶莹，娇艳怒放的寒梅，矜笑着插向云鬓的时候，还忘不了掩住娇羞，低低地问一句：我俊不俊美，像谁呢？春天的魔力和蜜意柔情的气氛使这个含情脉脉的少女情思在内心萌动，尽管宦家小姐的矜持、羞涩阻止她展露情怀，但怀春的翅膀也已悄悄地展开，因而，朱淑真又作诗一首，《秋日偶成》：

> 初合双鬟学画眉，未知心事属他谁？
>
> 待将满抱中秋月，分付萧郎万首诗。

诗意是说双鬟初合，标志着少女时代已经结束，可我还不知道未来所嫁的夫婿是一个什么样的人。但朱淑真希望心中的夫君应该是一位能诗会赋的知音。她编织着爱的美梦，诗女配才郎是她的愿望，能有共同的爱好和情趣，能诗词唱和，才华横溢的人才是她理想的伴侣。在诗中，她大胆直率地交待了自己择偶的标准。可这样的意中人是否能顺利地寻找得到呢？

有一首《湖上小集》诗这样写道：

> 门前春水碧如天，座上诗人逸似仙。
>
> 白璧一双无玷缺，吹箫归去又无缘。

朱淑真画像

这是朱淑真以她闻名的诗才受到邀请，来参加在西湖岸边春日里的一次诗会。就在这次诗会上，她结识了一位飘逸似仙的青年诗人，他也和淑真一样在座上吟咏的诗最为出色，这使她感到就像"白璧一双无玷缺"一样，顿时萌生了好感，对他产生了爱恋倾慕之情。因而，也曾同他作诗唱酬，成了文友。可惜的是好景不长，"吹箫归去又无缘"，也不知什么原因，朱淑真与这位风流潇洒的理想意中人却无缘相结合。但这种美好的爱情使她憧憬，她也盼望着有一天这样一位才貌双全的才子，以其理想伴侣的身份走进她的生活天地。

朱淑真向来不甘拘束，从小养成的性格使她在言行之中有些放荡不羁。因此她也曾有过与男人的初会，并填了一首词记录下来，这就是《清平乐·夏日游湖》：

恼烟撩露，留我须臾住，携手藕花湖上路。一霎黄梅细。娇痴不怕人猜，随群暂遣悉怀。最是分携时候，归来懒傍妆台。

这篇大胆奔放、充满激情的词作，记载了朱淑真与相会的男友携手夏游西湖的真实经历，描述了她对一次爱情生活的体验。短短的40字，朱淑真以她神来之笔，就把一个初欢中的女子情态写得活灵活现。

自由恋爱的幸福是短暂的，封建礼教犹如寒冷的北风，扼杀着人的个性生命，包办婚姻制度从根本上扼杀了朱淑真爱的幻梦、爱的追求。父母害怕女儿这样发展下去，在当时的社会影响不好，有辱家门，所以就站在维护封建礼教制度的立场上，把担心嫁不出去的女儿匆匆地许配出去。在一片肃杀、冷酷的气氛中，朱淑真只能听从父母之命、媒妁之言，被迫嫁与一个从不相识的男子，安排了自己的后半生。


# 闺中之秀，待嫁谁家


朱淑真这位多才多艺的"闺中之秀，女流之杰"，将要许配给一个什么样的人呢?聪颖的朱淑真，对爱情有自己的追求，对伴侣也有自己择偶的标准，只可惜那时的社会不允许自己去自由选择，只能遵从父母之命，嫁鸡随鸡，嫁狗随狗。但她仍然希望自己的夫婿是一位才貌出众的有所作为的翩翩少年。况周颐在《蕙风词话》卷四云：（朱氏）"夫家姓氏失考，似初应礼部试……其后官江南者"。朱惟公亦云：（朱氏）一夫姓失考。《贺人移学东轩》、《送人赴试礼部》二诗，似赠外之作，其后官江南"。他们的说法也都是推测，"夫姓失考"，打宋时起就失考，清时也不大可能考得出来。说朱淑真的《贺人移学东轩》、《送人赴试礼部》二诗好像是赠外之作，有些没道理，赠人之作是对的，但这"外"字古时专指妻子称呼丈夫或未婚妻称未婚夫的，所谓"内外有别"，就是夫妻有别的意思。再者说，"赴试礼部"，显然已经是一位考中的举人要进京去考进士的，而举人的地位就已经不低了，连县官见了都得行礼，并与知府都平起平坐。可在朱淑真的作品中，无论如何也找不到其夫有这样的功名。所以说她这两首诗像是赠予一位有才有志的亲戚或朋友的。这位被赠之人，是否能高榜得中，也无从考究。不论考上与否，此人都不可能是朱淑真的未婚夫。不过从这两首诗中我们可以看出朱淑真对所赠之人的希望，也是她所期待未来丈夫所能做得到的。《贺人移学东轩》云：

> 一轩潇洒正东偏，屏弃嚣尘聚简编。
>
> 美璞莫辞雕作器，涓流终见积成渊。
>
> 谢班难继予惭甚，颜孟堪希子勉旃。
>
> 鸿鹄羽仪当养就，飞腾早晚看冲天。

这是朱淑真为所敬重的亲戚或朋友移到朱家东轩房借读，复习功课准备应考而作的。她对这个人的看法很好，甚至有意于他，所以为他打扫整洁了东轩，并摆好了应用的书卷，希望他是一块美璞能雕琢成器，他是涓涓小流能积聚成渊，叹息自己是难以继承谢道韫与班昭的才华，鼓励他只要不断勉力，就一定能把颜渊（孔子第一弟子）和孟子的学识掌握在手中。只要能有鸿鹄之志，刻苦钻研，就一定能学业有成，飞腾冲天。可见她对他愿望是美好的，希望也是莫大的。

这一年，当这位寄读于东轩的好友要去赶考时，朱淑真又作了一首《送人赴试礼部》：

> 春闱报罢已三年，又向西风促去鞭。
>
> 屡鼓莫嫌非作气，一飞当自卜冲天。
>
> 贾生少达终何遇，马援才高老更坚。
>
> 大抵功名无早晚，平津今见起淄川。

从这首诗中可以知道，此人三年前已经考过了，这次是继续去应考。朱淑真仍在鼓励他再鼓作气，一定能一飞冲天，夺取功名不在早晚，只要坚持就会成功。她作为一个女子，在社会上没有出路，因此要实现自己的理想和愿望只能把希望都寄托在能冲入社会的人身上，所以希望这位亲朋好友能尽快金榜题名，大干一番事业。

年约 19 岁的朱淑真，心中藏着对未来的美好憧憬，暗暗地在为他使劲，同时也在企盼着、等待着。这个意中之人赴试走后，朱淑真在她《秋夜牵情》中写道：

纤纤新月挂黄昏，人在幽闺欲断魂。

笺素拆封还又改，酒杯慵举却重温。

灯花占断烧心事，罗袖长供把泪痕。

益悔风流多不足，须知恩爱是愁恨。

这是朱淑真在他进京考试久别不归之时，于"幽闺"中等待心情的表达。

少女时代的朱淑真，就已显示了她超群的诗才，她所写的诗，内容很多也很广，但在她所存的集子中却没有一首是关于其夫登榜高中、两亲家婚宴喜庆、新人洞房之欢等等这类内容的作品。从这个侧面，我们断定朱淑真对自己的婚姻并不满意。但她也只好委曲求全，不得不离开父母，随着或花钱买个小官的丈夫去任职，或经商去远游。

新婚的生活，应该是甜蜜的，可在《断肠集》中很难找到这样的诗句。她希望自己的丈夫能飞黄腾达，仕途得志，她更向往与丈夫有一个恩恩爱爱的未来，共享诗书之乐。可现实与理想背离的很远。有时她与丈夫一起去从宦，在途中，面对山川景色，她欣赏大自然，遣怀吟诗，却得不到丈夫的唱和与相随，一种失望之感与不满的情绪在心底升起，在她的诗中，也不知不觉地流露出来。从宦的路途可能是很远并且都是水路，光是《舟行即事》诗就写了 7 首，其一是：

帆高风顺疾如飞，天阔波平远又低。

山色水光随地改，共谁裁剪入新诗。

其四

对景如何可遣怀，与谁江上共诗裁。

> 江长景好题难尽，每自临风愧乏才。

诗中说小舟一路顺风的行驶，速度快得很，两岸水光山色的风景也在不断地变幻着，江长、景好，会有无数的诗的题材，可惜是谁能与我一同把它写进新诗里呢？

其二

> 画舸寒江江上亭，行舟来去泛纵横。
>
> 无端添起思乡意，一字无边归雁声。

其三

> 满江流水万重波，未似幽怀别恨多。
>
> 目断亲闱瞩不到，临风挥泪独悲歌。

其六

> 扁舟欲发意如何？回望乡关万里余。
>
> 谁识此情断肠处，白云遥外有亲庐。

这3首诗道出了朱淑真远离家乡，思念故乡，想念亲人的思乡之情。她的离愁别恨、肠断心碎，却无人相知，悲歌只能自己独自挥泪吟唱。

这些诗的情调，大都是哀怨、缠绵的，看来夫妻两人的情趣不一样，或知识水平的档次不同，他们之间很难有知心的话语相通，更难有感情上的共鸣。

大约3年的时间，朱淑真随夫宦游了吴、楚、荆、湘等地，却不见对名胜古迹的游览吟咏，说明她与丈夫两人的感情生活抑郁，没有欢快的激情，也缺少游玩山水的兴致。因此，在思乡的基础上，更增添了思念娘家亲人的情调。她的《寄大人》诗，就是在这期间写下的，诗云：

> 去家千里外，漂泊若为心。
>
> 诗诵南陔句，琴歌陟岵音。
>
> 承颜故国远，举目白云深。
>
> 欲识归宁意，三年数岁阴。

和前韵见寄　其二

> 忆昔江头别，相看对古津。
> 去来分橹棹，南北隔音尘。
> 把酒何时共，论文几日亲。
> 归宁如有约，采服共争新。

诗中尽抒自己自出嫁离娘家很远，随庸夫四处漂泊，虽有相伴却无知音的境况下，心中的苦闷之情与迫切想与父母团聚之意。

旅途的孤独，集中表现在妇唱始终得不到夫随，可见朱淑真的丈夫如果是官，也是个不学无术的俗官，如果是商人，也是个胸无点墨的庸商。所以，有时她不去追随丈夫游宦而独自一人待在家里。没有心灵的回音，也没有感情的沟通，朱淑真只有在写给朋友的《寄别》诗中愤然写道：

> 如毛细雨蔼遥空，偏与花枝著意红。
> 人自多愁春自好，无应不语闷应同。
> 吟笺谩有千篇苦，心事全无一点通。
> 窗外数声新百舌，唤回杨柳正眠中。

这个朋友的心情与她大致差不多，都有一个无人能解人意的家庭，无论春天多么美好，可彼此都在各自怀有各自的忧愁，写尽千篇的诗笺，纵有无数的苦闷，就是"心事全无一点通"。这里的"心事全无"句是引自李商隐的"身无彩凤双飞翼，心有灵犀一点通"的意思，反其道而用之，向朋友倾诉了内心大有一种与夫怎么也"点不通"的悲愤之感。

精神生活的磨难，人生命运的不幸，使朱淑真憎恶这种封建伦理道德所造成的失败的婚姻。于是，以她大胆、泼辣的性格，写下了两首《愁怀》诗，毫不掩饰地表达了对庸夫的鄙视与奚落。

> 鸥鹭鸳鸯作一池，须知羽翼不相宜。
> 东君不与花为主，何似休生连理枝。

其二

> 满眼春光色色新，花红柳绿总关情。

欲将郁结心头事，付与黄鹂叫几声。

诗中，朱淑真把自己与丈夫比作鸳鸯与鸥鹭，他们两人的结合就像把河里与海中的水鸟圈在一池一样，根本就不相配。这些满腹的心事，无处可说，只能说给黄鹂听，有一种彩凤随鸡之感。走出寂寞深闺的朱淑真，踏进的却是另一个更使人窒息的环境——无爱的家庭。以她这样一位既才华横溢又有丰富情感的女子，与一个毫无趣味的庸俗之人且又无所追求的男子生活在一起，无疑是一种令人不堪忍受的折磨。

朱淑真可能嫁给的是一个小官吏，物质上"供厨不虑食无钱"（《江上阻风》），但对于一个以追求女性生命本位为其价值取向的人来说，丰富优裕的物质生活，反而是一种禁锢人的枷锁和牢笼，因此，在《黄花》诗中，以极其悲愤之语吟道：

土花能白又能红，晚节尤能爱此工。

宁可抱香枝上老，不随黄叶舞秋风。

在诗中，朱淑真自比黄花，将俗不可耐的丈夫比作黄叶，为了自由和理想，维护女性的尊严，发出"宁可抱香枝上老"也"不随黄叶舞秋风"的吼声。

虽然她亦如多数妇女那样多愁善感，柔情万端，但她内心有一股天生不屈的泼辣劲儿，既然"东君负我春三月"，那么"我负东君三月春"（《问春》）也未尝不可！真是"劲直忠臣节，孤高烈女心"（《咏直竹》），从她要爱就爱得轰轰烈烈，不爱就绝不苟合的个性来看，为获得真正的自由，她是何等的"节"，何等的"烈"！她的在"东君负我"的前提下，也只好"我负东君"的行为无可指责。因此，可以断定，在朱淑真对不幸命运的抗争达到顶点时，也就是她与封建婚姻彻底决裂的开始。之后，他们夫妻双方大概就断绝了来往，从此分道扬镳。

回到家里，朱淑真重新陷入了日复一日的孤独寂寞之中。尽管庭园里依旧盛开着鲜花，季节不断地变换着四景，但这美好的一切仍然改变不了她忧愁的心态。她在《减字木兰花·春怨》中这样写道：

独行独坐，独唱独酬还独卧。

伫立伤神，无奈轻寒著摸人。

此情谁见，泪洗残妆无一半。

愁病相仍，剔尽寒灯梦不成。

这首小词的上片，朱淑真着重写了自己的生活起居琐事，开头的11字中，就一连用了五个"独"，造成一种一层深似一层的孤独气氛，描绘了自己难耐的孤独，使之伤心失神。其中"无奈轻寒著模人"一句，形象地写出了夏天已接近尾声，冷秋即将来临，表现出对季节变换的敏感。下片，诉说自己终日以泪水洗残妆，又不禁痛苦地问询：这种情景谁能看得见呢？因愁而病，由病又愁，直至永远不停地循环，夜来也常常是挑尽灯芯无法成眠。这些细小环节的描述，无疑是对自己孤独灵魂的直白，而毫不掩饰，这个孤独的生灵在男女不平等的文化氛围中旁若无人地高声呻吟，是她孤傲劲直性格的表露。

既然与丈夫感情、志趣不合，生活在一起就别扭，不自由，那么分开应当是一种解脱，可又为什么还感到孤独、伤神、泪洗残妆、愁病相仍呢？明田艺蘅在《诗女史》中云："作诗多忧怨之思，时牵情于才子。"明田汝成在《西湖游览志余》中云："时牵情于才子，竟无知音。"明处囊斋主人辑《诗女史纂》云："作诗多忧怨之思，以写其不平之愤，时牵情于才子，竟无知音。"从朱淑真的诗词来看，上述之说是有根据的。前文曾引她婚前与意中人相会生活的写照，《清平乐·夏日游湖》一词，便是"牵情于才子"的例证。故而在与丈夫分开后，她更加怀念昔日的"牵情才子"，在孤寂的生涯中，她也没有忘记对理想伴侣的追求。她在作品中详细记述了对意中人的思念，及随之而来的离愁、怨恨、悲痛的全部历程。

火烛银花触目红，揭天鼓吹闹春风。

新欢入手愁忙里，旧事惊心忆梦中。

但愿暂成人缱绻，不妨常任月朦胧。

赏灯哪得工夫醉，未必明年此会同。

这首《元夕》诗是朱淑真在正月十五元宵节所记述的美好的元夜

与情人相会的情景。此时的朱淑真似乎有了一个可心的意中人，诗中正是记叙了这短暂的愉快欢聚，使他们十分珍惜，甚至都没有心思去观花灯、赏明月了。高兴之余，又有几分忧愁，那就是不知明年的今日是否还能相聚，后会有期？

去年元夜时，花市灯如昼。月上柳梢头，人约黄昏后。今年元夜时，月与灯依旧。不见去年人，泪湿春衫袖。

一年之后，朱淑真写了这首著名的《生查子·元夕》词，内容是追忆去年元宵节之夜的一次难忘的约会。就是这首清丽的小词表达了朱淑真纯洁的感情，而遭受到巨大的心灵上的摧残和精神上的打击。明杨升庵《词品》说朱淑真这首《生查子》"词则佳矣，岂良人家妇所宜道邪？"明毛晋在《断肠词·跋》中云："先辈拈出《元夕》诗词，以为白璧微瑕，惜哉！"清况周颐在《断肠词·跋》中云："词学莫盛于宋，易安、淑真尤为闺阁隽才，而皆受奇谤。"封建社会的道学家也不允许这种"淫奔之词"的出现。在宋代，所谓的贞淫观是比较宽泛的，但对朱淑真这样大胆直露地表露心迹追求爱情，也是"失妇德"，大逆不道的。到了明清时期，理学已作用于人们的社会生活，封建的贞淫观被强化，成为套在妇女头上的一道沉重的枷锁，所以才出现了朱淑真失德与守德之争。从今天的观点看，她追求真正的爱情，追求理想的生活，被迫出嫁、后又离婚，并"牵情于才子"，实在是既正常又在情理之中，是无可非议的。

《元夕》一词充分描绘了朱淑真在感情上的失落。人生中，失落感是痛苦的，而感情上的失落更是如此。今年的元夜没有与意中人相见，可她仍无时无刻不在思念着他。她的那首《谒金门·春半》正抒写了她的思念之苦：

春已半，触目此情无限。十二阑干闲倚遍，愁来天不管。好是风和日暖，输与莺莺燕燕。满院落花帘不卷，断肠芳草远。

暮春的景象，使她感慨万千。思佳偶而不得，愁怀难遣，百无聊赖，无所栖息，因而，又自哀自怜发出绝望之感叹，"愁来天不管"。成双成对的莺莺燕燕可以自由自在地去欣赏享受风和日暖的美好大自然，可人却不同，所思念的人在漫天芳草的远方，思而不聚，孤独的苦闷和那香消玉陨的悲惨使之愁肠已断，以致在"满院落花"时节，都不忍心卷起竹帘去观看。

才多情也多的朱淑真，将情思深锁于自己的心中，致使"一点芳心冷若灰，寂无梦想惹尘埃"。朱淑真从深闺走进一个无爱的家庭，不合谐的夫妻生活对她是一次沉重的打击。朱淑真之所以由追求、向往、爱恋、怨恨，以致断肠的富于激情的生存状态，而步入"幽栖"这种冷静的生存状态，南宋魏仲恭在《断肠集·序》中说的清清楚楚：

一生抑郁不得志，故诗中多有忧愁怨恨之语。每临风对月，触目伤怀，皆寓于诗，以写其胸中不平之气，竟无知音。悒悒抱恨而终。自古佳人多命薄，岂止颜色如花命如叶耶！观其诗，想其人，风韵如此，乃下配一庸夫，固负此生矣。其死也，不能葬骨于地下，如青冢之可吊；并其诗为父母一火焚之。今所传者，百不一存，是重不幸也，呜呼冤哉！

最早为朱淑真作传的是南宋王唐作，可惜早在魏仲恭时就不见所传，于是他"以叹息之不足，援笔而书之，聊以慰其芳魂于九泉寂寞之滨"，这仅是对朱淑真之死所做的推测，没有明言，只是暗示而已。这段序语中的"芳魂"，表示她死时还很年轻，而且在她的诗词中也没有发现哀叹自己年纪大、容颜老的诗句，所以我们断定朱淑真谢世时恐怕只在刚刚步入中年。魏曾悲叹："呜呼冤哉！"从她"不能葬骨于地下"及"九泉寂寞之滨"，我们可以领悟到，她的死是属于非正常死亡，很可能是投水自尽的。且在她死后，没有亲人去打捞或没有打捞到她的尸体，所以又没有"如青冢之可吊"。从她家居杭州来看，这"寂寞之滨"可能与西湖之水有关。

作为一位传世粉黛之才，却具有如此悲哀之身世与凄凉之结局，确实令人一洒同情之泪。朱淑真以她隐晦、模糊的远镜头身影，塑造了一个断肠泪美人的形象，一个封建社会中妇女的悲剧式的美的人物。

# 彪炳史诗，女中之杰

朱淑真的诗词作品曾引起历代评论家的注目。评论最早的是南宋的魏仲恭，他在《断肠集·序》中说"搞辞丽句，固非女子之事；间有天姿秀发，性灵钟慧，出言吐句，有奇男子之所不如"，说她的作品"清新婉丽，蓄思含情，能道人意中事，岂泛泛者所能及，未尝不一唱三叹也"。接着是元杨维稹，他在《曹氏雪斋弦歌集序》中云："女子诵书属文者，史称东汉曹大家氏。近代易安、淑真之流，宣徽词翰，一诗一简，类有动于人。"继而有明李攀龙在吴从先辑《草堂诗余隽》卷二中云："李清照《如梦令》写出妇人声口，可与朱淑真并擅词华。"明陈霆在《渚山堂词话》卷二中云："古妇人之能辞章者，如李易安、孙夫人辈，皆有集行世。淑真继其后，所谓代不乏贤。"清陈廷焯《词则·大雅集》云："宋妇人能词者，自以易安为冠，淑真才力稍逊然，规模唐五代不失分寸，转为词中正声。"等等这些评论，无论是说朱李在宋代文坛上"并称"，还是"朱不如李"，我们感到朱淑真在"欲掩其名，不可得耳"（魏仲恭语）的情况下，享有如此高的盛誉，实在是不容易的。在没有任何历史资料记载的条件下，我们只有去欣赏朱淑真这"闺中之秀，女流之杰"（明杜琼语）一流粉黛的传世佳作。

尽管朱淑真的一生，充满着爱情与婚姻的双重不幸，但从她诗词成就及对中国古代文学史的贡献来看，她也并不是一个单色调的断肠才女。当在少女时代，伴着年龄的增长，思想及文学艺术修养的加深，作为诗人，除有她纯情与独特的敏感之外，意识很少只停留在随着自然界的红衰翠减而产生的几许愁绪，她的着眼点越来越高，也就越来

越觉得闺阁生活的束缚。她在《自责》中这样写道：

其一

女子弄文诚可罪，那堪咏月更吟风。

磨穿铁砚非吾事，绣折金针却有功。

其二

闷无消遣只看诗，又见诗中话别离。

添得情怀转萧索，始知伶俐不如痴。

这是朱淑真站在历史和社会的高度，为所有有知识有文化的女性在失去了人之为人的本位，承受着不公平命运所带来的悲哀之中，发出的反抗之声，这里既有对封建社会"女子无才便是德"的辛辣讽刺，又与苏东坡"人生识字忧患始"、郑板桥"难得糊涂"一样富于生活的哲理。在那样的时代，敢于这样提出问题，大胆地愤怒控诉，本身就是具有一种叛逆精神，是对神圣不可侵犯的封建传统礼教的挑战，也是她本身有志不得展，有才不得施的弱女子对现实的无情嘲讽。"磨穿铁砚非吾事，绣折金针却有功"的呼声，在女作者中已属少有之音。虽然没人能理解，但朱淑真也没有自我封闭，以她的志向仍在关注着社会，这些思想内容在她的诗中时有流露，如《春日亭上观鱼》：

春暖长江水正清，洋洋得意漾波生。

非无欲透龙门志，只待新雷震一声。

在诗中她盼望着新雷的到来，在她的身边震吼一声，好透出自己的龙门志。《古今女史》云："末一句，意志凌霄汉。"这是一种什么样的"志"呢？她在《卧龙》诗中表明了这种"志"：

角莹纤琼鳞粲金，拥珠闲卧紫渊深。

时来天地云雷与，起作人间救旱霖。

这"起作人间救旱霖"之志，绝不亚于须眉，表现了她恢弘的气势，庞大的志趣和过人的才华与胆识，完全不同于一般女人的胸襟，"出言吐句，有奇男子之所不如"（魏仲恭）。

正因为朱淑真是一位有志的女子，因此，她的笔锋触及社会和历史的时候，便会闪现出耀眼的光辉。她的《读史》这样写道：

笔头去取万千端，后世遭它恣意瞒。

王霸漫分心与迹，到成功处一般难。

朱淑真以诗抒发了自己对历史的独到见解，告诫人们读书不要甘受古人之欺，应善于反思。在《咏史》10首中，她写了项羽（二首）、韩信、张良、陆贾、贾谊、董仲舒、晁错、刘向（二首）8人，歌颂了这些在我国历史上曾上书献策，为治理国家作出贡献，极负盛名的政治家和文学家。

在咏史诗中，朱淑真高度称颂了项羽英雄末路的气概，慨叹兵败乌江的项羽的不幸，又指出了他不能用人的弱点；赞赏了能忍胯下之辱的韩信、功成身退的张良；点评了陆贾能著书使皇上感悟；暗寓了对贾谊不遇于时的叹惋及才能得失等等，笔力雄健，挥洒自如，不落俗套。朱淑真能集中地写出这些有胆有识的伤时感世的咏史诗，本身就透露了一定的时代气息，是很有深意的，同时也远远超出了一个闺中之女所能具备的思想和眼光。

朱淑真断肠诗集

应该说朱淑真在这些咏史诗中，显示了一定的超出艺术范围之外的才华，使我们从中可以看出在她的内心世界里，并不光是女人眼中的春花秋月。历史风云、时代兴衰在她心中也占有一定的位置。她能结合所处的社会，把自己对历史人物的评价用诗的语言表达出来，这对一个封建社会中的女子来说是非常不简单的。

更使我们觉得朱淑真这个才女可爱的是，她还能把自己的目光投向那些生活在最底层的劳动人民身上，并寄予了自己深深的同情之心。

朱淑真是一位富裕家庭的大家闺秀，从小过着优越的生活，春天里"日长无事人慵困"（《中春书事绝句》），"闲将诗草临轩读"（《春日即事》），夏天中也是"起来无个事，纤手弄清泉"（《夏枕自咏》），"独自凭阑无个事，水风凉处读文书"（《夏日游水阁》），可是当她看到"赤日炎炎烧八荒，田中无雨苗半黄"（《喜雨》）时，她焦急万分，因而在《苦热闻田夫语有感》诗中，我们感觉得到她是怎样走下绣楼，来到田夫中间，听他们说苦热，而激发出她的诗情，面对农民"云霓不至空自忙"、"田中青稻半黄槁'的残酷现实，寄予了对三伏中又苦又热车水救旱的农民无比真切的同情，对安坐高堂之上消闲避暑的豪家纨绔子弟，发出了愤怒的指责和质问，表达自己的爱憎。这也是一首直接干预社会、干预政治生活的诗。她在《膏雨》中描绘了一场贵如油的春雨之后，垂杨的绿色变得更浓重了，春天吹散了像飞烟卷雾一般的雨气，新生的芳草绿茸茸地铺展在大地上，润透了桃花蕾也慢慢地裂开了红嘴。这是一场春雨之后的生动景色的写照。接着又称赞膏雨的有意润物的功劳和默默施工催花的作用，才使农民扶着犁耙翻出一垄垄的田地，使生活充满着希望。朱淑真目睹一场膏雨过后，想到的不只是自己狭小的生活天地，而是大地里一派生机的景色和农夫们的辛勤耕作。她触景生情写下这首诗篇，充分地展示出她丰富的内心世界与高尚的情操。

无论朱淑真生活在什么时代，她都没有只沉湎于个人的不幸悲哀之中，因为她时常倘徉于大自然的美景之中，五彩缤纷的世界，繁花似锦，无时不在使她遗情遣怀，抒发对美丽大自然的热爱，对锦绣山川的依恋。在她吟咏春花雪月、碧草树木的同时，既尽表自己对生活、对美的追求与热爱的真实感受，更托物言志，以表自己的心迹。

朱淑真喜欢四季的香花，她更爱兰花，因为"珍重故人培养厚，真香独许寄庭阶"（《乞兰》），她倾慕兰花的独立、清香。她喜欢梅松竹，在将写景、咏物、抒情融于一词的长调《念奴娇》中，出于对洁白如玉的雪的偏爱，用极为真切自然的语言，描绘了一幅严冬漫雪嬉戏图。最后在天有不测风云，"争奈好景难留"的景况下赞美"梅花依旧，岁寒松竹三友"，同时也自我勉励，要像梅竹松岁寒三友那样，具有不畏风寒的傲然志节。在她的小诗中，还分别吟咏了她喜爱的竹，称它"纷纷桃李皆凡俗，四时之中惟有竹"（《代谢人见惠墨竹》），特别是在《咏直竹》中吟道：

> 劲直忠臣节，孤高烈女心。
>
> 四时同一色，霜雪不能侵。

竹的幽雅绝俗、高洁劲直的性格都尽表在20字的诗中，同时也是朱淑真品德的再现。再看她的《对竹一绝》：

> 百竿高节拂云齐，千亩谁人美渭溪。
>
> 燕雀漫教来唧噪，虚心终待凤凰栖。

诗中表白自己要像高耸云霄的竹子一样具备凌霄汉的劲节之志和不慕富贵，守志不阿的人格，决不与"燕雀"一类的世俗小人同流合污，与高洁的凤凰为伍才是诗人的选择。朱淑真也爱梅，因为"争先何物早，唯有后园梅"（《除夜》），"梅花姿逞春情性，不管风姨号令严"（《雪》），只有梅花，才能在严寒的冬季孤芳自艳，斗雪傲霜，这也正是她自己的化身再现。因而她才"笑折一支插云鬓，问人潇洒似谁么"。

朱淑真的诗词作品，丰富多彩。在比较广泛的思想内容中显露着她独特清新婉丽的风格，像《菩萨蛮》：

> 山亭水榭秋方半，凤帏寂寞无人伴。愁闷一番新，双蛾只旧颦。
> 起来临绣户，时有流萤度。多谢月相怜，今宵不忍圆。

这是朱淑真在"秋方半"的仲秋时节，在寂寞无人伴的凤帏中，哀叹自己的新怨旧恨时所倾吐的孤独之感。还有她的小诗《清昼》（也作《初夏》、《即景》）：

> 竹摇清影罩幽窗，两两时禽噪夕阳。
>
> 谢却海棠飞尽絮，困人天气日初长。

这首诗读起来不光是给人以清新的感觉，还使人觉得琅琅上口，因为诗中的字如"清"、"幽"、"尽"、"困"等，选得都很别致，信手创造出一种优美的宁静的境界。格律中的平仄运用也是错落有致，很有韵律之美，她的小诗几乎都是这样的。

朱淑真的诗词虽然写得很清浅，却也多用古时的传说故事与典故等，这便是她的"婉丽"所在。如《贺人移学东轩》中"谢班难继予惭甚，颜孟堪希子勉旃"、《送人赴试礼部》中"贾生少达终何遇，马援才高老更坚"、"平津今见起淄川"，《寄大人》中"诗诵南陔句，琴歌陟岵音"，《题余氏攀鳞轩》中"易惊谁羡叶公室，入梦当为傅说霖"，"卧庐曾比崇高志，肯忆当时《梁父吟》"等等，及在咏史诗中，对历史的了解及对历史人物的熟知，是她写好诗的前提，从中我们可以看出朱淑真在她官宦人家及书香门第中所受到的文学艺术的潜移默化的陶冶，诗书文史耳濡目染的知识熏染，使她具有很深的文化修养，触景所生的不是一般之情，感事所遣的也不是一般之怀。因而写诗对她来讲比较轻松，不过是信手拈来。

朱淑真如此有文采，可朱文公在《朱子语类》卷一百四十中云："本朝妇人能文，唯李易安与魏夫人。"实际上，朱淑真在文学上的造诣是小有名气的，与李不相上下，又远远超过魏，可朱熹却只提到李、魏，而没有提及朱淑真，似乎是有些原因。历史上有人认为她是朱文公侄女，也许有一定的道理。可也有人从年龄和籍贯上给否定了。无论他们的关系是否是叔侄（这里不做考证），朱熹作为理学魁首，主张妇女遵守三从四德，一切都得讲求规矩，对朱淑真追求个性解放，与他提倡的道学背道而驰的行为，是格格不入的，因而在"本朝妇人能文"者中，只字不提朱淑真。

## 一火焚之，百不一存

朱淑真不但善于填词赋诗，还会弹琴绘画，并写得一手"银钩精楷"（《蕙风词话》小字，总之是一位才貌出众的女子。她懂音律喜欢

抚琴唱曲，在整日无所事事的闺阁中常常是"抚琴闲弄曲，静坐理商宫"（《小阁秋日咏雨》）、"环坐红炉唱小词，旋斟新酒赏新诗"（《围炉》）、"春波醺处多伤感，那得心情事管弦"（《答求谱》），在词中也是常常吟咏出自己歌舞的生活，像"办取舞裙歌扇，赏春只怕春寒"（《西江月·春半》）、"见自无心更调离情曲"（《点绛唇》）。她喜欢松、竹、梅，不仅在诗词中常常赞颂其高洁的品格，而且善画。明代著名画家杜琼在《东原集·题朱淑真梅竹图》中称道："右《梅竹图》并题，为女子朱淑真之迹。观其笔意词语皆清婉，似非女人之所为也，夫以朱氏乃宋代能文之女子，诚闺中之秀，女流之杰者也。"明沈周《石田集·题朱淑真画竹》诗云："绣阁新编写断肠，更分残墨写潇湘。垂枝亚叶清风少，错向东门认绿杨。"

朱淑真的字写得也很好，清中期嘉兴女子徐范曾集得晋、唐、宋、元四朝代卫茂漪、吴彩鸾、长孙后、薛洪度、朱淑真、胡惠齐、张妙净、曹妙清、管仲姬、沈清友、叶琼章、柳如是等12家墨迹，装潢一卷，其自有跋文，称为《玉台名翰》，原墨迹手卷题为《香闺秀翰》。不幸的是其中长孙后、朱淑真、沈清友、曹妙清4家墨迹已丢失，卷尾当湖沈彩的跋文也残缺，其他都完好。战乱平息后，逸亭金氏得到宜兴程璋借勒上石。金氏顷得标本甚精，并朱淑真书残石别藏某氏者也得拓本。"淑真书银钩精楷，摘录《世说·贤媛》一门，涉笔成趣，无非懿行嘉言，而谓驵妇能之乎；'柳梢、月上'之诬，尤不辨自明矣"（况周颐《蕙风词话》卷四）。尽管徐范集得的这些墨迹，多数没有出处，从况周颐对朱淑真字的评价来推断，她的"银钩精楷"字一定写得不错，否则不可能被徐范集在《玉台名翰》，后又拓为《女子习字帖》中。

朱淑真喜好赋诗填词，一生中写下了不少的作品。但原稿已由父母在她离世之后"一火焚之"不可复得。在南宋孝宗淳熙年间，出任平江通判的宛陵人魏仲恭在"百不一存"的情形下辑得了遗作300余首。魏仲恭将辑得的这300余首诗词，搜集整理得诗10卷，屡次吟咏其诗，发觉集中诗句用"断肠"二字竟有多处，如：

谁识此情肠断处，白云遥外有亲庐。

《舟行即事》其五

梨花细雨黄昏后，不是愁人也断肠。

《舟行即事》其六

翠眉独坐水窗下，泪滴罗衣暗断肠。

《恨春》

哭损双眸断尽肠，怕黄昏后到黄昏。

《秋夜有感》等等诗篇，遂将朱淑真的诗集取名为《断肠集》，使这本诗集既触目惊心又意味深长。"宋人郑元佐为《断肠集》作注，在10卷之外又增后集7卷，此本辗转流传，已有残缺。后经清人丁丙等拾遗补阙，又增诗8首，从此形成近代通行本的规模"（王乙）。

朱淑真的词集，据陈振《直斋书录解题》载为1卷，但已佚。后经明人毛晋搜辑，得明初洪武间抄本《断肠词》1卷，共16调，27首。近人唐圭璋《全宋词》收朱词25首（包括一句），存目7首，共32首。毛晋又将朱淑真的《断肠词》与李清照的《漱玉词》合刊在一起为《诗词杂俎》。正是由于《断肠集》与《诗词杂俎》两部集子的存在，朱淑真的名字才得以流传下来，现又有足本由浙江古籍出版社出版的《朱淑真集注》和上海古籍出版社出版的《朱淑真集》并行于世，才使朱淑真这断肠才女的芳名没有埋没于历史。

朱淑真是我国明代以前女作家中，在"百不一存"的情况下留存诗词作品数量最多的人，计有诗328首，词31首零一句，文一篇。可见她聪慧敏捷的才情和及物即吟的勤奋之笔是无人可比拟的。

朱淑真所留存下来的300多首诗词，是难得的文化遗产，诗苑的宝藏，她的作品记录了她的才华与为人，也是她一生哀乐生活的真实写照。她用尽生命的力量向黑暗的现实发出最后的抗议和控诉，其伟大的勇敢精神，将永远激励着后人！让更多的人都来认识朱淑真、了解朱淑真。也希望更多的专家、学者进一步去研究朱淑真，并还予她在中国文学史上的应有的地位。

# 第七章

# 雪若柳絮风起
## ——谢道韫

　　谢道韫(349~409)，咏絮之作的起源，东晋著名才女。谢道韫的著作，《隋书·经籍志》卷四的"别集"部中著录有《谢道韫集》二卷，历经沧桑，今已亡佚；现在只有清人严可均的《全上古三代秦汉三国六朝文》收有她的《论语赞》一篇，近代丁福保所辑的《全汉三国晋南北朝诗》中保留了她的《登山》、《拟嵇中散咏松》等二诗，共存三篇。辛亏《晋书》、《世说新语》等载籍中保留了她生平行实和若干遗闻轶事的记述，综合起来大致还可以勾勒出谢道韫其人的轮廓，不仅可以觇见她的才情，而且还能体现她的很不平凡的有特征的个性。

# 子弟集聚，论诗咏絮

咏絮一事，是谢道韫一生中最为人所称美的轶事，她的才女之名，也由此事而得。《世说新语·言语》记其事道：

谢太傅寒雪日内集，与儿女讲论文义。俄而雪骤，公欣然曰："白雪纷纷何所似？"

兄子胡儿曰："撒盐空中差可拟。"

兄女曰："未若柳絮因风起。"

公大笑乐。即公大兄无奕女，左将军王凝之妻也。

谢太傅即谢安，是东晋后期支撑半壁江山、当政时期战败了苻坚百万大军的一代名相，死后追赠太傅。《世说新语》是刘宋时刘义庆所撰，追记前朝的事情，所以写谢安最终的官衔，那时谢道韫还是小女孩，还没有出嫁，文中称她为"王凝之妻"，也是后人追书之词。

文中的胡儿，是谢朗的小名。谢朗是谢安二哥谢据的儿子；谢道韫是谢安长兄谢奕（字无奕）的女儿，她和谢朗是同祖的嫡堂兄妹，同为谢安的亲侄。谢朗也不是等闲之辈，上引《世说新语》同条刘孝标注引刘宋人檀道鸾《续晋阳秋》谓："朗字长度，安次兄据之长子，安早知之，文义艳发，名亚于玄，仕至东阳太守。"又《世说新语·文学》"林道人诣谢公"条刘注引何法盛《中兴书》曰："朗博涉，有逸才，善言玄理。"可知也是才情出群的人物。他以向空中撒一把盐来比喻下雪，形象能力也不错，不过这个比拟缺乏诗趣，所以不如谢道韫的"柳絮因风起"的比喻贴切而雅致，赢得了叔父谢安的欣赏笑乐。只有在几个同样有才情的人之中比较，隽才方能显得更出色。如果谢道韫是和另一个庸人相较，也不足为奇了。

上面所引"谢太傅寒雪日内集"一条，提到"与儿女论文义"，没有记述所论的内容和问答情况，但同书《文学》篇另有一条记此事：

谢公因子弟集聚，问《毛诗》何句最佳。遏称曰："'昔我往矣，杨柳依依。今我来思，雨雪霏霏。'"公曰："'讦谟定命，远猷后告。'"谓此句偏有雅人深致。

文中的遏，即谢道韫的亲兄弟谢玄，也就是后来在淝水之战中亲率三万晋军击败符坚百万大军的那一位。他所欣赏的四句诗出于《诗·小雅·采薇》的末章。谢安所念的是《诗·大雅·荡之什·抑》的第二章的两句。但《世说新语》这段记载，或有阙文，《晋书·王凝之妻谢氏》即道韫本传中所记的当是同一事：

叔父安尝问："《毛诗》何句最佳?"道韫称："'吉甫作颂，穆如清风；仲山甫永怀，以慰其心。'"安谓有雅人深致。

前面的"问《毛诗》何句最佳"和结句谢安的评语"有雅人深致"，完全相同，可知当是同一件事。谢道韫所推赏的四句出于《诗·大雅·荡之什·烝民》末章结尾，与上面谢安所欣赏的两句同属于《荡之什》，两诗都是周王朝两位老臣忧心王事的咏叹。谢安是有志于事功的人，关心天下安危，喜欢这类诗是可以理解的；谢道韫竟也喜欢这样的诗句，和她的叔父情操相同，似乎很可怪。但我们从下面的叙述中，却也能悟出她之所以欣赏这类政治诗的原因，这正表现了她的性格中男子气概那一个方面。

## 簪缨世家，人才济济

谢道韫的祖父谢衮曾任太常卿、吏部尚书；谢衮有五个儿子：奕、据、安、万、石。谢奕曾任安西将军、豫州刺史，除了女儿谢道韫外，共生子四人：康（后来出继给谢尚）、渊、靖、玄；其中最杰出的当然是谢玄，他以后因大破苻坚立功，封康乐公，诗人谢灵运就是谢玄的孙子。谢道韫就是这样一个人才济济、门庭显赫的大家族的长房小姐。

谢奕的性格可能对女儿谢道韫颇有影响。《晋书·谢安传》附奕传（《世说新语》有类似记载）说：

奕字无奕，少有名誉。初为剡令，有老人犯法，奕以醇酒饮之，醉犹未已。安时年七八岁，在奕膝边，谏止之；奕为改容，遣之。

与桓温善，温辟为安西司马。犹推布衣好，在温座，岸帻笑咏，无异常；桓温曰："我方外司马。"奕每因酒，无复朝廷礼，尝逼温饮，温走入南康主门避之。主曰："君若无狂司马，我何由得相见！"

奕遂携酒就厅事，引温一兵帅共饮。曰："失一老兵，得一老兵，亦何所怪。"温不之责。

这里有两点极堪注意，一是他十分器重小弟弟谢安，老人犯了法，他灌老人吃酒，谢安一劝谏，立刻中止了恶作剧。以后谢道韫也极尊重和信任这位叔叔，而且向叔叔倾吐心腹，不能说与父亲对谢安的信赖器重没有关系。二是谢奕真是够狂的，桓温当时是掌握重兵、生杀在手的权臣，他是桓温的部属，竟逼酒逼得桓温走投无路，奔逃到老婆南康公主的房里去；而他却视桓温为"老兵"，找了另一个桓温部下的兵帅喝起来，认为两个对象并无高下之分。这种狂傲之态，我们在谢道韫的身上也能发现。

显然，由于谢道韫十分倚信叔叔谢安，谢安也因她的聪敏而十分钟爱她，所以她颇有谢安的风致，在家庭中俨然像谢安一样品评规诫她的弟兄。《世说新语·贤媛》有一则道：

王江州夫人语谢遏曰；"汝何以都不复进？为是尘务经心，天分有限。"

王江州即王凝之，即谢道韫的丈夫，后官居江州刺史。谢遏是谢玄的小名，谢道韫的弟弟。她公然高高在上，批评平辈人没有进步，讥责他"尘务经心，天分有限"，可说相当狂傲。同时，也显示了她自视甚高，目无下尘。而谢玄也十分敬重他的这位才女姊姊。上引《贤媛》篇另一条道：

　　谢遏绝重其姊，张玄常称其妹，欲以敌之。有济尼者，并游张、谢两家，人问其优劣，答曰："王夫人神情散朗，故有林下风气；顾家妇清心玉映。自是闺房之秀。"

　　张玄即张玄之，字祖希，曾任冠军将军，也是吴兴望氏大族，属于江南的朱、张、顾、陆四大姓之一，和谢玄同称"南北二玄"，名仅亚于谢玄（见《世说新语·言语》"张玄之顾敷是顾和中外孙"条刘注引《续晋阳秋》）。其妹无考，所嫁的顾某或即顾敷，待考。但从深通世故、不愿得罪任何一方的济尼的评论，就可以听出她的皮里阳秋来。张玄之妹只是普通闺秀而已，而谢道韫则有"林下之风"。这在魏晋人是最高的评价，即出尘脱俗之意，较之闺秀，超迈得很远。谢道韫在当时人的口碑中，就是这样一位超越凡流的人物。


# 凝之夫人，不让须眉


　　士族家庭的婚配恪守门当户对的原则，谢道韫当然必须嫁给门第相当的人家，她嫁给了王羲之的次子王凝之。王、谢两家是世交姻亲，王羲之与谢安都是一时人望，两人交情深厚，依理说这是一桩美满姻缘。

　　虽然，《晋书》称王凝之"亦工草隶"，和乃父一样是个书法家，以后做官也历任江州刺史、左将军、会稽内史，但在王羲之几个儿子中却并不出色，后来的事实还证明他是一昏之至的糊涂蛋。所以谢道韫嫁过去以后十分瞧不起丈夫，对这桩婚姻极为不满。特别是将丈夫和自己娘家的兄弟一比，更觉得委屈。回娘家来向她最信赖的叔父谢安诉苦，发小姐脾气。《世说新语·贤媛》记此事道：

王凝之谢夫人既往王氏，大薄凝之。既还谢家，意大不说。太傅慰释之曰："王郎，逸少之子；人材亦不恶，汝何以恨乃尔？"答曰："一门叔父，则有阿大、中郎；群从兄弟，则有封、胡、遏、末。不意天壤之中，乃有王郎！"

逸少，王羲之的字；阿大、中郎，指叔父谢安、谢万之辈；封，指谢韶；胡，指谢朗；遏，指谢玄；末，指谢渊，都是他们的小名。这些都是当时著声于世的人才。谢韶是谢万之子，官至车骑将军司马；谢朗，前已见，官至东阳太守；谢渊，谢道韫的亲兄，官至义兴太守；亲弟谢玄，更不必说，个个可称芝兰玉树，胜过王凝之。相比之下，怎么能不叫她恨恨地喊出"不意天壤之中，乃有王郎"的愤词呢？"王郎"的潜台词，是"窝囊废"。

这里夹着家道正在上升、趋于鼎盛的谢家和虽未衰落却在王导死后势望已大不如前的王家的对比。家门的兴衰在于家族中的人物，由于谢家的人才济济，当时连王家的人也很趋奉谢家，王羲之本人对待谢家的人就比对待自己的内弟郗家（也是阀阅高门）人要殷勤得多。

东晋才女谢道韫画像

《世说新语·贤媛》有一则记此事道：

王右军郗夫人谓二弟司空、中郎曰："王家见二谢，倾筐倒庋；见汝辈来，平平尔。汝可无烦复往！"

王家人见二谢到，就倾箱倒架地款待；自己的小舅子来，却招待得马马虎虎，以致王羲之的夫人愤愤不平，吩咐两位兄弟以后不必再上门了。

王羲之厚于谢家而薄于郗家的态度，也影响了他的儿子们。

《世说新语·简傲》有一则道：

王子敬兄弟见郗公，蹑履问讯，甚修外甥礼。及嘉宾死，皆着高屐，仪容轻慢。命坐，皆云："有事不暇坐。"既去，郗公慨然曰："使嘉宾不死，鼠辈敢尔！"

古代席地而坐，入室必须脱屐蹑履；着高屐入室，是为失礼。外甥晋见舅父是不该如此轻慢的。见面之后，请他们坐也推故不坐而去，情薄之极，难怪郗愔齿冷。可见虽是至戚，也以盛衰而易心变脸。比起王家来，郗家已经败落。但比起人物辈出、势望火红的谢家来，王家此时也已处于下风。谢道韫虽然未必如此势利，但这种门庭盛衰的比较，也不能不微妙地影响着她的观感，嫁到王家隐隐地有一种类似降尊纡贵的感触，于是就有向谢安发泄的那一幕。

然而，即使不满意，也无可奈何，何况王家毕竟是头等门第；比起谢道韫、谢玄姊弟来，王凝之固然被比下去了，但王凝之人材到底也还"不恶"。王凝之对这位聪敏能干而且好强的夫人，显然也很敬重，所以也就相安了。

谢道韫在王家是显过身手的。《晋书》本传记一事道：

凝之弟献之尝与宾客谈议，词理将屈。道韫遣婢白献之曰："欲为小郎解围。"乃施青绫步幛自蔽，申献之前议，客不能屈。

魏晋人盛行清谈，一场辩论的胜负，常常传为人间话柄，影响人物的声望，当时不少士大夫的名誉、前途常常由清谈的才辩所决定。谢道韫帮小叔子解围，所以要"申献之前议"，即用王献之的见解来发挥，就是要证明王献之立论的正确，以维护其声誉，同时也是为王家人争光。嫂子亲自出面为小叔子解围，充分表现了谢道韫的胆识、才能和她在王家的地位，也表现了她的好胜之心；当然也显示了她的才华远在王献之兄弟之上，因为王献之又正是王氏兄弟中最卓越的一人。

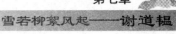

# 夫君遇难，风仪不减

晋安帝隆安三年（399 年），谢道韫随丈夫王凝之在会稽内史任。当时发生了孙恩起义，孙恩是奉五斗米道号召浙江沿海贫民反抗东晋朝廷的首领，先被东晋官兵战败，逃到海上，这时由海上纠集了徒众反攻，攻陷了上虞，进击会稽，王凝之在这次兵乱中遇难。关于此事，以《通鉴·晋纪》三十三的记载较为详备，引录如下：

孙恩……逐攻会稽。会稽内史王凝之，羲之之子也，世奉天师道，不出兵，亦不设备，日于道室稽颡跪咒。官属请出兵讨恩，凝之曰："我已请大道。借鬼兵守诸津要，各数万，贼不足忧也。"

及恩渐近，乃听出兵，恩已至都下。甲寅，恩陷会稽。凝之出走，恩执而杀之，并其诸子。

凝之妻谢道韫，奕之女也。闻寇至，举措自若，命婢肩舆，抽刀出门，手杀数人。乃被执。

这可说是一幕滑稽的悲剧。孙恩奉的是五斗米道，其实就是王家奉的天师道；天师道的起事徒众攻杀天师道的信奉者王凝之，可噱者一。一个守疆土的一郡长官（内史与郡太守同，因为会稽是会稽王的封郡，故称内史），迷信神道，只知请天神、借鬼兵来防御，还说得十分有把握，可噱者二。敌人逼近，神道不灵，才听许官属出兵，而他仓皇出走，连眷属也不顾，终于被虏身死，可噱者三。王凝之其人的愚昧、昏聩和无能，可说到了家。难怪谢道韫嫁了他要大喊"不意天壤之中，乃有王郎"，才女谢道韫确实是遇人不淑，她才是真正的悲剧。

《通鉴》只叙至谢道韫从容杀敌被执，对王凝之的昏聩无能和谢道韫的从容沉着做了一番对比为止，关于谢道韫的结局略而不书。关于当时的情况和谢道韫的结局，可引《晋书》本传作补充：

……既闻夫及诸子已为贼所害，方命婢肩舆抽刃出门，乱兵稍至，手杀数人，乃被虏。其外孙刘涛时年数岁，贼又欲害之，道韫曰："事在王门，何关他族！必其如此，宁先见杀。"恩虽毒虐，为之改容，乃不害涛。

自尔嫠居会稽，家中莫不严肃。

在乱兵之中，白刃加身，还能慷慨陈词，保护幼弱的外孙，愿意自己先死，以致孙恩也为之改容，刀下留人，保全了自己和亲戚的遗孤。其面对死亡毫不畏惧的胆略和血性，不愧为巾帼丈夫，王凝之在地下应有愧色。传文也说明了她寡居以后，终老于会稽。

她到晚年仍不改其风流高雅的所谓"林下风气"，本传记有她与刘柳交谈一事：

太守刘柳闻其名，请与谈议。道韫素知柳名，亦不自阻，乃簪髻素褥坐于帐中，柳束修整带，造于别榻。道韫风韵高迈，叙致清雅，先及家事，慷慨流涟；徐酬问旨，词理无滞。

柳退而叹曰："实顷所未见，瞻察言气，使人心形俱服。"道韫亦云："亲从凋亡，始遇此士，听其所问，殊开人胸府。"

一个聆听了才女的谈议，瞻仰了她的高迈的风仪，佩服得五体投地，叹为"实顷所未见"。一个在亲属丧亡之后遇到了一个略可对谈的佳士，从他的谘问中得到启发，能重展胸中所学而感到欣慰，女才人晚年的寂寞心情也于此可见。

谢道韫的集二卷今已不存，所著的诗赋诔颂均已不可得见。清人严可均和近人丁福保只能从《太平御览》、《艺文类聚》、《白宋六帖》等类书中收集零简残文，编入《全晋文》和《全晋诗》之中，真正是吉光片羽了。

两书所收的谢道韫著作，共只文一篇，诗两首，都篇幅极短。

丁福保的《全晋诗》卷13中收有谢道韫诗两首，一首是《泰山吟》，诗题《诗纪》作"登山"，全诗如下：

峨峨东岳高，秀极冲青天；岩中间虚宇，寂寞幽以玄。非工复非匠，云构发自然。气象尔何物，遂令我屡迁。逝将宅斯宇，可以尽天年。

此诗《艺文类聚》、《诗纪》、《道藏》所载，文字稍有出入，诗题作《泰山吟》也可疑。南北朝时，泰山大部分时期沦于北朝境内，谢道韫也不可能越长江去登泰山。首句的"东岳"，疑指会稽的东山，也就是谢安挟妓登临啸傲之地。谢安钟爱谢道韫，游东山时也可能携侄女同游；以后王凝之任会稽内史，谢道韫重莅此地，遂有"屡迁"之叹，"宅斯宇"之愿，这是顺理成章的。另一首是《拟嵇中散咏松诗》，五言八句：

遥望山上松，隆冬不能凋。愿相游下憩，瞻彼万仞条。腾跃未能升，顿足俟王乔。时哉不我与，大运所飘飖。

嵇康是魏末名士的冠冕人物，"林下风气"的首领，为两晋名士所倾仰。王导过江以后，就只谈三篇文字，其中两篇就是嵇康的《声无哀乐论》和《养生论》，认为它们"宛转关生，无所不入"，可以尽天下之理（事见《世说新语·文学》）。王导是王羲之的叔父，王家当然崇仰嵇康；谢安是对竹林七贤不敢赞一词的崇奉倍至的人（见《世说新语·品藻》"谢遏诸人共道竹林优劣"条），对嵇康自然心向往之；谢道韫家的父叔兄弟也无不是嵇康的崇拜者，她要写嵇康的拟作是完全可以理解的。从诗的末两句品味，可能此诗是她罹夫难后所作，因此与嵇叔夜悲凉的命运有同声同气的感受。虽然哀而不伤，悲苦之情吐露得十分委婉，但怅恺之感仍难以掩饰。

最值得注意的是，谢道韫留存的三篇作品中，没有丝毫的脂粉气，如果不说明作者，简直无法辨出是一个女性的手笔。诗虽然算不得十分隽特，也不会是她的代表作，但这种男子气概的风格，却也和她临危不乱的丰姿和她与人娓娓谈议的高迈风韵相一致。

生为封建社会的女子，社会制度限制了这个旷世女才人能量的发挥，不能如乃叔乃弟那样建功立业于时；但仅从留下来的一点一滴的轶事，她的才华、风致和处事的气派也已为一般男子所不及，无怪乎瞧不起女性的封建文人也要以她为鉴，大喊"尔男子，当自警"了。

# 第 八 章

## 词国旷代女杰
## ——李清照

　　李清照（1084~1155），今山东省济南章丘人，号易安居士。宋代女词人，婉约词派代表。早期生活优裕，与夫赵明诚共同致力于书画金石的搜集整理。金兵入据中原时，流寓南方，境遇孤苦。所作词，前期多写其悠闲生活，后期多悲叹身世，情调感伤，也流露出对中原的怀念。形式上善用白描手法，自辟蹊径，语言清丽。论词强调协律，崇尚典雅，提出词"别是一家"之说，反对以作诗文之法作词。能诗，留存不多，部分篇章感时咏史，情辞慷慨，与其词风不同。有《易安居士文集》《易安词》，已散佚。后人有《漱玉词》辑本。今有《李清照集校注》。

# 泣血诗词，凝血金石

    历史为李清照提供的是一个文化气息甚浓的书香门第，一个颇有声望的仕宦之家的家庭环境。据她后来的回忆："嫠家父祖生齐鲁，位下名高人比数。当年稷下纵谈时，犹记人挥汗成雨。"说明她的父祖之辈都生于山东；并曾在今济南一带住过；也表明她的祖父和父亲虽然地位不很高，但学识渊博，名望很高，拥有不少门生。

    李清照的父亲李格非，字文叔，是北宋著名的学者和散文家。李格非中过进士，官至礼部员外郎。李格非是一位博通经史之学的学者。

    李格非还是一位文学家。他的诗歌和散文都不错，尤以散文为佳。

    李清照还有一位颇有文化素养的母亲。她是王状元拱辰的孙女，亦善文，工词翰。在封建时代，她给李清照树立的，决不仅是三从四德的规范，在诗词创作方面，一定会给女儿以深刻的影响。

    李清照生长在文学气氛十分浓厚的家庭里，年轻的时候不但诵读经史子集，诗词歌赋；而且笔记小说、轶事遗闻，亦无不浏览。封建时代有条件读书的女子，一般只能读些《女诫》、《烈女传》之类的书籍。而李格非夫妇的思想比较通达，并没有女子无才便是德之类的迂腐之见。因此，李清照在父母的引领下，踏进了广阔的知识领域，从丰富的历史和文学资料中吸取营养。在这样家庭成长起来的李清照，从心灵到身体都得到了健康的、正常的发展。她那渊博的历史知识，卓异的文学禀赋，豪爽坚强的性格，在很大程度上得益于父母的熏陶。

    李清照生活的时代，对她也产生了很大的影响。她的青年时代是在北宋相对统一的政治局面中度过的。那时，建筑、印刷、制瓷、制茶等生产技术都达到了很高的水平。在学术文化方面也相应地发达起来。大

散文家、大诗人、大书法家、大画家，相继出现于北宋的文坛。在词作方面，更显得百花齐放，异彩纷呈，有婉约派和豪放派两种词风，李清照生活在这个文化昌盛的时期，得以充分吸取文艺与学术的养料，为她后来成为一个具有高度艺术修养的词作家，奠定了坚实的基础。

李清照从小就爱好文艺，闺中闲暇，不是提笔练字，就是展纸作画；或者吟诗填词，借以抒发情感。她的好胜心也很强，为了显示，也为了锻炼自己的才能，她作诗喜押"险韵"，一种韵部很窄，字数较少的韵。李清照幼年所下的这番功夫，为她以后在诗词创作上取得杰出的成就打下了坚实的基础。

年轻时的李清照，是位天真活泼、性格开朗的姑娘。除了在父母的指导下，勤奋地读书作文外，她也像当时的许多贵族少女一样，喜爱户外活动，有时在花园里荡荡秋千，有时和姐弟们到郊外去欣赏优美的风景。在闺房中，她感到闷倦；在人面前，她显得腼腆。可是，一投入大自然的怀抱，她就变得无比的天真。北宋时代的东京城，四周 100 里之内，到处都是公私园林。每年清明前后、重九左右，都内女士倾城出游，香轮辚辚，骏马骄嘶，好一派繁华的景象。在这春秋佳日，李清照偶尔也和姐妹们约伴结队地去近郊的溪亭园池泛舟。她的几首小词就记录了她少女的情怀。

湖上风来波浩渺，秋已暮，红稀香少。水光山色与人亲，说不尽、无穷好。

莲子已成荷叶老，清露洗、蘋花汀草。眠江鸥鹭不回头，似也恨、人归早。

——《怨王孙》

这是一首情景交融的小词，上半阕写初到湖上的感受，下半阕写归去时的心情。她把热爱自然的主观意识赋予了客观存在的景物；分明是她爱好"水光山色"，却偏说"水光山色"要与人亲近；分明是她舍不得离开沙鸥与白鹭，却偏说沙鸥、白鹭对人有情。词中写的虽是"红稀香少"的晚秋景色，却毫无那种习见的悲秋与迟暮之感。整个艺术境界中充满着热情爽朗的朝气，跃动着青春的活力。

再看下面的这首《如梦令》：

常记溪亭日暮，沉醉不知归路。兴尽晚回舟，误入藕花深处。争渡，争渡，惊起一滩鸥鹭。

这首词是记一次愉快的郊游。但作者并没有铺叙郊游的始终，而只是取日暮归舟节的一幕，加以集中的描写：沉醉中小舟闯入藕花深处、进退维谷的狼狈，"争（怎）渡？争（怎）渡？"迷失了归路的姑娘们同声惊呼，从睡眠中惊起的鸥鹭，构成了一组生气盎然、雅趣横生的画面，充分表现了词人乘兴而往，兴尽而归的愉悦心情。由此，我们可以感受到一颗热爱生活的年轻心灵的搏动。

随着年龄的增长，李清照从天真的少女逐渐变成大家闺秀。青春的情怀，人生的滋味，渐渐潜入她的心头。在一些词章中，她"毫无顾藉"地描写了这时的感情，如：

淡荡春光寒食天，玉炉沉水袅残烟，梦回山枕隐花钿。海燕未来人斗草，江梅已过柳生绵，黄昏疏雨湿秋千。

——《浣溪沙》

斗百草是唐宋时期女孩子爱玩的一种游戏。当春意盎然时，女孩子们从闺阁走向园林，搜集奇花异草，相互比赛，借以炫耀自己对植物的知识，表达活泼喜悦的心情。李清照在这首词中描写了一个少女在这春光淡荡的时刻，幽闺独处，甚感无聊，春梦初回，斜阳山枕，对着香炉里缕缕残烟在出神。而在江梅（一种未经人工培植的野梅）已谢，柳絮初生，燕子虽然还未从海上飞来的时候，那些天真的女伴，已经按捺不住青春的情怀，走出闺门，去做斗百草的游戏了。可她自己直到天晚，还是足不出户，默默地看着疏疏落落的细雨打湿着空挂着的秋千。词中既写了时令，也写了人物。随着天气由晴转阴的变化，心情也由娇慵而入凄清。其中，"黄昏疏雨湿秋千"是一个很富于意境的句子。一个"湿"字把少女的伤春情怀刻画得淋漓尽致。由此可见，词人自己也快由天真无邪的少年走向多愁善感的盛年了。

1101年，18岁的李清照与21岁的太学生赵明诚结婚了。

李清照的婚姻是美满的，她与赵明诚志同道合，如鱼得水、传说赵明诚童年时代，有一天他睡午觉，梦中读到一部奇书，醒来后只记得三句："言与司合，安上已脱，芝芙草拨。"他猜不透是什么意思，就问他的父亲，父亲思索片刻恍然大悟，解释说："这是个离合字谜。'言'与'司'合，是个'词'字；'安'上已脱，是"女"字；'芝芙'拨去草头，是'之夫'二字。这三句话暗含'词女之夫'四个字，这或许是你将来要娶个能文的女子的吉兆呢。"这个传说可能出于舌人杜撰，却也说明赵、李的姻缘十分美满，词史上一向传为佳话。

事实也正是如此。赵明诚和李清照，确是一对志同道合，意趣相投的夫妇。他们都爱好文学，不但在诗词创作上互相唱和，而且共同研究整理金石书画。新婚之后，他们的感情尤其浓炽。赵明诚有时陪李清照到郊外春游，有时带她参加亲朋的宴会。有一首词：

卖花担上，买得一枝春欲放。泪染轻匀，犹带彤霞晓露痕。怕郎猜道，奴面不如花面好。云鬓斜簪，徒要教郎比并看。

《减字木兰花》

这首词把一个新妇在丈夫面前妩媚娇憨的姿态，惟妙惟肖地表现出来，显得清新活跃。

公元1103年，赵明诚通过了太学考试，进入仕途，从此有了独立的经济生活。而他们在共同的事业上有了更明确的目标，并树立了更有意义的生活理想。他们立志吃素食、穿粗布，节省每一文钱，来搜集古文奇字。就这样，日积月累，他们的收藏逐渐丰富起来。

金石书画是高尚的艺术，它们体现了最纯粹的美——"线的美"。这种美最无粘着，最能超脱自然。所以，凡是具有这种美的素养的诗人，其作品的艺术性必然提高。李清照在金石书画堆中，长期地"意会心谋，目注神授"（《金石录后序》）。因此，她的形象思维和审美能力受到深刻的影响。这一切，表现在词作中，形成了高超的意境和独特的艺术风格。

正当李清照与赵明诚埋首书斋，致力于金石研究，政局的巨大动荡以及由此引发的赵李两族的升沉变故，在李清照的生活和理想中投下了浓重的阴影，迫使她开始审视社会现实，思考国家命运。

北宋自哲宗元年（1084~1093年）以后，党争时起时伏，新旧两党不断交替执政，导致社会矛盾日益尖锐，统治危机日益深重。徽宗为了挽回这种趋势，企图恢复神宗熙宁年间王安石所推行的新法，任用蔡京为相。蔡京曾追随过王安石，名为新党，实为投机变法的权奸。他篡改和背离了王安石当年制定的于民有利的新法，并打着"新政"旗号，搜刮民脂民膏。他不仅打击旧党，而且排斥真正的新党。李清照的父亲也被牵连在内。费了一番周折，才对李格非从轻发落，将李格非发遣边远军州编管的处分改定为送济南原籍安置。李格非遭受这场打击，又气又恨，旧病复发，不久就在历城故居郁郁地寂寞地去世了。

这场严峻的政治斗争，使李清照的心情十分沉重。她满怀对国家命运的殷忧，冒险写了《浯溪中兴颂诗和张文潜》，针对当时现实，表达了自己的政治观点。《中兴颂碑》由中唐诗人元结撰文、颜真卿书写，刻在湖南祁阳浯溪石崖上，世称"摩崖碑"。碑文中叙述了唐玄宗重用奸臣，导致边将骄兵，

李清照

玄宗仓皇逃到四川；肃宗即位后，收复洛阳、长安，宗庙复安的"中兴"史迹。这是一篇感慨良深的力作。诗篇最后写道："夏商有鉴当深戒，简策汗青今具在"，诗人以此讽喻当今的天子，应该以前朝为鉴，切勿重蹈覆辙。李清照在第二首诗的开头就标举天宝（唐玄宗后期的年号）废兴的历史教训："君不见惊人废兴传天宝，中兴碑上今生草。不知负国有奸雄，但说成功尊国老。"意思是说人们往往热衷于颂扬英杰安邦的传奇，却常常忽略奸雄误国的危险，立意是十分警明

的。李清照借唐室兴衰的故事，为北宋王朝敲起了警钟。像《浯溪中兴颂诗和张文潜》这样气势磅礴，思想深刻的诗歌，在北宋文坛上，自苏轼以后就很少有人写得出来了。而竟出自于一位李闺中少妇之手，可谓是文学史上的一个奇迹。

1107 年，不幸的事情又在赵家发生，对清照的生活产生了很大影响。原来，赵挺之虽然热衷于权势，为了爬上权力的高峰，甚至不惜附和蔡京；但他同时又是个廉洁奉公的官吏，毕竟还有自己的廉耻。他只是利用蔡京作为晋升的阶梯，并不想把自己的政治命运与他拴在一起。于是，他与蔡京由暗斗转为了明争。赵挺之虽然绝顶聪明，却总也不是蔡京一伙的对手。他终于在权力的角逐中败北，于 1107 年 3 月被罢去宰相之职，授了一个空衔，拿些薪水，实际上过着退休一般的生活，没过几天，就在京师病故了。赵挺之一死，好比房屋断了大梁，种种不幸便落到了赵家门上。朝廷先是追夺赠官，接着兴办大狱，将赵氏一家以及在京的亲戚故吏统统逮捕，罪名是赵挺之是元祐大臣所推荐的，并且曾庇护过元祐奸党。但是，查来查去，没有任何实事，只好把他们释放了。到这时，赵明诚兄弟已经没有机会立足于政治舞台。

赵明诚在官场上既已息影，滞留京师也就没有必要了。于是，偕同李清照返回青州（今山东省益都县），开始了长达十多年的屏居乡里的平民生活。

在他们屏居青州的岁月中，各地陆续出土了不少珍贵的文物。朋友们知道他们正在从事金石刻词的收藏、研究。就时常及时地将墨拓原本寄赠给他们。有时，得到大宗珍贵文物出土的消息后，赵明诚就会不远千里地去访录，并亲自拓制铭文。在此期间，他们收藏了北宋书法家蔡襄所写的《进谢御赐诗卷》、南唐徐铉所写的《小篆千字文》真迹；唐高宗李治亲笔撰书的《唐登封纪号文》两碑的拓片，就是赵明诚亲自攀登泰山模拓回来的。日积月累，收藏多起来了，他们便在归来堂上设置大书橱，将一篇篇金文、石刻汇编成册，簿为甲乙，有秩序地放在里面。10 年之中，所收藏的金石书画、文物古籍，竟达 10 余屋之多。归来堂的几案上，卧室的枕席上，到处都堆满了书籍，陈放着钟鼎。他们置身其中，随时随地从事研究，从中也可以得到无穷的乐趣。

但是，有时为了访碑采帖，在屏居乡里的十几年里，赵明诚与李清照不得不作短暂的分离。遇此，清照常用小词来排遣她的离情别绪。有一次，明诚要离家远游，清照难舍难分，她找来一块手帕，在上面写了一首词送给明诚。词中写道：

红藕香残玉簟秋，轻解罗裳，独上兰舟。云中谁寄锦书来？雁字回时，月满西楼。

花自飘零水自流。一种相思，两处闲愁。此情无计可消除，才下眉头，却上心头。

——《一剪梅》

词的上半阕写送别时的情景：在初秋，尽管仍残存着几丝暑气，但在夜间，从竹席上已能感受到秋天的凉意了。河湾里的红莲已开始凋零，随风摇落的花瓣在水面上打着转儿飘向远方。开船的锣声敲响了，明诚整理好罗裳，独自登上小舟，船划动了。自己目送小舟消失于天际之中。而"云中"一句，写自己由云间翱翔的鸿雁而想到锦书，将雁足传书的典故巧妙融化于规定情境之中，自然妥帖。下面的"雁字回时"两句，不仅语意缠绵，而且也暗示出了预想中的妆楼凝望的神情，令人回味无穷。词的下半阕写别后的心情。此时词人独倚西楼，回忆着别时的景况，只觉得时光流逝，人在天涯，充满着无可奈何的情绪。结尾三句，则反复咏叹了相思之苦。

但是，毕竟聚多离少，而且分离也是短暂的。在这段日子里，李清照与赵明诚的生活，远离了都市的烦嚣，没有了家庭中的纠葛，摆脱了政治上的干扰。因此，他们感到非常的快乐，生活得也算充实。

在闲暇之时，李清照与赵明诚还会一起赏花、赋诗、作词。如：

雪里已知春信至，寒梅点缀琼枝腻。香脸半开娇旖旎，当庭际，玉人浴出新妆洗。

造化可能偏有意，故教明月玲珑地。共赏金尊沉绿蚁，莫辞醉，此花不与群花比。

——《渔家傲》

在这首词中，李清照以欢快的笔调描摹了梅花的风韵，抒发了自己的情感。上半阕，写雪里寒梅，枝头缀满碎玉一般的花朵，亭亭玉立，有如出浴的美女。以花拟人，也以人比花，显得十分生动活泼，充满了青春的活力和蓬勃的朝气。下半阕则淋漓酣畅地抒写了她对月赏花的情感。全词格调明朗、显豁，别具一种特色。

在1120年，十余年屏居乡里的生活，开始告一段落。这年7月，赵明诚接到吏部发来的通知，朝廷任命他为知莱州（今山东省掖县）军州事。同时还得知蔡京已被罢相。这两条好消息，使夫妇二人舒了一口闷气。但赵明诚考虑到莱州比较偏远，担心李清照离开生活惯了的青州不适应，便决定先去，并与清照商定好等政务上有了眉目，生活上略有安排后，再派人来接她。自赵明诚赴任后，归来堂陡然空虚起来。李清照白天伏案校书、写作，却不能与明诚切磋琢磨；晚上在灯下闲坐，听不到明诚的侃侃谈吐，孤寂愁苦渐袭心头。在重阳节那天，当清照想到此日本来是亲人相携登高的日子，而明诚却独自一人在异乡的时候，感到无比的遗憾。白天，她郁郁不乐地做着工作；傍晚，独自在东篱下把酒赏菊，直到深夜才回到归来堂。金灿灿的秋菊，劲厉的西风，增添了离愁与别绪。她即兴挥毫，填成了一阕《醉花阴·重阳》词，寄给赵明诚：

薄雾浓云愁永昼，瑞脑（一种香料）消金兽（兽形涂金香炉）。佳节又重阳，玉枕纱厨（纱帐），半夜凉初透。

东篱把酒黄昏后，有暗香盈袖。莫道不销魂，帘卷西风，人比黄花瘦。

这首词，一开头便写出了枯寂无聊之感。深秋的天气，薄雾弥漫，浓云笼罩。处于这种沉闷的氛围之中，使人倍觉烦闷，感到金兽炉中飘出的袅袅香烟，就像白昼一样悠长。尤其是结尾一韵，先是充满激情地感叹："莫道不销魂"，令人为之一怔；再写一句"帘卷西风"，景物也处在了动态之中。情绪渲染好了，环境铺叙完了，然后是人物的出现。词中，以黄花来比人，可以显现出灵魂的美丽。因为黄花是菊花的雅称，在古代文人的心目中象征着高洁。而一个"瘦"字，既能表达出菊花的风韵，又能把人物的精神风貌凸现出来。这个字凝聚了全词的精神，使感情与景物融成一片，抓住了人物的性格特征。

当赵明诚读了这首词后，为李清照的深厚情意感动不已，同时对词的清新隽秀叹赏不止。他一方面自愧不如，一方面又想超过清照。于是他闭门谢客，废寝忘食，足足用了三天三夜的时间，填成了15阕新词，将李清照的作品夹杂其中。然后，他把这些词给一位朋友看，让朋友评出写得最好的几句来。好友一遍遍地吟诵着、品味着。过了好久才说在这几首词句中称得上绝佳的有三句。赵明诚迫不及待地问，是哪三句。好友答道："'莫道不销魂，帘卷西风，人比黄花瘦。'"恰巧，这三句正是李清照所作。听了好友的评论，赵明诚既失望，又高兴，他很是佩服朋友的眼力，并说出了实情。

公元1121年的八月初五那天，李清照带着赵明诚《金石录》的图卷和手稿，价值较高的古器，考证过的著作书籍等，足足装了十辆大车，离开青州，赴莱州与赵明诚团聚。从青州到莱州，不过数百里之遥。可是，乡居多年，亲友邻里们相处得很好，一旦离去，又是难舍难分。李清照的姐妹们送她一程又一程，好容易才分手。午后不久，天阴了下来，刮起了大风。随后飘洒起冰凉的雨点来。当车队赶到昌乐县城时，已近黄昏了。夜晚，细雨敲打着窗棂，对着房中的一盏孤灯，李清照想到马上就能和长别一年的丈夫团聚，从此免却两地相思之苦，心里无比高兴；但一想到离开朝夕研读十四年的归来堂，告别青州的亲戚姐妹，心中就不禁充满了惜别伤离的情绪。激动的心情，使她久久不能入睡，于是，她提笔填词，将自己诚挚的惜别之情熔铸成《蝶恋花·晚上昌乐馆寄姊妹》：

泪湿罗衣脂粉满，四叠阳关，唱到千千遍。人道山长山又断，潇潇微雨闻孤馆。

惜别伤离方寸乱，忘了临行酒盏深和浅。好把音书凭过雁，东莱不似蓬莱远。

词的开头，揭示人物当时的情绪；姐妹们要分手了，两眶泪水，止不住流下来。为了进一步强调不忍分别的心情，她还用夸张的笔法，写将"四叠阳关"，唱了千千遍。然后，又通过写连绵不断的山峰，表达依依不舍的心情。并用冷雨敲窗的环境气氛，烘托出深夜无眠的心境。词的下半阕，深入一层挖掘人物内心的苦痛，以连续饮酒，忘记酒盏的深浅，来写心情的凌乱。这首词，把别时的情绪、途中的怀念以及别后的伤怀，委婉细腻地表述出来，层层递进，富有极高的艺术感染力。

在莱州安顿下来后，由于夫妇二人的勤奋工作，在留守莱州期间，《金石录》已完成了大半。

公元 1125 年，赵明诚调任淄州（今山东省淄博市南），这时，他与清照对《金石录》要做最后的修订了。可是，一场袭击宋室江山的暴风雨已经在酝酿之中了。这就是在中国北方崛起的金国在灭辽之后，又把军事的矛头指向了宋朝。就在赵明诚调任淄州这一年，金兵从太原、燕京两路向宋朝都城东京进发。昏庸无能的宋徽宗吓得晕倒在御床前面；此后立即传位给了钦宗。消息传到淄州，赵明诚和李清照立即感到情势险恶。为了不使十几年辛勤经营的金石研究功亏一篑，两个人加紧了工作的节奏，规定每晚要校勘定量卷书。熬过了无数个漫漫长夜后，赵明诚在李清照的协助下，终于编成了《金石录》30 卷，实现了他少年时读欧阳修著的《集古录》所发下的宏愿。这时，李清照已近 43 岁了。

《金石录》是一部文物考古的名著，它在学术史上享有崇高的地位。这部著作的署名虽然是赵明诚，但其中也渗透着李清照辛勤的汗水。如果没有李清照的协助，赵明诚是很难自己完成这项艰巨的事业。

在金军重兵进攻下，北宋王朝的统治岌岌可危，在 1127 年 3 月，赵明诚的母亲在江宁府（今江苏省南京市）病逝了。噩耗传来，赵明诚随即奔丧，将家事匆匆托付给了李清照。在他走后的第四天，皇上和太上皇被金人扣押，徽、钦二宗被押到金国，宋朝灭亡了的消息使淄州城的人心大乱。李清照茫然无措，惶惶不可终日，开始强咽亡国的苦酒了。

北宋虽然灭亡了，但是人民并未屈服，中原人民纷纷起兵，抗击金军。1127年5月，宋钦宗的弟弟康王赵构（宋高宗）在应天府（今河南省商丘市）被拥立为帝，重建宋王朝，历史上称之为南宋，宋高宗赵构就是南宋的第一个皇帝。

同年九月，在江宁服丧的赵明诚，被南宋朝廷起用为江宁知府。

国破家亡的严酷现实，颠沛流离的悲惨遭遇，让李清照深有感触。她在江宁的一年中，借助诗歌，抒发了对国家命运的关切，表达了对投降派的谴责。她奋笔写道："南来尚觉吴江冷，北狩应知易水寒。""吴江"，在这里泛指江南地区；"吴江冷"则是指当时人地生疏，世情冷淡和江南地方仍弥漫着一股消极抗金的气氛的形势。"北狩"是说徽、钦二宗被掳到了金国。"易水寒"是借用荆轲刺秦王（秦始皇）的故事，来指代北中国一地的。李清照以"吴江冷"来衬托"易水寒"，对只顾南逃，不思北进的南宋偏安朝廷作了尖锐的批评。

同年夏天，李清照还写了一首《夏日绝句》：

> 生当作人杰，死亦为鬼雄。
>
> 至今思项羽，不肯过江东。

项羽是灭秦的一个叱咤风云的人物。他在垓下之战中被刘邦军击溃，逃到乌江岸边。因感到无颜再见江东父老。就拒绝过江，拔剑自刎。李清照借古讽今，赞颂了项羽是人中的豪杰，讽刺了赵构集团仓皇南逃，断送了光复神州大好局面的可卑行为。

李清照身居建康（宋高宗改江宁府为建康府），心念故土。为了排遣心中的郁闷，她常常吟诵前人的诗词，尤其喜欢词风与她相近的欧阳修的词。一次，当她读到欧阳修的《蝶恋花》时，被开头一句："庭院深深深几许"吸引住了。于是，她以《临江仙》为词牌，写了一首词：

> 庭院深深深几许，云窗雾阁常扃。柳梢梅萼渐分明，春归秣陵树，人老建康城。
>
> 感月吟风多少事，如今老去无成、谁怜憔悴更凋零。试灯无意思，

踏雪没心情。

这时，李清照已是四十五岁了，创作上的成就应是很高的。但是，由于她眷恋着南渡前的学术研究生活，而且并未把诗词的创作视为事业看待，仅仅是视为"感月吟风"的事，故而写道"感月吟风多少事，如今老去无成。"可见，她在国破家亡之际，不满足于吟诗填词，而是另有一番理想与抱负。

时间飞逝，不知不觉之中，李清照已在建康住了一年。公元1129年2月，南进的金军逼近扬州，宋高宗抛弃扬州，仓皇逃到镇江，接着又逃到杭州。不久，赵明诚被罢免了建康守的职务。于是，在3月间，他携李清照离开建康，雇船经当涂县，走芜湖，准备到赣水流域找一个安全地方居住。5月，他们到达池阳（今安徽省贵池县），并暂住那里。不久，赵明诚接到宋高宗任命他做湖州（今浙江吴兴县）知府的诏令，并要他尽早上任。赵明诚只好草草安排了一下，让清照暂时留在池阳。不料，赵明诚赴任没多久，便患上了大病，不久与世长辞，终年49岁。这时的李清照46岁，对她来说，失去相依为命的丈夫，失去志同道合的挚友的巨大打击，使清照痛不欲生。

但是，当时的局势不容沉湎于悲痛。因为金军即将南进，建康随时有遭金兵围攻的可能，朝野上下已经纷纷向长江上游转移了。于是，李清照强忍悲痛，料理了赵明诚的葬事。然而，极度的悲伤和过于劳累，使她那原本就很瘦弱的身体又患了一场重病。这时，她身边还有二万卷书籍，二千卷金石刻画和大量的器皿茵褥。为了妥善安置这些物品，她便托任兵部侍郎的赵明诚的妹婿把这些物品先护送到洪州（今江西省南昌市）去。可是，不幸的是三个月后金军攻破洪州，带去的全部东西都散失了。这样，李清照身边仅仅剩下了少量的书册和古器。这对于重病缠身的李清照无疑又是一个打击。孤苦伶仃，倍感凄凉的李清照，常常思念亲人，心潮翻滚，借助诗词寄托自己的哀思。她后期词章中最杰出作品《声声慢·秋思》就是在这个时期创作的。

寻寻觅觅，冷冷清清，凄凄惨惨戚戚。乍暖还寒时候，最难将息。三杯两盏淡酒，怎敌他晚来风急。雁过也，正伤心，却是旧时相识。

满地黄花堆积，憔悴损，如今有谁堪摘？守着窗儿，独自怎生得黑。梧桐更兼细雨，到黄昏、点点滴滴。这次第，怎一个愁字了得！

这首词，描述了她在凄风苦雨的黄昏时分，到处寻觅，找寻昔日荡过的秋千和归来堂上猜书斗茶的乐趣以及与她志同道合的亲人。然而，这一切都消逝了，眼前只是冷冷清清，凄凄惨惨的氛围。夜深了，该休息了，可是忽暖忽凉的气候，又不允许她入睡。她只好借酒消愁。一阵寒风吹来，使她从微醉中惊醒。曾为传送佳音的雁儿，此刻从北国飞来，带来的却是国土沦陷的坏消息。词的下半阕，感情更加深化：她俯视窗前，只见遭受风吹雨打的菊花，凌乱地堆积了一地。这不由让她回想起曾把自己比作菊花，作《一剪梅》词赠与赵明诚的事来。可叹的是花已憔悴，人已老却，寄赠无人，使心情倍感忧伤，时间更觉漫长。而窗外，不住敲打着梧桐叶的细雨，仿佛滴滴震颤着自己充满忧思的心弦。

《声声慢·秋思》是一首著名的抒情之作。在这首词中，李清照用浓重忧伤的诗句，去描绘周围的景物，成功地塑造了一个有血有肉，内心无限痛苦的孀妇形象。抒发了自己怀念亲人的情感和深沉的爱国思想。

但是，李清照鲜明的抗金复土的政治态度和对爱情、相思的洒脱、直率的表达，遭到了投降派和维护封建礼教的上层士大夫们的深刻忌恨，招致了这些人对清照的寻机报复。在赵明诚死后不久，他们中的一些人就诽谤赵明诚曾通过一个叫张飞卿的学士将一件珍贵的玉壶献给了金国。李清照听到这个足以治灭门之罪的消息后，又气又急。这完全是无端的陷害！原来，在赵明诚病重之际，学士张飞卿曾探望过他，还带来一只玉壶请他赏鉴。凭着丰富的经验，赵明诚一眼就看出这是用玉石做成的假玉壶。而张飞卿见赵明诚病重，稍坐片刻，就携壶告辞了。可是，李清照万万没想到那些卑鄙小人竟会利用这件事对她进行陷害。于是，为了给赵明诚洗雪不白之冤，堵塞奸人的诽谤之口，李清照决定赶赴外廷，把赵明诚残存的遗物进献给皇帝，并把事情真相表白清楚。而且，当时金兵已逼近建康了，建康城危在旦夕。

李清照考虑到跟着朝廷流亡不仅可以洗清冤情，也比较安全。因此，她准备去投奔任敕局删定官（主管编写皇帝诏旨的官员），正随驾"南巡"的弟弟李迒（háng）。她匆匆收拾了家中所有的古器和晚唐五代写本书籍，沿着宋高宗向东南逃跑的路线，踏上了奔亡的道路。

当李清照赶到杭州时，李迒已随驾到越州了。于是，她又赶到越州。但赵构此时已如丧家之犬又跑到明州（今浙江省宁波市）去了。可当她赶到明州，得知皇上已从明州经定海（今浙江省镇海县）乘楼船入海了。而这时，金人已攻破杭州向明州卷来。由于海船早被达官贵人抢占一空，李清照只有取陆路向温州进发。她带着珍贵的文物逃难，一路上提心吊胆。所以，到达嵊县后，她把文物寄存在了一个可靠的人家中。不料，几个月后所有文物均被官兵强行取走。这样一来，李清照身边仅存六箱书画砚墨了。此后，她又取道台州（今浙江省临海县），赶到黄岩，得知皇帝驻在不远处的台州港口章安镇。她这才松了一口气，心中安稳下来。从杭州出发至今，已有三个多月。期间，跋山涉水，历尽千辛万苦，走了3000里的路程，总算在章安赶上了皇上。由于心情苦闷和一路劳累，在赵明诚逝世后不到半年的时间里，李清照满头的青丝已经变成了霜鬓白发。当李迒见到姐姐时，几乎认不出她来了！

三个月的流亡生活，对于一个官宦人家出身的妇女来说，确实是一次艰苦的磨炼。因为这次避乱，恰值冬季，一路行来，漫天大雪。要是在以前，她就会和赵明诚一同对雪赏梅。而那时却是孤身一人，漂泊在外，不觉内心忧伤。为了表达她在奔亡道中纷乱凄苦的心境，她曾写了《清平乐》词：

年年雪里，常插梅花醉。挼尽梅花无好意，赢得满衣清泪。

今年海角天涯，萧萧两鬓生华。看取晚来风势，故应难看梅花。

其中，"看取晚来风势"一句，寓政治气候于自然气候中：晚上，北风愈刮愈猛，令人更觉严寒；而北方来的金人此刻正在发动疯狂的进攻，更令人担忧。整首词，刻画了一个在兵荒马乱的年代里逃难媚妇寂寞、悲哀的形象，表现了动乱年代的一个横截面。

另一首词《渔家傲》则是李清照所作的一篇浪漫主义杰作。

天接云涛连晓雾，星河欲转千帆舞。仿佛梦魂归帝所，闻天语，殷勤问我归何处。

我报路长嗟日暮，学诗漫有惊人句。九万里风鹏正举，风休住，蓬舟吹取三山去。

词的上半阕以磅礴的气势，展现了海上航行的图画。而现实社会里，腐朽黑暗的政治使她幻想出了一个态度温和、关心人民生活的明君和神奇的境界。在下半阕，她以"路长日暮"的叹息来抒发自己身经国破家亡之痛，倍受颠沛流离之苦，却又渺无归宿。"学诗漫有惊人句"，表达了她怀才不遇的愤慨。然后，从"千帆舞"的现实想象了大鹏振翅一飞九万里，以此来暗示自己对美好理想的热烈追求。这首词意境开阔，想象奇伟，足以与北宋苏轼等豪放派词人的作品相媲美。

但是，李清照的流亡生活并未结束。没过多久，明州被金军攻陷。宋高宗怕金兵继攻章安，就慌忙乘船逃到了温州。而这时，由于韩世忠、岳飞等爱国将领奋起阻击北撤的金兵，使得金军不敢再度南进。宋高宗见局势渐稳，就从温州沿海路返回了浙江西部。李清照也随同回到了越州。为了预防金人再次攻进，高宗决定临时遣散政府机构。这样，李清照便随弟弟李迒迁到了衢州（今浙江省衢县），在那里住了一年之后才回到越州。初回越州，一切还未安顿好，李清照只好寄居在别人家里。一天深夜，窃贼挖穿了卧室的墙壁，盗走了大量书籍文物。遭受了这次偷盗，李清照仅有一两部不成套的书册和三五种书法碑帖了。这件事，使李清照痛心疾首。的确，她与赵明诚费尽心血，省吃俭用购置的文物，经过两年的离乱已荡然无存了。

公元1132年，宋高宗赵构打着"中兴"的旗号，迁都杭州，正式建立起南宋小朝廷的统治，偏安于长江以南地区。此年李清照亦迁到了杭州。她的逃难生活，至此告一段落。可是，政局刚一稳定下来，那些卑鄙小人就又提出了"王金颁金"旧案，欲再陷她于危难，但此时赵家的文物已所剩无几，使得当年制造这个冤案的操纵者对此已没有多大兴趣了；加上赵明诚生前的几位朋友从中斡旋，在高宗面前极力为赵明诚辩护、澄清，所以此案最终得到昭雪。这使李清照惴惴不安的心情稍获安宁。为了寄托自己的情怀，她把杭州的寓所取名为"易安室"，自号"易安居士"。

•自从宋高宗赵构迁到临安（今杭州），便沉缅于经营自己的小朝廷之中，而不顾人民的疾苦，大肆修建殿宇和宗庙。那些从北方南来的达官显贵们，也不思进取，整日纵情享乐，过着纸醉金迷的生活。但是，同广大难民一样，李清照时时不忘故乡，天天盼望恢复中原。目睹赵构一伙大兴土木，歌舞升平，把杭州当作汴州的荒唐行为，她倍感前途渺茫和国破家亡的凄楚。

一次元宵节，她谢绝了好友们的邀请，在屋中怆然独悲，挥毫写了著名的《永遇乐·元宵》一词，寄托了她的兴亡之恨：

落日熔金，暮云合璧，人在何处？染柳烟浓，吹梅笛怨，春意知几许？元宵佳节、融和天气，次第岂无风雨？来相召，香车宝马，谢他酒朋诗侣。

中州盛日，闺门多暇，记得偏重三五。铺翠冠儿，拈金雪柳，簇带争济楚。如今憔悴，风鬟霜鬓，怕见夜间出去。不如向、帘儿底下，听人笑语。

这是一首抚今追昔的慢词，通过对眼前繁华景象的描绘和对当年汴京热闹场面的回忆，表现了物是人非，今不如昔的感受。上半阕一开头，她就抒发了对亡夫赵明诚的怀念。"人在何处"透露出她内心的悲凉。"落日"、"染柳"、"元宵"三组对偶渲染临安元宵之夜的欢乐，却又连用三个问句来以乐衬忧，更能激发起读者情恋故土、忧国忧时的情思。"来相召"三句虽是写的实况，但其意义并不限于女友们，而是概括了南宋上层人物在国家有难的日子里仍旧呼朋唤侣，纵情游乐，从而愈发体现出词人的人乐我忧，人醉我醒的复杂情绪。几十年间，国家命运的盛衰，个人身世的浮沉，今昔对照，不禁有沧桑之感。词的结尾"不如向、帘儿底下，听人笑语"，看似淡泊放达，实则包含着更深沉的感慨。帘内是自己，帘外是谈笑的街上行人。一帘之隔，两种感情，刻画得十分深刻。词人在这首词中，抒发的不仅

是个人的悲苦身世，而且还谱写出了整个南宋社会的时代悲剧。

公元 1134 年秋天，金人伙同伪齐，大举渡过淮河，分路南进。

李清照得知这一消息后，于十月间离开临安，开始了第三次避难。她乘船溯富春江西上，到金华避乱。在金华，她寄居在一位乡官的府第里。闲暇的时候，就做"打马"的游戏。她做这种游戏，并非只为消遣取乐，而是要使渴望恢复中原的情绪得到一些发泄。她幻想着能够带领千百骁骑，冲过淮河，横扫金兵，收复失地，重度往日的安居生活。她在《打马赋》中写道："佛狸定见卯年死，贵贱纷纷尚流徙。满眼骅骝杂，时危安得真致此？老矣谁能志千里，但愿相将过淮水。"

李清照高呼"过淮"恢复中原，喊出了所有爱国者的心愿。

金华是座风景秀丽的名城，尤其在风和日丽、草长莺飞的春天，景色更加美好，甚至超过了汴京。然而，被国恨家愁重重压抑着的李清照，却深居简出，无心观赏春日的风光。

房东家的女眷看到李清照整天闷闷不乐的，就盛情邀她一同到双溪去划船郊游，以排解寂寞无聊。自从赵明诚逝世以来，李清照常常以泪洗面。特别是在春花秋月的时节，更容易回想起往昔与明诚赏花赋诗、烹茶猜赌的欢乐，物是人非的酸楚顿时涌上心头，无法排遣。现

李清照词选

在听说双溪一带春色尚好，便想借郊野开阔的山水花木的美景来稍解心中的忧愁。可是，一想到碧波荡漾，落英缤纷，一对对游人划着小船在溪上追逐嬉戏的情景会使自己陷入那辛酸的回忆之中，她便打消了泛舟的念头，并含着两眶泪水，低吟了一首哀感绝伦的新词《武陵

春》：

> 风住尘香花已尽，日晚倦梳头。物是人非事事休，欲语泪先流。
>
> 闻说双溪春尚好，也拟泛轻舟。只恐双溪舴艋舟，载不动、许多愁。

这首词以缓慢顿挫的节奏，回肠荡气的韵律，抒写了她深重的忧愁。而她的愁之所以如此深重，是因为此愁是由国家的破碎、身世的漂泊、孀居的寂寞、晚年的凄凉等情凝聚而成的。为了突出忧之深、愁之重，她用小小的"舴艋舟"作了一个绝妙的比喻，舟轻愁重使她内心深处难以排解的愁绪，具体化、形象化了。

李清照晚年定居杭州的这个时期，是南宋历史上最黑暗最反动的时期。本来经过主战派将领的努力作战，抗金斗争连连取得了胜利；但是，以奸臣秦桧为首的主和派却竭力阻碍，怂恿高宗于公元1141年与金国签订了屈辱的"绍兴和议"，甘心对金称臣纳贡，并以淮河为界，将北方大片土地割给了金人。当时，岳飞率领"岳家军"，已打到了距离汴京不远的朱仙镇，正准备"直捣黄龙府（金国都城），与诸君痛饮"的时候，却被昏庸的宋高宗在一日之内连下12道金牌，逼迫着岳飞退兵返回，断送了战果。后来，又以"莫须有"的罪名，在风波亭上杀害了岳飞。从此，南宋小朝廷再也不谈"中兴"恢复之事，李清照渴望"过淮"光复神州的理想也终于化为泡影，她只能在梦中神游故土了——

> 永夜厌厌欢意少。空梦长安，认取长安道。为报今年春色好，花光月影宜相照。
>
> 随意杯盘虽草草，酒美梅酸，恰称人怀抱。醉莫插花花莫笑，可怜春似人将老。

这阕《蝶恋花·上巳召亲族》，是她在临安召集亲族共度上巳节（三月初三日）的记事作品。在战乱流离之后，亲族能够团聚一堂，理应十分欢畅的。但她告诉大家的却是自己在漫漫长夜里，"落落寡欢、空梦长安，认取长安道"的情景。梦中，她回到了汴京，仔细辨认着通往汴京的道路，内心充满了欣喜。然而好梦不长，转眼成"空"，醒后更觉痛苦。文末的"将老"、"春"光，则象征着南宋江山将要倾覆。

公元 1155 年前后，历尽了悲欢、荣辱的李清照，在寂寞凄凉之中结束了她那痛苦的生命。至此，悬于太空的一颗闪闪发光的明星陨落了。但是，她留给后世的文学艺术作品将作为我们中华民族的一份宝贵遗产而永远保存下来。

# 词中仙葩，流芳千古

李清照是中国古代文学史上的一代词宗。她的词大致可以分为三类：歌咏自然；抒写离愁别恨；思念故国旧家。而这些词又以南渡为界，分为前后两期。

对离情别绪的抒发，在李清照的词作中占有很大的比重。其中，有一篇《念奴娇》词就是代表作：

萧条庭院，又斜风细雨，重门须闭。宠柳娇花寒食近，种种恼人天气。险韵诗成，扶头酒醒，别是闲滋味。征鸿过尽，万千心事难寄。

楼上几日春寒，帘垂四面，玉栏干慵倚。被冷香消新梦觉，不许愁人不起。清露晨流，新桐初引，多少游春意。日高烟敛，更看今日晴未？

李清照抒写闺情，不加掩饰，毫不隐讳，这正是其可取之处。

热爱大自然，讴歌大自然，是李清照词的另一主题。例如：

常记溪亭日暮，沉醉不知归路。兴尽晚回舟，误入藕花深处。争渡，争渡，惊起一滩鸥鹭。

——《如梦令》

湖上风来波浩渺，秋已暮，红稀香少。水光山色与人亲，说不尽，无穷好。

莲子已成荷叶老，青露洗、蘋花汀草。眠江鸥鹭不回头，似也恨、人归早。

——《怨王孙》

这两首词，把自己流连山水之美，热爱自然的主观意识，赋予了青山、花鸟、云水等景物，使作品妙趣横生，充满生气。而她对优美的自然景色的礼赞，正表现了她热爱自然、热爱生活、热爱一切美好事物的性格特征。

李清照在南渡后，由于国破家亡、夫死，她一方面悲痛个人幸福的毁灭，一方面更加感慨故国旧家的沦陷。因此，思念故国旧家之作，就成为她后期作品的基本内容。例如：

风住尘香花已尽，日晚倦梳头。物是人非事事休，欲语泪先流。

闻说双溪春尚好，也拟泛轻舟。只恐双溪舴艋舟，载不动，许多愁。

——《武陵春》

落日熔金，暮云合璧，人在何处！染柳烟浓，吹梅笛怨，春意知几许？元宵佳节，融和天气，次第岂无风雨！来相召，香车宝马，谢他酒朋诗侣。

中州盛日，闺中多暇，记得偏重三五。铺翠冠儿，捻金雪柳，簇带争济楚。如今憔悴，风鬟霜鬓，怕见夜间出去。不如向、帘儿底下，听人笑语。

——《永遇乐》

在这些作品中的主人公形象，已不再是因离愁别恨索怀而"人比黄花瘦"的深闺少妇，而是国破家亡，饱经忧患的暮年妇人了。词作中流露出的哀愁和怨叹，已不是前期的离愁别苦所能比。这其中有个人身世之感，更有国破家亡之恨。个人的不幸和民族的灾难凝结在一起，构成了她内心复杂尖锐的矛盾。她热切盼望重返故乡，而现实已向她宣告无望。而她对战争的仇恨则可透过"空梦长安，认取长安道"等辞句体会到。

在李清照的词作中，也有大部分以咏物为主题的内容。这些咏物词，并不孤立地咏物，而是把咏物和抒情融合在一起，使咏物和写人紧密结合起来，从而借物抒情。如《渔家傲》：

> 雪里已知春信至，寒梅点缀琼枝腻。香脸半开娇旖旎，当庭际，玉人浴出新妆洗。

> 造化可能偏有意，故教明月玲珑地。共赏金尊沉绿蚁，莫辞醉，此花不与群花比。

上阕尽情描绘了寒梅的艳丽、傲岸，不畏风雪严寒和一尘不染。下阕抒写月下饮酒赏花的情致。其早年的欢快愉悦之情，跃于字里行间。

有的咏物词表现了她晚年的飘零之感和家愁国恨：

> 今年海角天涯，萧萧两鬓生华。看取晚来风势，故应难看梅花。

——《清平乐》

这些咏物词，表达了词人早年的欢乐、中年的幽怨和晚年的沦落。其生活脉搏的跳动，在这里被显示出来。

李清照的词真实自然，毫无矫揉造作之感。她常用白描的手法，把人物的面部神态稍加勾画，只写一两个富有特征意义的动作或仅写几句景物，就能充分显示出人物内心的欢乐或悲苦。她还注意把抽象的感情具体化、形象化。

李清照词的另一艺术特色是含蓄、委婉。《如梦令》是这方面的代表作。

> 昨夜雨疏风骤，浓睡不消残酒。试问卷帘人，却道海棠依旧。知否？知否？应是绿肥红瘦。

这首小令虽只有三十多个字，但其内容却曲折含蓄。特别是"绿肥红瘦"一语，以"肥"、"瘦"二字描写出了风雨过后花、叶的外形和意态。这不仅写出了客观上时序的推移，也写出了作者主观上红颜易老的感触。

李清照的词以婉约著称。以"婉约"一词来评价李清照的词，是指她那些细致婉转的作品，这的确是李清照艺术风格中的主导方面。但是，艺术风格的独特性并不排斥其多样性。李清照不仅是婉约词派之宗，而且还具有豪放派的某些特色。例如《渔家傲》一词：

天接云涛连晓雾，星河欲转千帆舞。仿佛梦魂归帝所，闻天语，殷勤问我归何处？

我报路长嗟日暮，学诗漫有惊人句。九万里风鹏正举。风休住，蓬舟吹取三山去。

这首词与李清照真实自然的思想感情相适应，其语言形式也是十分清新自然，浅俗易懂。她的语言经过千锤百炼，却不见锤炼的痕迹，且于锤炼之中，显现出清新活泼、生动自然的特色。体现此特色的突出之作是《声声慢》。词的开头连用 14 个叠字："寻寻觅觅，冷冷清清，凄凄惨惨戚戚。"下阕的"梧桐更兼细雨，到黄昏，点点滴滴。"均显得自然妥帖和美流转，累累如贯珠，充分说明了她运用文字的娴熟。

此外，李清照的词具有音律的和谐之美。由于词是配合音乐供歌唱的文学，所以，它的声调带有节奏美，富有音乐性。李清照通音律，善于掌握声调韵律的节奏。因此，她的词，给人以旋律优美，富于感情和韵味之感。而且，李清照喜欢用险韵，可见，她能够运用自如地驾驭音律。故此，她的词艺令人想起唐朝公孙大娘高超的剑术，在当时的文坛上赢得了极高赞誉。

李清照不仅是一位杰出的女词人，而且是一位著名的词论家。她在词的创作实践中积累了丰富的经验，并把它上升为理论，写了《词论》一文。这是宋代词坛上第一篇系统的词论，也是中国文学史不可多得的有关词的理论的文章。

在这篇文章里，李清照着重评述了北宋的词人，并对词提出了六条要求：文雅、浑成、协律、典重、铺叙、故实。

所谓"文雅"，就是要求词的内容写得要高尚、严肃，反对淫乱低级的内容入词。"浑成"就是说，要使词给人以连贯、浑然一体的感受，反对为了追求妙语，而使词不流畅，有破碎之感。"协律"，则说明了李清照对词在音律方面的严格要求。她认为词必须是能配乐歌唱的乐府词，而不承认不协律的长短句为词。"典重"和"故实"，是对词在内容上的要求。所谓"典重"就是庄重；"故实"就是史实。所谓"铺叙",则是对词的艺术表现手法的要求。

在这六条论词标准中,以协律一条最为重要。李清照从词必须协律这一特点出发,提出了词"别是一家"的主张,要求严格划清诗词的界限,保持词的传统风格。

总之,李清照的《词论》,既有独特的见解,也有保守的一面。但它确实是研究"词"这一文学形式的极好借鉴。

# 忧时伤世,终老一生

李清照在南渡前,生活是安定幸福的,南渡后,家亡、夫丧。此间,她亲历了种种变故,流离失所,尝尽了人间的辛酸。而在流传至今的李清照的诗文中,绝大部分均是其后期的作品。其中,反对以赵构为首的卖国投降集团的昏庸无能,是其诗作的一个重要内容。著名的诗篇有《乌江》、《题八咏楼》等。

《乌江》:"生当作人杰,死亦为鬼雄。至今思项羽,不肯过江东。"此诗借用项羽虽然失败了,但是很有骨气,宁死也不肯逃往江东,苟且偷生的典故,来讽刺宋高宗赵构的懦夫行径。

《题八咏楼》:"千古风流八咏楼,江山留与后人愁。水通南国三千里,气压江城十四州。"这首诗是李清照在金华时期所作。她利用江山的胜概与无限的愁思形成了鲜明的对比,来抒发她对逃跑者的不满情绪。

同时,李清照还利用诗歌,表现了自己在抗金斗争中的远见卓识:

> 想见皇华过二京,壶浆夹道万人迎。
>
> 连昌宫里桃应在,华萼楼前鹊定惊。
>
> 但说离心怜赤子,须知天意念苍生。
>
> 圣君大信明如日,长乱何须在屡盟。

在这首七言律诗中，她以焦急的心情盼望收复失地，并坚信沦陷区的人民也热爱着故国，南望王师来北定中原，所以会有"壶浆夹道万人迎"的欢迎景象。她还清醒地认识到屡次订盟约会招致更大的祸乱。

在李清照的诗歌中，咏史诗占有相当重的分量。她常常通过对历史事件的抒写和对历史人物的吟咏，来表明自己对政局的态度。同时，讽刺、批判南宋君臣苟且偷生、毫无气节可言的屈辱形象。例如《乌江》那首诗。

从李清照的诗中，可以清楚地看到她的英雄气质和爱国激情。而在北宋灭亡，中原有待光复，河山需要重整的年代，尤为需要民族英雄，需要崇高的牺牲精神，李清照的诗篇，正是顺应了历史的要求，发出了"生当作人杰，死亦为鬼雄"的呐喊。

除了诗词上的成就，李清照在散文方面也有可观的一面。只可惜流传至今的已寥寥无几。其中，尤为重要的是她的《金石录后序》。

《金石录后序》是一篇叙事与抒情相结合的散文。它真实生动地记叙了李清照与赵明诚的生活经历。文章从她18岁嫁到赵家一直写到她52岁作序为止，叙述了她曲折、忧患的一生。文章以他们夫妇搜求、整理、研究金石书画为中心线索，并在不少情节上反映了一定的社会现实。

《后序》的主要特点是善于刻画人物的性格，具体而细微地描写心理活动。此外，还善于描绘人物的外部特征，在故事情节和细节的描写上有独到之处。

《后序》不仅具有很高的文学价值，而且还具有重大的历史研究价值，它是研究李清照的非常重要的第一手资料。

李清照的一生是曲折的，其人生道路是坎坷的。文学作品正是反映着时代的特征。李清照的词作在思想内容上和词风上以北宋灭亡为界限，分为前、后两期。前期作品大部分写少女的快乐、大自然的美丽和缠绵的离愁别绪的。此期的词妩媚而妍丽。后期作品多以凄婉悲怆为主，把理想与现实结合起来，抒发了自己对故国的思念和收复中

原的愿望。而此期的另一大成就则是诗歌的创作。由于她主张词"别是一家"，要求严格划清诗、词之间的界限，所以其词的创作受到了一定的局限；但她的诗却能表达出用词抒发不尽的感慨。她的诗针砭时政，借古讽今，慷慨激越。

李清照的词作在艺术上达到了炉火纯青的境界。她博采北宋诸大家之长处，借鉴汉魏辞赋的铺叙手法，逐渐形成了自己的独特风格——"易安体"。她用白描的手法来刻画人物，其作品明白如话却又含蓄委婉。她把婉约派风格发展到了顶峰，被后人称为婉约派词人的"宗主"。她的词对后来的词人产生了很大的影响。这是因为她的作品又有笔力横放、铺叙浑成的一面，尤其是其后期的一些词作以浪漫、豪放的艺术手法表现出的对国破家亡的深愁痛恨，对南宋爱国词人辛弃疾、陆游颇有影响。

总之，李清照的艺术成就，在此前历代女作家中是首屈一指的；在中国文学史上亦占有相当高的地位。后人认为她的词"直欲压倒须眉"，称她是"词家一大宗"。李清照对我国古典诗词的发展作出了重大贡献；她的文学作品，更是我们全民族的一份宝贵遗产。

# 第 九 章

## 巾帼不让须眉
## ——秋瑾

秋瑾（1875~1907），近代民主革命志士，原名秋闺瑾，字璇卿，号旦吾，乳名玉姑，东渡后改名瑾，字（或作别号）竞雄，自称"鉴湖女侠"，笔名秋千，曾用笔名白萍。祖籍浙江山阴（今绍兴），生于福建闽侯县（今福州）。其蔑视封建礼法，提倡男女平等，常以花木兰、秦良玉自喻，性豪侠，习文练武，曾自费东渡日本留学。积极投身革命，先后参加过三合会、光复会、同盟会等革命组织，联络会党计划响应萍浏醴起义未果。1907年，她与徐锡麟等组织光复军，拟于7月6日在浙江、安徽同时起义，事泄被捕。7月15日从容就义于绍兴轩亭口。

# 少女情怀，奔放豪爽

1875 年 11 月 8 日（农历十月十一日），福建闽侯县一个官宦之家的少奶奶生下了她的第二个孩子，这便是 30 年后被孙中山先生称为"巾帼英雄"的秋瑾。

当幼小的秋瑾用她那双对人世充满好奇的眼睛看世界时，中国正被中英《南京条约》、中美《望厦条约》、中法《黄埔条约》等不平等条约瓜分得支离破碎，惨不忍睹。

有一天，秋瑾亲眼看到几个外国人趾高气昂地来到一州之长祖父秋嘉禾的面前，为一点小事大肆挑衅、跳踉咆哮，威仪庄重的祖父大人却敢怒不敢言，一副毕恭毕敬的样子。这使幼小的秋瑾受到强烈刺激，她飞奔回家，惊恐而气愤地对母亲说："红毛人这样厉害，这样下去，中国人要成为他们的奴隶了！"刚毅正直的母亲只是抚摸着秋瑾如丝的秀发，轻轻叹了口气。

当然，国家或民族的历史不可能因为一个少女的困惑或担忧而稍有改变，就是发出这声惊呼的女孩儿自己也与邻家的小妹没有什么不同。七岁这一年，秋瑾也同样天足被缠，上学识字念的也不外是《三字经》、《百家姓》、《神童诗》等开蒙读物。

秋瑾天资聪慧，过目不忘，她自幼喜爱古典诗词，经常抱着杜甫、辛弃疾、李清照的诗词吟哦不已，十多岁时经常写出一些清丽可喜的小诗，秋瑾自己也非常得意。每当秋嘉禾下堂回来，秋瑾便捧着自己作的诗给爷爷看。爷爷坐在红木的太师椅上，捻着长长的胡须，给依偎在怀中的秋瑾评词品句，其乐融融。看着灵秀的女儿，秋寿南（字益三）更是喜笑颜开，他甚至深为惋惜地说："阿瑾若是个男儿，考

（科举）起来不怕不中。"也许正是因为秋瑾不是男孩的原因，未到及笄之年，便被迫辍学，修习女红了。这是当时一个最简单的公理："女孩子书读多少并不重要，重要的是她的女红必须精巧。"所以若干年后秋瑾在自传性弹词《精卫石》中写道：封建统治阶级"专会想些野蛮书籍、礼法，行些野蛮压制手段来束缚女子、愚弄女子，设出'女子无才便是德'之话出来，欲使女子不读书，一无知识，男子便可自尊自大起来，竟把女子看得如男子的奴隶、牛马一样"。当然我们不会机械地将秋瑾的父辈与"封建统治阶级"相提并论，事实上秋瑾的祖父以及后来也投身官场的父亲都是耿介不阿、廉洁自律的清正官员，甚至得到过任内百姓竖立的"功德碑"、"去思碑"。更恰当地评价或许他们应该是较有德行的正统派儒家官僚，其见识并没有超越传统士大夫的认知范畴。他们虽温良慈爱地对待子孙，却又使秋瑾所嫁非人，酿成了"知己不逢归俗子，终身长恨咽深闺"（《秋瑾集》）的终生遗憾。

秋瑾从小心灵手巧，很快学会了不少针线活，尤其擅长刺绣。她独出心裁设计图案纹样，绣出的双面绣龙凤牡丹图，配色素雅，惟妙惟肖，谁见了都赞不绝口。可是俗话说得好"江山易改，本性难移"，几天的新鲜劲一过，秋瑾对这种特别需要细心和耐性的活计便再也没有兴趣了。硬逼着拿起画撑子还没绣几针，就心焦气躁，不是扎了手就是扯断了线，眨眼工夫她便跳起来跑掉了。

但捧起书本，秋瑾却能久久地沉浸其间。年岁稍长，与好友同道切磋诗文，更常常"因书抛却金针，笑相评；忘了窗前，红日已西沉"。虽然高祖以来秋家世代举人出身，家中藏书颇丰，但仍然不能满足秋瑾强烈的求知欲望。十来岁的女孩子，花一样的年龄，个个爱美爱打扮，为了两本"闲书"，秋瑾却常常毫不犹豫地拔下头上的金簪银饰与人交换。正因为秋瑾酷爱读书，尽管真正坐在书斋中并没有几年，但她却从小饱读诗书，涉猎广泛。

1890 年 8 月，年近 60 岁的秋嘉禾告老还乡，秋瑾全家回到了故乡——浙江绍兴，这时秋瑾已经 15 岁了。秋氏祖籍在离绍兴县城十二三公里的福全山（又名覆船山）下。此次返乡，秋嘉禾在绍兴城内塔山南麓（今和畅堂18号），典买了一幢三间四进的明代建筑，置四百亩田地，安居了下来。

定居下来后，秋瑾便在这里读书习武。其实，秋瑾不仅尚武豪放，而且乐善好施，同情弱者。她有一位远房老伯，因为考科举屡试不中，半痴半疯，一大把年纪了，既无家室又丧失了劳动能力，周围人都耻笑戏弄他。秋瑾还乡后，既可怜他对科举的痴迷，又同情他缺衣少食的孤苦，便常常从家里拿些东西送他，开导他，终于使这位科举时代的牺牲品渐渐丢掉了幻想，开始自食其力。

每年夏天，秋瑾都同家人一起到乡下观赏丰收盛景。与许多富贵人家的少爷小姐不同，秋瑾不仅与农家的孩子一起下河捕虾、上树捉鸟，而且常常跑到大田里帮助乡亲车水、拔草。在艰苦的劳动中她既得到了极大的乐趣，也体会到了农民的辛苦。

当秋瑾随全家由闽返浙之时，故乡先贤"三先生"的事迹，仍在绍兴广为流传，可谓家喻户晓妇孺皆知，绍兴城里这些志士仁人的余音履痕雪泥鸿爪随处可见。如此浓郁的地域氛围，必然在敏锐、豪迈、侠肝义胆的秋瑾内心激起层层波澜。正如有人所说："忠义之气，郁久必发，有前人椎心泣血申大节于千古者，即有后人殚心竭虑垂伟业于无穷也。彼二烈士（按即徐锡麟、陶成章）、一女侠（按即秋瑾）者，实三先生（按即王毓蓍、潘集、周卜年）之化身……"（沈砺《越中三先生传》）爱国主义永远是一种动人心魄的力量，虽然徐、秋诸烈士之为国捐躯，与"三先生"之忠君殉节意义迥异，但其爱国气节却是一脉相承。秋瑾后来留学日本期间写给其侄儿秋壬林的信中说："但凡爱国之心，人不可不有；若不知本国文字、历史，即不能生爱国心也。"从这里可以看到，秋瑾对于祖国文化、历史的热爱，是从小就逐渐养成了的。

由重侠尚义到精忠报国，秋瑾不仅承袭了中国传统知识分子"文以载道"的文化心理和伤时忧国、感怀悲己的忧患意识，而且在遨游史海的过程中，不断地与先贤志士促膝神交，"难谓古今殊，异代可同调"（语出南朝诗人谢灵运）。1894年春天，秋寿南调任湖南，秋瑾一家逆江而上。行舟途中，秋瑾想到了屈死汨罗江的屈大夫，不禁为他拍案不平，"君何喜谄佞？忠直反遭忤。"船过赤壁古战场，她又忍不住为三国英雄击节称颂，"潼潼水势向江东，此地曾闻用火攻。怪道侬来凭吊日，岸花焦灼尚余红。"正是在这并没有多少文学价值的诗文中，我们看到了秋瑾心中最有价值的东西："爱国主义的种子"。

翻开《秋瑾集》，她的笔下不仅是海棠、芳草，还有"本是瑶台第一枝"的梅、"铁骨霜姿有傲衷"的菊，以及兰、荷、桃、李、芍药、杜鹃……真算得上是百花齐放、斗艳争奇，虽说不外风花雪月的浅吟低唱，但这些或清新欢快或标新立异的生命之歌，其价值取向、审美情趣，与旧时深闺之中的无病呻吟、扭捏之作确不可同日而语。从今天所能见到的吉光片羽之中，仍依稀可见"有女才子之目"的秋瑾的照人风采。可以说1890到1894年这几年间，是秋瑾最轻松愉快、自由奔放、生机勃勃的时期。特别是1894年春天，秋瑾过得非常愉快，或于丽日晴天饱览楚地风光，或与闺中密友"阶前携手惜流年"，对孙中山在大洋彼岸檀香山创立的兴中会毫无所闻，对发生在辽东海面的中日甲午战争，虽有"不胜今昔"之感，但也显然一片茫然。一家人父慈母爱兄贤妹淑，我们这位"不拘小节，放纵自豪，喜酒善剑"（摘徐自华《鉴湖女侠秋君墓表》）的鉴湖侠女，在透明的欢笑中享受着她最后的自由奔放的闺中生活。

# 遇人不淑，空有悲叹

一位身处腹地的闺中小姐，对远在辽东海上的战争不甚了了本也无可厚非，而且她的了然与否于时于事也确实无足轻重。当外面的世界风起云涌、激流翻卷之时，闺中的秋瑾正为自己的终身大事黯然伤神。

七岁被迫缠足时，秋瑾曾又哭又闹地质问父母："为什么我要缠足？"父母给她的回答是"女孩子向来都缠"。今天，面对媒妁之言，秋瑾又提出了几乎相同的问题："为什么我要嫁他？"不知秋瑾这次是否哭闹，但得到的答案仍然是"婚姻大事向来父母做主"。这不由得令人想到鲁迅先生笔下"狂人"的疑问："向来如此，就对吗？"不管秋瑾的父母是否想过这个问题，正如列宁所言："千百万人的习惯势力是最可怕的势力。"秋瑾的亲事是无可争议地决定了，如她已经被一丝不苟缠过的脚。

思想观念的彼此相悖与爱怜子女的毋庸置疑，构成一种说不出的心痛，从这个意义上看，"可怜天下父母心"常常含有几分悲剧的意味。无论怎么说，父母当初忍痛要七岁的女儿"缩筋断骨"，不乏为她将来找个好人家的打算，那么到了1894年夏天秋瑾20岁时，父母认为这个好人家已经找到了。

1891年，秋寿南曾任台湾巡抚文案，全家迁居台北。到1894年又调任湖南，本来要擢升直隶州知州，但因秋家无钱贿赂吏部官员，加上秋寿南一向耿介不阿，洁身自好，与官场中人多无深交，所以被发到湘潭，任厘金局（税务局）总办，秋瑾一家也随之由长沙来到湘潭。

一天午后，秋寿南的朋友李润生来到秋府，一进门便满脸堆笑。原来他是受王黻臣之托，为他的小儿子王子芳（名廷钧）来给秋瑾提亲的。据王灿芝（秋瑾和王子芳的女儿）在《秋瑾革命传》中的记载，王子芳"生得面目俊秀，潇洒风流，颇有文名，最得父母的欢心"，虽说是女儿记述自己的父亲，不免有溢美之词，但王子芳确曾就读于岳麓书院，秋瑾的父母对他颇为满意，而且认为两家也门户相当，于是，1896年5月17日秋瑾便与18岁的王子芳结了婚。

因为对王子芳的性情、学问无所了解，秋瑾心里对这桩婚事不甚情愿，可是当时男女婚配全凭"父母之命，媒妁之言"，女孩子根本没有自主权，便也只好"出嫁从夫"。结婚以后，婚姻生活很不幸福。可以说，待字闺中的秋瑾是一条欢畅奔腾的激流，而婚姻的堤坝则几乎将她禁锢成了一潭死水。秋瑾的婆婆屈氏，是一个性格暴躁、思想顽固又御下极严的人，秋瑾自嫁到王家后，每天早晚两次到婆婆面前去请安，平时一举手一投足都要中规中矩，小心谨慎，稍有半点闪失，便会遭到婆婆的当面斥责。这对从小酷爱自由、敏感自尊的秋瑾实在是一种沉重的精神打击。每一个人总是通过自己的经历感受认识和判断事物的，当秋瑾在王家的深宅大院做了痛苦的挣扎之后，她对封建制度的摧残人性，特别是封建礼教对妇女的压迫凌虐才有了切肤之痛，所以后来秋瑾坐在日本的榻榻米上深夜命笔，撰写《精卫石》等作品时，回忆自己亲身经历的种种磨难，秋瑾常常拍案而起，捶胸痛哭，痛不欲生。

记得罗曼·罗兰在他的《名人传》序言中曾说，人类伟大的灵魂"他们固然由于毅力而成为伟大，可是也由于灾患而成为伟大"。断言秋瑾是否伟大此时自然为时尚早，但她正经历着一生最苦难的时期却是事实，在写给大哥的家信中秋瑾曾说："吾以为天下最苦最痛之无可言语者，惟妹耳……""妹如得佳偶，互相切磋，此七八年岂不能精进学业？名誉当不致如今日，必当出人头地，以为我宗父母兄弟光，奈何遇此匪无受益，而反以终日之气恼伤此脑筋"。婚姻的幸福对一个女人的重要性，各个时代都是相同的。与今天不同的是，对于女人来说，在上个世纪的字典中，似乎还没有"离婚"一词。敢做敢当、百折不挠的秋瑾，留学日本期间，曾试图与王子芳"谈判离婚"而不得，被她恨之入骨的夫妻关系直至她血洒轩亭口也未能解除。婚姻的围城可谓固若金汤，难于冲破。一个刚烈的灵魂被折磨着，犹如鲁迅笔下的困兽，日日夜夜苦闷彷徨，内心深处时刻不得安宁。

回首历史，我们或许感到社会的嬗变几乎是日新月异、风驰电掣，而身处历史的每一时刻，又同时感到时代的脚步真的如此拖泥带水、蹒蹒跚跚。

作为一场政治运动，"百日维新"是彻底失败了，但它作为一场思想运动，其影响却不是任何人能剿除干净的。人的思想认识犹如时光一样不可倒退，这是不以别人乃至思想者本人的意志为转移的。"知识就是力量"，具体说，在近代中国，知识几乎必然成为一种政治力量。百日新政给身处绝地的中国投射进一缕曙光，尽管一晃就熄灭了，但它在人们心灵深处唤醒了希望。中国，挣扎于躁动之中。其中最活跃的省份便是秋瑾的家——湖南！

1897 年 6 月 27 日秋瑾生下儿子王沅德，随着儿子的一天天长大，家愁国恨的撞击，时事风潮的浸润，秋瑾心田中嫉恶如仇、舍身报国的正义种子萌芽了。

1899 年，秋瑾随同丈夫王子芳、婆母屈氏一起，带着儿子来到了北京。秋瑾初到京城，正值戊戌政变之后的肃杀时期，踌躇瞻顾，不免忧心忡忡。有一次她到北京近郊游览，见到了历代统治者为了标榜自己的招贤纳士而筑的黄金台，回想进京以来她耳闻目睹的官场内幕，秋瑾不禁感慨万千。秋瑾曾在《演说的好处》一文中，对贪官污吏的嘴脸作了入木三分的刻画："现在我们中国，把做官的当作最上等的生涯，这种最上等的人，腐败不堪，今日迎官，明日拜客，遇着有势力的，又要去拍马屁，接着有了银钱的又要去烧财神；吃花酒、逛窑子，揣上意，望升官……"真是揭露得淋漓尽致。以这帮蝇营狗苟的趋利小人为当局"重金纳贤"作注脚，真是绝妙的讽刺。所以，秋瑾挥笔写道："蓟州城筑燕王台，招士以财亦可哀。"

于国于民真正可哀的是赤子丹心的贤才良将，空怀壮志，报国无门。虽然身在京城，秋瑾有机会接触了更多的新思想、新风尚，但是她仍然难于摆脱这无所作为的苦闷。正在这时，以北方广大农民为主体的义和团反帝爱国运动的狂飙突起，紧接着，俄日美等八国联军开进中国，血腥屠戮，狂暴摧残，中国人民处于空前的浩劫中。已怀有身孕的秋瑾及其一家只好避乱湖南。

面对庚子之乱，秋瑾的心情难于平静，她多么想匡乱扶危、建功立业啊，可是现实呢？"漆室空怀忧国恨，难将巾帼易兜鍪。"漆室是春秋时候鲁国的一个女子，她看到自己的国家贫弱受欺，不免倚柱叹息："君臣父子被其辱，妇女独安所避乎？"秋瑾正是以这位忧国忧民的漆室女自比，对被缚深闺难展报负耿耿于怀，要脱去女儿装，身披盔甲驰骋疆场、拯救祖国于危亡的强烈愿望也只能是一纸空文。她"几番回首京华望，亡国悲歌涕泪多。"眼看大好河山陷落敌手，秋瑾不由得潜然泪下。南发途中，含愤作一黄帝纪元大事年表，把1900这一年称为"汉族将受制于西人"之年。作为国耻，以永志不忘。

这段时间对于秋家来说，也可谓多事之秋，或喜或愁，错杂繁乱。

1901年10月7日，秋瑾生下了一个女儿。

1901年11月26日，秋瑾的父亲秋寿南在湖南桂阳知州任上病逝了。

短短两个月间，秋瑾既经历了女儿诞生的喜悦，也体会了失去父亲的悲伤。人生的可贵，光阴的飞逝，使秋瑾感慨万千，她更不甘于平庸无聊地消磨青春，下决心一定要做一番轰轰烈烈的大事业。

1901年9月7日太后逃亡西安，李鸿章则斡旋于列强之间，终以一纸《辛丑条约》，把中国推入了任人宰割的深渊。不几日李鸿章便一命归西。慈禧对入侵诸国却感激涕零，演出一幕闹剧。1902年2月3日，英国的《泰晤士报》对此有极为生动传神的报道：日前西太后接见各国驻京公使时，"太后进屋一把抓住康格夫人（美国公使夫人）的手，好几分钟没有放开。她浑身颤抖，抽泣哽噎地说进攻使馆区是极大的错误，她后悔莫及"（骆惠敏《清末民初政情内幕》）。""后悔莫及"像是一种反思，但由此产生的"量中华之物力，结与国之欢心"，表达的则是奴颜和谀态。意味着在她身上民族抵抗意识的全部丧失。正由于此，才有八国联军入京之时，京官权贵争相悬挂顺民旗，张灯结彩酒肉相迎的景象。虽然事隔百年，时事巨变，但读史至此，仍不免汗颜慨叹。卖国罪魁慈禧却窃喜于"不侵我主权，不割我土地"，昂首正色，引3000车行李浩荡回京，亲政依然，一脸"奉天承运"的天子威仪。四散出逃的一班京官自然也蜂拥而回，复职拜官。1903年春天，王子芳也携眷回京，官复原职。

凡有爱国心的有识之士都已看到了"瓜分豆剖逼人来，同种沉沦剧可哀"的严重局势，进一步认清了清政府的卖国本质。全国各地大批资产阶级民主革命人士纷纷起来，宣传反清革命的思想，还在湖南的时候，秋瑾就看到了资产阶级革命宣传家陈天华写的两本小册子《猛回头》、《警世钟》，陈天华以通俗的语言，激越的爱国热情写道："洋人来了！洋人来了！不好了！不好了！大家不好了！老的，少的，男的，女的，贵的，贱的，富的，贫的，做官的，读书的，做买卖的，做手艺的，各项人等，从今以后，都是洋人畜圈里的牛羊，锅子里的鱼肉……"他又以激愤带泪的语言揭露清廷的反动本质，他的结论是"要想拒洋人，只有讲革命独立，不能讲勤王"。秋瑾读着这种激越的文字，真是荡气回肠，耳目为之一新，心情激动不已，她称陈天华是自己的"启蒙开智"的人。陈天华的革命檄文使秋瑾明确认识到要挽救祖国的危亡，必须推翻清政府的统治。

在京城，秋瑾结识了几位进步女性，包括吴芝瑛等人，使秋瑾眼界大开，加上她如饥似渴地用心阅读新书报，并与几年来耳闻目睹的现实进行对照，由此茅塞顿开，思想境界不断提高。她开始明确意识到"男尊女卑"等封建信条的荒谬。从自己不幸的婚姻，到周围许多女伴虽然衣食无愁，但却被玉锁金枷

秋瑾像

所束缚的残酷现实，这些都迫使秋瑾苦苦思索："女子为什么非依赖丈夫呢？女人如何才能自拔自立呢？"妇女要独立要冲破牢笼的革命思想开始在秋瑾心中萌芽。这使秋瑾越发胸襟开阔、气宇轩昂。此时的王子芳则整日忙着迎官拜客，阿谀奉承，"后来又结交上了几个贝子、贝勒，常常是花天酒地地混在一起，有时竟彻夜不归，甚至卧倒在酒瓮旁边，沉醉不还，所以夫妻之间，时相勃溪。"（王灿芝《秋瑾革命传》）此语出自王灿芝之口，想来不会有什么夸张。

在1903年的中秋之夜，夫妻关系彻底决裂了。

这天，王子芳叫秋瑾备宴请客，结果傍晚时分，他自己却被人拉着出去吃酒，秋瑾十分气恼。独自面对一轮皓月，秋瑾不由感慨万千。在一首词《满江红·小住京华》中，秋瑾写道："俗子胸襟谁识我？英雄末路当磨折。莽红尘，何处觅知音？青衫湿！"结婚八年来，夫妻之间由"琴瑟异趣"到"时相勃溪"，精神的创伤、心灵的戕害再也难于弥合，或许曾经努力沟通，或许曾经唇枪舌剑，甚至愤怒仇恨不共戴天，一切的一切都因为对这个人的彻底绝望而归于平淡，都因为一次次的幻灭而激情不再，无所谓恨，无所谓爱，无所谓营造维护甚至遮盖，于是秋瑾毅然换上男装带着仆人上戏园看戏去了。这是秋瑾第一次着男装，王子芳知道后竟出手打了秋瑾。秋瑾盛怒之下，愤而出走，到泰顺客栈住了下来。

夜深人静，一灯如豆，秋瑾内心痛苦异常，一方面她为自己的飘零身世伤感悲叹，同时又不甘沉沦，"水激石则鸣，人激志则宏"（《秋瑾集》）。从小养成的豪迈气概激励她绝不示弱："冰姿不怕雪霜侵，羞傍玉楼傍古岑。标格原因独立好，肯教富贵负初心。"诗中通过秋瑾一向推崇的寒梅表达了她的冰霜之志和傲然独立的品格。

秋瑾的离家出走，使王子芳十分难堪。他大小也是个京官，妻子出居在外这是有损面子的。因此，他再三请吴芝瑛从中调解，又派大批仆妇，几次三番，花言巧语前去劝说。最后秋瑾人是回到了家中，但在心灵深处她与王子芳却彻底决裂了。

无论是对一家之主王子芳，还是对一国之主清政府，秋瑾的绝望和否定、恨之入骨都是肯定的。从小养成的扶危救难、忠贞爱国的思想在秋瑾脑海中越发清晰起来："人生处世，当匡济艰危，以图抱负，宁能米盐琐屑终其身乎？"乱世出英才，秋瑾一心要冲出闺阁，为振兴祖国干一番事业。但是自己乃至国家的希望和前途究竟在哪里呢？虽有豪情万丈，但不知路在何方。除了能解放自己及女儿灿芝的天足，秋瑾紧握的双拳中，只攥着一把疾恶如仇和无奈彷徨。

## 追求自由，冲破樊篱

当古老的中国走过 5000 年文明的历史，徜徉在世纪之交的岔路口，应该极像张爱玲笔下那件"长满虱子的华美的袍"。随着一张张和约的签订，那袍便被剪开了一个一个的破洞——当然也可以叫做"窗口"。

当时，几乎所有的资本主义国家都曾烹华夏而分一杯羹，但之后不久，几乎所有这些国家的街头，都出现了炎黄子孙探索的眼睛。特别是日本，短短 30 年，不仅变法自强，跻身资本主义列强的行列，而且使中国成为它小试锋芒的稻草人。与西人以商品、传教作为侵略的开端有所不同，日本的殖民扩张一开始便诉诸武力，表现出更多的迫不及待和直截了当。1895 年，日本踏着先行入侵者的脚印，汹汹地破门而入，通过《马关条约》获得了与西方列强相同的奴役中国的权力。隔一泓烟波碧海，面对那弹丸之地，中国近代的知识分子在苦苦思索："为什么泱泱大国会被挫于一个小小的日本呢？"1896 年 3 月，《马关条约》的墨迹尚未干透，中国第一批赴日留学的 13 名学生已经踏上了留学东瀛的旅程，到 1904 年已达 1300 多人。两年前维新派领袖康有为曾以一本《日本变政考》打动光绪皇帝的心，此刻更多的有识之士也把眼光盯在了海峡对岸，他们逆着当年遣唐使的航向纷纷负笈东渡，决心去解开那饱含屈辱与惨痛的谜底。在这先觉者的队伍中，有一个人就是秋瑾。

自从 1903 年中秋节秋瑾"出居泰顺客栈"之后，她屡屡借住于吴芝瑛、陶荻子的家中，她与王子芳的矛盾冲突愈演愈烈，夫妻关系已无可挽回。

虽然秋瑾从小尚武任侠，豪放不羁，但仍然不乏女孩子的乖巧委婉。"衔泥燕子多情甚，小语依依傍玉钩。""栏干遍倚悄无人，多情惟有影，和月伴黄昏。"曾几何时，她的笔下常常流露出这样缠绵悱恻的诗句。写到秋瑾常常自喻的东晋才女谢道韫，词中更不乏香软之句："谢家娇女，正笑倚栏干，欲拈丽句……清香暗度，知庭角梅开，寻时怕误。"但是，一个人天生总有多种潜质，在后天的生长环境中，由于周围人的性格特点，必然强化或发展他的某一个方面，使之逐渐固定下来，显现为主要的性格特征，而其他方面相对衰弱下去。秋瑾父兄的循规蹈矩、谨慎内向，丈夫王子芳的平庸无能，无疑使秋瑾更倾向于坚毅果敢的英雄气概。尤其是国家民族的存亡迫在眉睫，"外侮侵凌，内部腐败，没个英雄做主。"（《秋瑾集》）更使秋瑾的豪侠之气升腾万丈。时世造英雄，秋瑾，一个江南水乡的弱女子，选择了去做时代的中流砥柱。此时秋瑾写下大量尚武之作，《剑歌》《宝剑歌》《宝刀歌》《红毛刀歌》，单从这些诗名就可闻到浓烈的火药味，"走遍天涯知者稀，手持长剑为知己。""饥时欲啖仇人头，渴时欲饮匈奴血。""主人赠我金错刀，我今得此心雄豪。赤铁主义当今日，百万头颅等一毛。"如此充满阳刚之气的诗作，充分反映了秋瑾当时的心态。

相形之下，王子芳不过是一个瑟缩于末落的旧时代之下的平庸之辈。当然，在失败的婚姻之中，不能以革命不革命、进步退步甚至好坏来定论那失败的责任者。婚姻之中，只有和谐与不和谐，欣赏与不欣赏，融洽与不融洽，甚至是容忍与不容忍。在秋瑾结婚后半年才出生的秋宗章在《六六私乘》中对秋瑾和王子芳的回忆更切中要害。他说："婿字子芳，行四，风度翩翩，状貌如妇人女子。姊转亢爽若须眉，琴瑟异趣，伉俪不甚相得。"秋瑾婚姻悲剧的时代性就在这里。从今天看来，秋瑾当然有权力寻觅自己的"林和靖"，有权力分道扬镳开始新生活，但这一切在当时都是不可能的。恰恰是在这样的时代，秋瑾的"从家庭开始"的革命才具有极为重大的社会现实意义。

对现行的一切——从时世到家庭的彻底绝望，对将行的目的——从国家到个人的完全困惑，使正在"上下求索"尚无所获的秋瑾表现出一种强烈的叛逆色彩和玩世不恭甚至自暴自弃的倾向。

正是在当时的非常时期，才会有秋瑾的非常之举。从这个意义上，再去读秋瑾的诗文，看她的穿衣戴帽，对她内心的苦闷，对那个黑暗的时代，都会多一层理解。但是，以怪异而抵抗传统，以奇变而标示独立，这样的矫枉过正自然不免幼稚甚至滑稽，虽然其中充分反映了她对陈规陋习的蔑视和标新立异的勇气。可以说，此时内心丰富、热情似火的秋瑾，分明带有浓重的时代牺牲者的色彩。

家庭生活的孤寂无聊，使秋瑾把更多的热情投入了与朋友的交往之中、特别是 1903 年秋瑾一家第二次来到北京后，把家从过去居住的南横街圆通观对面搬到了绳匠（丞相）胡同，与居住在北半截胡同的一位颇负文名的女子吴芝瑛成了相距咫尺的近邻，这对秋瑾的思想发展，有着重要的影响。

1904 年 2 月 22 日这一天，正是农历正月初七，大街小巷春节的气氛还非常浓，吴芝瑛家收拾得富丽堂皇，新换的春联更增添了一份喜气。一大早就赶到吴家的秋瑾也表现出少有的庄重。原来吴秋二人今天要义结金兰。几位好友一到，秋瑾便恭恭敬敬地捧出了亲笔书写的兰谱，与吴芝瑛互相作了交换，正式结拜为"贵贱不渝，始终如一"的姐妹。秋瑾自号旦吾，从第二天起，正式穿起男装，永不再穿清式女服。当时秋瑾将自己出嫁时的衣物送给吴芝瑛作为纪念，而且赋诗相赠，表达了终于访得同调知己的兴奋心情："曾因同调访天涯，知己相逢乐自偕。"

"但凡一个人，只怕自己没有志气，如有志气，何尝不可以求一个自立的基础，自活的艺业呢？"秋瑾认定了，只有出国留学，才能突破牢笼，才能自立自救，才能施展抱负，才能拯救祖国。她把自己的决定告诉了盟姊吴芝瑛，老成持重的芝瑛以大姐的口吻说："我看子芳不会同意你留学的，一个女子远涉重洋，诸多不便呢。妹妹还得三思而行。"秋瑾一听，马上激动起来："姐姐，你平时也说女子应当有学问，求自立，岂能事事仰仗男子？如今社会上都在讲革命，革命，依我看，要革命首先就应该从家庭中开始，男女平等。我相信几十年之后，女学在中国也一定会大兴的。但是，若今天没有一个女子敢去读书，并带头来提倡女学，那女子自立岂非一句空话。"秋瑾说得那么理直气壮，振振有词。芝瑛从心底里佩服她的胆识，她想起秋瑾赠给她的诗："文字之交管鲍谊，愿今相爱莫相乖。"觉得自己做姐姐的应帮助她、支持她，但如果王子芳在经济上卡秋瑾怎么办呢？还有秋瑾的两个孩子怎么办呢？她把这两点提了出来。秋瑾略作思考后说："王子芳若不给我钱，我变卖自己的首饰也要去。孩子嘛，就放到湖南祖母那儿去。"

果然不出吴芝瑛所料，王子芳听说秋瑾要去留学，竭力反对。他一面讨好秋瑾，陪她选购字画、古玩，还送秋瑾玄狐披风、金香炉等物，一面私藏了秋瑾陪嫁珠宝首饰，欲使秋瑾没有经济来源，无以成行。手段如此的可怜与卑琐，自然只能激起秋瑾对他更大的愤恨和蔑视，更坚定了要彻底摆脱他的决心。秋瑾把仅存的首饰全部托付给同乡陶大钧之妾获子变卖，筹了一笔留学经费。最后，王子芳想用两个孩子来拉住秋瑾，秋瑾决然地说："我带着两个孩子一起出洋。"王子芳知道秋瑾去意已决，任何办法都不可挽回了，便把儿子留下，让秋瑾带着女儿离去。

就在秋瑾艰辛筹款之时，忽然传来一则消息，说前礼部主事王照因与维新派有牵连，自首入狱了。秋瑾虽然与王照素不相识，但出于对维新派的同情，加上王照是自去投案，颇为他的勇气所感，素有侠义心肠的秋瑾不顾自己阮囊羞涩，从留学经费中抽出一部分，托人辗转送入狱中，做营救王照之用，并嘱咐转交者不要说出自己的名字。当王照出狱后前往致谢时，秋瑾已与贩夫苦力一起挤在三等船舱里到达日本了。

对于这样的古道热肠、仗义疏财之举，朋友曾有诗赞之："隐娘侠气原仙客，良玉英风岂女儿？"秋瑾自己也颇为自豪，自作诗云："喜散奁资夸任侠，好吟词赋作书痴。"这正是秋瑾的可爱之处，她从不虚言夸口但也绝无扭捏造作的谦虚之态，表现了她的自尊自信和坦率磊落。

1904 年 2 月，秋瑾出国之前，平时经常往来的女友，在北京城南的陶然亭为秋瑾饯行。正是早春时节，乍暖还寒。想着一年来大家在一起的热闹欢畅、情投意合，今此一别，自己将孑然一身远走他乡，秋瑾不免生出无限眷恋，当场写下一阕《临江仙》，字里行间，别情依依。"河梁携手处，千里暮云横。"这样壮阔昂扬的慷慨之别，作者的胸襟气魄，更令人感佩不已。

3 月，秋瑾与吴芝瑛一同南下到上海。她特意跑到上海的一家照相馆，穿着那身惊世骇俗的男式西装，拍了一张照片，并且题诗一首，留作纪念："俨然在望此何人？侠骨前生悔寄身……他日见余旧时友，为言今已扫浮尘。"当然这样的果决与不肯随俗，也注定了秋瑾精神的永远孤独和一个人浪迹天涯。

1904 年 6 月 28 日，秋瑾毅然回绍兴拜别老母，"钗环典质浮沧海，骨肉分离出玉门。"（《秋瑾集》）同服部夫人一起，离开京城到达塘沽，登上了日本人租借的德国客轮"独立号"。从此，秋瑾迈出家门，迈出国门，开始了她独立而绚烂的人生旅途。

轮船开出塘沽，在渤海上向东偏南，劈波前进。秋瑾怀抱着不满三岁的女儿，静静地坐在舷窗边。她轻轻摇着熟睡的灿芝，两眼极目万里波浪，不禁浮想联翩，豪情满怀。结婚八年来的委屈压抑，山河破碎的危亡忧虑，渴望建功立业的雄心壮志，一齐涌上心头，澎湃如万丈波涛。

夜幕降临，海天一色，长风入怀，浊气荡然无存。"踏破樊围去，女子志何雄。千里开楚界，万里快乘风。"（《秋瑾集》）在这碧海星空之下，一个苦闷得太久了的灵魂，一个束缚得太久了的生命，一下子振作起来，眼前的世界豁然开朗。

"漫云女子不英雄，万里乘风独向东。"7 月 2 日，"独立号"抵达日本神户，7 月 4 日秋瑾乘火车到达首都东京，从此正式开始了留学生涯，开始了她彻底反清反封建的革命生涯。

# 只身万里，气概如虹

1904 年 7 月，秋瑾步下"独立号"客舱所面对的，正是明治维新以后，资本主义飞速发展的日本，西方资产阶级革命时期的各种思想正在这里广为传播，自由、平等、天赋人权等等各种理论学说，在来自严酷的封建伦理思想统治下的中国留学生眼前闪烁成一片光茫，使他们惊异、亢奋，激动不已。思想文化的剧烈撞击，在饱学深思之士年轻的头脑中迸发出一串串耀眼的火花。中国留学生自己创办的各种报刊迅速把这些或许稍纵即逝的智慧变成了铅字，在更多的人的头脑中引燃思想的烈焰。

初来乍到，秋瑾按照当时通例，首先进入骏河台中国留学生会馆设立的日语讲习所补习日语，为第二年考青山实践女校做准备。为了专心学习，她把女儿寄养在一位姓谢的友人家中，让女仆负责照料，后来又由女仆带小女回国。在这里，无论用"忍痛割爱"还是用"骨肉分离"都无法传达一位母亲内心的伤痛。只能说这是一种巨大的牺牲，巨大到许许多多的人根本无法承受，秋瑾承受了。她目送最心爱的小女儿牵着别人的手在浩瀚的大海上渐行渐远，掉转头，一个人投入了异国他乡的人流。

"登天骑白龙，走山跨猛虎。叱咤风云生，精神四飞舞。大人处世当与神物游，顾彼豚犬诸儿安足伍！……因之泛东海，冀得壮士辅。"（《秋瑾集》）抱着这样救国救民的雄心来到日本，秋瑾立刻投入了留学生们的各种活动，无论是浙江的同乡会，还是湖南的同乡会，秋瑾都一次不落。她还不仅仅是听听而已，每次开会，稠人广众之下，她总会慷慨登台，滔滔不绝，其辞真挚热烈，淋漓悲壮，荡人心魄，听者

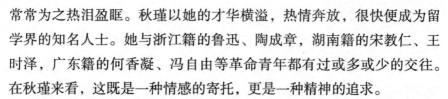

常常为之热泪盈眶。秋瑾以她的才华横溢，热情奔放，很快便成为留学界的知名人士。她与浙江籍的鲁迅、陶成章，湖南籍的宋教仁、王时泽，广东籍的何香凝、冯自由等革命青年都有过或多或少的交往。在秋瑾来看，这既是一种情感的寄托，更是一种精神的追求。

秋瑾素有辩才，她便发挥这个长处，一到日本，就在东京参与成立了"演说练习会"，大家一起探讨演讲主题，切磋表达技巧，把演说当成了革命的武器，向更多的人，特别是那些没钱买报没能力读书的人，宣传革命道理，倡导反清爱国，"开化人的知识，感动人的心思。"（《秋瑾集》）秋瑾的演说之所以铿锵有力、感人至深，不仅得力于她的雄辩天性，更得力于她的真情投入，切中时弊、在中国留学生举行的"戊戌六君子殉难纪念会"上，秋瑾代表"演说练习会"作了演讲，说到悲愤处，不觉声泪俱下，台下更是涕泗横流，群情激愤。

秋瑾不仅动口而且动手，1904年中秋佳节，她参与创办的《白话报》正式出版。这份主要向国内发行的杂志，仿效欧美新闻报纸的形式，用通俗浅显的白话文，深入浅出地向识字不多、文化不高的妇女和少年儿童传播新思想、新道德。1903年中秋之时，秋瑾还枯坐深闺独悲秋，为出门看场戏便遭到丈夫的打骂，一年后的今天，她却在日本东京向全国四万万同胞呼吁反清爱国、争取自身解放了。

翻开现在仅存的一至三期《白话报》，上面的文章都充满激烈的反清词句，作者多半用的是"少年主人""莽男儿"等信手拈来之名，秋瑾却以"鉴湖女侠秋瑾"的署名成为杂志的积极撰搞人，放言反清爱国，倡导思想解放，敬告我同胞。秋瑾行不更名坐不改姓之坦率磊落，不仅表现在痛斥天高皇帝远的大清政府上，就是对身边熟人她也同样好恶形于言表，毫不迂回遮掩。

有一个年长秋瑾十几岁的绍兴同乡，名叫胡道南，当时也在日本留学。在一次同乡会上，交谈之间，胡道南声言不赞同革命，反对男女平权。秋瑾忍无可忍，霍地站起来，当面骂他是"死人"。后来，就是这个胡道南向绍兴知府贵福密告秋瑾是革命党，而终使秋瑾被捕遇害。

当时在中国，虽然早有进步人士斥责过一夫多妻制，梁启超等人也都终生奉行一夫一妻，但是纳妾之风依旧普遍存在。秋瑾作为一名倡导妇女解放的新女性，对此可谓深恶痛绝。1905年秋天，反清名士陈范因在他所主办的《苏报》上组织文章"放言革命"，引发了晚清最大的文字狱"苏报案"，被迫流亡日本。秋瑾对他颇为敬重，但对他的纳妾非常反感，特别是他的两小妾湘芬、信芳又都是浙江人氏，秋瑾便发动浙江同乡募捐，帮助她们脱离陈范，获得了独立。

一波未平，一波又起。不久陈范又要将他的女儿陈撷芬许给广东商人廖翼朋为妾。陈撷芬也是一位知名人物，早在1902年，就在上海创办了中国历史上最早的妇女刊物之一《女学报》，大力提倡男女平等，到日本后又被大家推举为留日女生组织的"实行共爱会"的会长。但是事情真的落在自己头上时，她却不免"当局者迷"，认为此事是父亲做主，不能不听从。秋瑾却说："逼女做妾，即是乱命，事关全体女同学的名誉，非取消不可！"她带领大家去与陈范理论，陈当然无言以对，婚事终被取消。后来陈撷芬与一个叫杨俊的四川人结婚，夫妻一起去了美国。

秋瑾手迹《挽母联》

秋瑾回国以后，有一次与几位女友一起在公园游玩，看到一个留学生模样的人携一个雏妓来此调情笑谑，因喟然叹曰："君辈见留学界腐败形状乎？"接着不顾同伴阻拦，直接走上去用日语与之对话，使那人面有惭色，雏妓更是怒目而去。女友们不免笑秋瑾"大煞风景"，秋瑾自己也笑着说；"如骨鲠在喉，不吐不快。"

1905年春天，秋瑾遇到一位叫蔡竞的中国女子，被她在日本经商的华侨丈夫抛弃了，她自己为人又过于老实无用，无法生活下去。秋瑾不仅为她募捐解决衣食困难，回国探亲时又把她带回了绍兴老家，送她进了新开的手工学校，而且嘱咐大哥誉章代为照顾，说等她一年后毕业，帮她找个好人成了家，才可以放心。

还有一个女孩子，随父亲来到日本，父亲突然死了，她无依无靠，又是秋瑾向她伸出援助之手，使之得以生活下去。

王时泽的母亲、徐锡麟的妻子初到日本时，秋瑾都曾像一家人一样为她们忙前忙后，使她们得到无微不至的照顾。正是由于秋瑾的热心，年过不惑的王时泽的母亲原本是到日本看望儿子的，结果却留下来进了学校与秋瑾做了同学。

精神上得到新生的秋瑾，当然更注重鼓励女子上进求学、解放思想。1905年她利用回国探亲的机会，特意带着日本"实践女校清国女子师范"的招生简章，风尘仆仆地奔走于杭州、绍兴之间，满怀热情地劝导各地女同胞，"乘快乐之汽船，吸自由之空气"，东渡留学，以便毕业后自立自强，"灿祖国文明之花，为庄严之国民之母"，而且保证为她们"照拂一切"。虽然在当时的中国，风气未开，人心锢塞，秋瑾的热情呼吁只得到极为冷淡的反应，但是她"处冷地而举热肠"的侠义之心却给人们留下了深刻印象。

秋瑾知道，一个人的力量是微不足道的，而且她留学的初衷也是广交爱国志士。所以她一到日本，便迅速参加了一系列社团组织，她认为"保守急进本无派"，只要是反清爱国的她都积极参加。

当时有一个留日中国女生组织的"共爱会"，由于缺乏有力的领导和组织，入会人数又太少，很少开展活动。秋瑾到日本之后，就与陈撷芬一道，对"共爱会"进行了重组，改名"实行共爱会"，提出了"反抗清廷，收复中原"的革命口号。"实行共爱会"可以说是中国妇女最早成立的一个组织，秋瑾也是从这时起去掉了名字中的闺字，正式改为秋瑾，开始了她进行妇女解放活动的最早尝试。

1904年10月下旬，秋瑾、刘道一、王时泽、刘复权等人一起乘车来到横滨，在当时中国人聚居的南京街一个广东商店里，参加了以"推翻清朝，恢复中华"为宗旨的"三合会"。入会仪式复杂而神秘。

要把头放到一把钢刀之下宣誓，还要跳火盆、饮鸡血酒，会员之间说话、走路都有暗号。秋瑾被封为"白扇"（俗称军师），刘道一为"草鞋"（俗称将军），刘复权为"洪棍"，这就是所谓"洪门三及第"。三合会是孙中山派冯自由、梁慕光在横滨成立的秘密反清团体，只是形式上不免保留了洪门天地会的老样子。

经过半年艰苦的学习，秋瑾于1905年初在日语讲习所结业，报名转入东京青山实践女校附设的"清国女子速成师范专修科"。当时正值寒假，秋瑾身边钱已快用完了，她决定回国探亲筹措学费。这一天秋瑾来到亲戚陈义家辞行，正巧绍兴人陶成章也在这里。海外遇同乡，大家感到格外亲近，陈义立刻吩咐备酒，几个人边喝酒边聊起来。秋瑾对陶成章早有耳闻，知道他在浙江一带会党中很有声望。陶成章也听说留日学生界有一位著名的绍兴女学生秋瑾。相见之下，交谈甚为投机。秋瑾了解到陶成章就是反清革命组织光复会的缔造者之一，便恳切地要求参加。开始陶成章很不以为然，说：你一个女人家，舞刀弄枪不合适。闻听此言，秋瑾拔出腰间的倭刀，乘着酒兴盘旋起舞，英姿勃发。原来在紧张的学习之余，秋瑾每天坚持锻炼身体，并经常去麴町神乐坂武术会练习她从未间断过的刀剑骑射。陶成章等在座的人都被秋瑾的豪侠气概所折服，纷纷称赞秋瑾不愧为鉴湖女侠！陶成章不仅答应为她做入会介绍人，并为她介绍了光复会的其他两位在国内的首领蔡元培和徐锡麟。这两人也都是绍兴同乡。

1905年二三月间，秋瑾回到祖国。

这时，日、俄两国为争夺我国东北的战争仍在激烈地进行。在日本时，秋瑾深深担忧"夺我陪都恣蹂躏"的沙俄"蚕食东方势未止"（《秋瑾集》），回到祖国之后，看到清朝政府依旧是歌舞升平，醉生梦死，她更加强烈地感觉到这个腐败政府的不可救药。面对一个裹在绫罗绸缎中等待咽气的政府，心情反而可以平静而淡漠，不再迷惑不解，不再反复求索，"不为浮云遮望眼"，秋瑾的认识与态度都豁然开朗：推翻它消灭它，建立崭新的国家。

秋瑾一到上海，马上到爱国女校找到了校长蔡元培，向这位内向

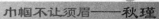

慎言的"翰林革命者"谈了自己的理想和抱负。回到绍兴，又在东浦热诚小学找到了徐锡麟。徐锡麟号伯荪，黑黑矮矮的个子，戴一副近视眼镜，待人十分热情，秋瑾与他还带点亲戚关系，所以一见如故，畅怀深谈，加之陶成章信中已用隐语介绍秋瑾加入光复会，所以就由徐锡麟为秋瑾主持入会仪式，仪式既秘密又庄重，要刺血并对天发誓："光复汉族，还我江山，以身许国，功成身退。"加入光复会，成为秋瑾人生历程的一个里程碑。后来她回国策动武装起义靠的就是光复会的力量，义军的名字就叫"光复军"。这时大约是1905年6月间。

回到家中，秋瑾向母亲诉述了别后之情。对自己不能侍奉老母，秋瑾一直惭愧不已，母亲单氏却因为女儿家庭不和、一个人漂泊海外很是心疼。秋家虽然早已衰落，秋誉章又在外地工作，帮不上家里多少忙，但这位深明大义的母亲不惜典当衣物，为秋瑾凑起了几百块钱。

转眼到了1905年6月28日，学校来信催秋瑾赴日去上学了。她匆匆告别了家人，赶往上海，准备马上乘船再赴日本。在上海正好碰上了从日本回国的陶成章，在陶成章的介绍下，秋瑾结识了浙江的一些会党头目，如吕熊祥等人，这是秋瑾同浙江秘密会党建立正式联系的开端。在以后的革命活动中，秋瑾在很大的程度上依靠了浙江各地的秘密会党。1905年7月17日，秋瑾冒着酷暑，在上海搭乘海轮重赴日本，继续她那中断了一个学期的留学生活。

1905年正是中国旧民主主义革命史上极为重要的时刻。不仅俄国民主革命对中国造成巨大影响，更重要的是，国内民族资产阶级力量大为增长，欧风美雨的逐渐东进，使各种新的思潮在神州大地上回旋激荡，民主革命形势蔚然兴起。几乎与秋瑾的二次东渡同时，孙中山由欧洲抵达日本，在何香凝家设立临时联络点，经过同黄兴、陈天华等人商议，决定以兴中会、华兴会为基础，联合光复会和别的一些组织，成立统一的革命政党——中国同盟会。

在同盟会预备会之后大约半个月，经冯自由介绍，秋瑾来到黄兴寓所参加同盟会，履行了入会手续。

秋瑾举起右手肃立在桌边，庄严宣誓："联盟人浙江省会稽县人秋瑾，当天发誓：驱除鞑虏，恢复中华，创立民国，平均地权，矢信矢忠，有始有卒，如或渝此，任众处罚！"由热衷救国而涉足革命，从此秋瑾成了民主革命的光荣战士。

秋瑾是浙江籍留学生中加入同盟会的第二个人（第一个人是蒋尊簋），大约也是光复会参加同盟会的第一人。当时，光复会的主要领袖都在国内，徐锡麟始终没有参加同盟会，陶成章、章太炎入而复出，重组光复会。加之秋瑾革命热情高昂，因而被推举为同盟会的评议员、浙江主盟人。1912年中华民国成立后公祭秋瑾时，孙中山曾亲笔写下这样一副挽联："江户矢丹忱，感君首赞同盟会；轩亭洒碧血，愧我今招侠女魂。"这是确有所指的。

无论是浙江同乡会还是湖南同乡会，也无论是三合会、光复会还是同盟会，秋瑾无不热情洋溢地参加其中，这无疑是她革命热情迸发的表现，但同时，也透露出她的思想认识不成熟和欠稳定。作为同盟会的老会员，秋瑾时而说要"大建共和"，时而又声称要建立"天府之新帝国"，可见她对共和、帝国这两种性质对立的政治体制并没有认真去分辨细究，对两者的政治分野不甚了了。在秋瑾的言行中，反清爱国的线条清晰明快，而关于民主政治却总有些语焉不详，能不能这样说，本质上秋瑾是一个每一滴血液中都饱含着浓郁的爱国情愫的革命英雄，同时又是一个对于政治不太了解的迷茫者。革命和政治，不相干地在秋瑾的视野中"独立寒秋"。

一向热衷爱国革命运动的秋瑾，竟然没有参加同盟会在东京的一系列会议，让人颇难理解。或许这与钱有关。秋瑾婆家虽然是江南大户、富甲一方，但因为王子芳根本不支持秋瑾出国，所以对她没有一丝帮助，而且正如秋瑾在给哥哥的信中所言："……无彼家之富名，妹尚可借他人帮助；旁人闻彼富有，反疑妹为装穷，故无一援手。"加上秋瑾是自费留学，又爱仗义疏财，出手大方，因此她自己的生活反而十分俭朴。平时她从来舍不得坐人力车，无论去哪里都是步行。学校伙食再清淡，她也从不去买零食。回国省亲，正值酷暑天气，秋瑾还是买了三等舱的船票，连续六个昼夜的颠沛劳顿，使秋瑾回到东京

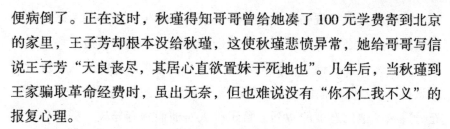

便病倒了。正在这时，秋瑾得知哥哥曾给她凑了 100 元学费寄到北京的家里，王子芳却根本没给秋瑾，这使秋瑾悲愤异常，她给哥哥写信说王子芳"天良丧尽，其居心直欲置妹于死地也"。几年后，当秋瑾到王家骗取革命经费时，虽出无奈，但也难说没有"你不仁我不义"的报复心理。

慈禧和光绪于 1908 年相继归西，紧接着，三岁的溥仪还来不及懂得立宪的含意，他就永远失去了立宪的权力——皇帝取消，民国成立了。

1905 年 9 月 24 日，五大臣出洋考察宪政，在清政府或许确实有自救之诚心，但这与挽救国家民族于危亡已经没有多大的关系，所以，革命者无需细察便对此投了不信任票，安徽桐城人氏吴樾，怀揣炸药决心与五大臣同归于尽。可惜的是，以《暗杀时代》一书大肆宣扬暗杀威力的吴烈士并没有赢得这次暗杀的成功，五大臣中只有两人轻伤，吴樾自己却壮志未酬身先死。消息传到日本，秋瑾激动得彻夜难眠，她既为烈士的壮举敬佩不已，又为同志的牺牲扼腕痛惜，痛不欲生，奋笔写下《吊吴烈士樾》，长歌当哭："昆仑一脉传骄子，二百余年汉声死。低头异族胡衣冠，腥膻污人祖宗耻……皖中志士名吴樾，百炼刚肠如火热。报仇直以酬祖宗，杀贼计先除羽翼。爆裂同拼歼贼臣，男儿爱国已忘身……前仆后断人应在，如君不愧轩辕孙。"

吴樾事件后三个月，在日本的留学生中，又演出了一幕充满英勇牺牲精神的惨烈史剧——1905 年 12 月 8 日，同盟会领导人之一、杰出的革命宣传家陈天华蹈海自尽。

接连发生的事件对秋瑾刺激太大了，她更加坚决地主张全体留学生立即回国，甚至带领敢死队分赴各校门前劝阻留学生去上课，力主不惜以强力来贯彻全体罢课的决定。在陈天华追悼会上，秋瑾发表慷慨激昂的演说，号召全体留学生记住烈士遗言"共讲爱国，更卧薪尝胆"。说到激动之处，她随手从靴筒里抽出"倭刀"插在桌上，大声叫喊："如有人回到祖国，投降清廷，卖友求荣，欺压汉人，吃我一刀！"

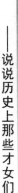

在反对《取缔规则》运动中，还有许多学生出于种种考虑，认为无全体归国之必要而不赞同秋瑾他们的主张，这些人里边有鲁迅和陶成章等诸人。在秋瑾主持的留学生大会上，主张回国的人认为反对回国就是反动，便把他们"判处死刑"。"死刑"虽然只是这么一说，但充分反映了他们态度的激烈。鲁迅等人对他们颇有异议。据周作人的回忆，鲁迅在提到秋瑾那把倭刀时便有些不屑："她（秋瑾）还将一把小刀抛在桌上，以示威吓。"甚至在《取缔规则》终因中国留学生的强烈反对而没有执行以后，秋瑾仍对此事耿耿于怀，她曾愤愤不平地喊道："中国人办事总是虎头蛇尾，从此后，不和留学生共事了！"（景梅九《辛亥革命》）。

秋瑾最后的愤然回国，不乏带有意气用事的成分，但也绝不仅仅是一时的冲动。当她结束自己短暂一生中这段激情澎湃的留学生活时，内心充满的是视死如归、大干一场的决心；"拼将十万头颅血，须把乾坤力挽回。"（《秋瑾集》）她回国后当即写给仍然留在日本的好友王时泽的一封信，更清晰地表明了她当时的思想轨迹："君之志则在于忍辱以成其学，而吾则义不受辱以贻我祖国之羞……吾回国后亦当尽力筹划，以期光复旧物，与君相见于中原。成败虽未可知，然苟留未死之余生，则吾志不敢一日息也。"她还把几年来女界尚无人为拯救祖国而献身看成是一种耻辱，说："吾自庚子以来，已置吾生命于不顾，即不获成功而死，亦吾所不悔也。"

纵观秋瑾的一生，她的愤世嫉俗、言词锐利、激烈好斗等表面的强硬难容似乎在经历了殚精竭虑的奔走呼号之后，在经历了血的沸腾和死的默想之后，变成了内在的坚毅和绝不动摇。1905年12月25日，秋瑾登上从横滨开往上海的轮船"长江号"，回到了满目疮痍、危机深重的祖国。

## 奔走革命，视死如归

1906年初，秋瑾腰佩短刀，头发盘顶，穿一件紫色白条子和服走进和畅堂的家门，小弟宗章一下子竟没认出是大姐。秋瑾笑着摸着他的头说："弟弟长这么大了，不认识阿姐了么？"一家人围上来惊喜地互相望着，老太太看到女儿平安归来，更是激动不已，眼里闪出了泪花。出嫁数载，海外两年，如今终于又回到了和畅堂，大漆几案，高悬的中堂字画，甚至桌上的茶壶茶碗，桩桩件件是那么熟悉，使秋瑾从内心深处生出无限的亲切和温暖，坐在东楼下自己旧时的闺房中，她舒心地呼出一口气，真的回家啦！

和当年许多社会精英都曾为人师长一样，回到绍兴不久，秋瑾便在徐锡麟、陶成章等的介绍下，先在明道女校教体育，3月下旬又来到吴兴县南浔镇浔溪女校教日文、卫生等课。秋瑾不仅教学认真，而且关心学生，下了课，大家总爱兴高采烈地围着秋先生，听她讲外面世界的情形，讲男女平权、妇女解放的道理。每当这时，秋瑾就发现一个叫吴珉的学生总是郁郁寡欢地坐在教室一角沉默不语。原来吴珉是童养媳，自己都做不了自己的主，更谈不上平等解放了。得知此事后，秋瑾二话没说，拿上钱就去了那个大户人家，为她赎回了人身自由。

秋瑾的言行受到女校师生的拥护和爱戴，却也引起了地方顽固势力的恼恨，他们说秋瑾蛊惑人心，便散布流言蜚语攻击她。秋瑾气愤地提出辞职，离开了浔溪女校。

启发与蛊惑向来不过是不同立场的人对同一种言行的不同认识。浔溪两月，秋瑾启发引导了不少师生投身革命、她与女校的徐自华、徐蕴华姐妹更是从这时开始相识相知，最终结成生死之交的。

翻开《秋瑾集》，她留学归来后的大部分诗词是写给徐寄尘、徐双韵的。过去，秋瑾"好吟词赋作书痴"，常常为了"留得琳琅千万句"，"尚为吟诗坐漏残"。参加革命以后，为了倡导新道德，鼓吹新思想，秋瑾一手握笔一手持枪，可谓"铁肩担道义，妙手著文章"，从诗词歌赋到起义檄文，无不笔走龙蛇一挥而就，从不在字句上花费时间和精力。正如秋宗章在《六六私乘》中所说："姊天性亢爽，诗词多兴到之作，恍如天马行空，不受羁勒，非若寻常腐儒之沾沾于格律声调，拾古人唾余者可比。"秋瑾首先是一个资产阶级民主革命的战士，然后才是一个才华横溢的诗人。她也常常劝诫寄尘姊妹，"祖国沦亡已若斯，家庭苦恋太情痴。只愁转眼瓜分惨，白首空成花蕊词。""时局如斯危已甚，闺装愿尔换吴钩。"（《秋瑾集》）她劝寄尘在祖国危亡关头，不要苦恋家庭，空填诗词，希望她能脱下闺装，换上战袍，投身民族解放斗争的行列。这些诗词与她金戈铁马唱大风的铿锵之声有所不同，情致婉转，柔韧有加，刚而不露。正是秋瑾如此沉郁委婉的劝导，如此推心置腹的期盼，对徐家姐妹的精神世界产生了巨大的影响。

秋瑾毕生为人坦诚，肝胆相照，正是这种强大的人格魅力，使秋瑾赢得了这些生死之交。

反动派阻挠秋瑾向学生宣传新思想，秋瑾干脆来到上海，创办了《中国女报》，向全中国的劳苦大众传播革命道理，向两万万女界同胞鼓动反清爱国、妇女解放的思想。当时国内有一份《女子世界》，只是文章写得过于深奥，很少有人能看得懂。所以秋瑾立志将《中国女报》办成文字通俗、便于文化水平一般的读者阅读的妇女杂志。秋瑾办事向来雷厉风行，说干就干，马上租了上海北四川路厚德里的房子。有在日本办《白话报》的经验，又有陈伯平、徐双韵等担任编辑、校对工作，特别是盟姊吴芝瑛也已经从北京来了上海，她的丈夫廉泉正在四马路开文明书局，加上北京、杭州、绍兴等地都有革命党人可以帮助发行，办一份杂志应该说不是太难。但是常言道"一分钱难倒英雄汉"，虽说是"义高不碍客囊贫"，但是真要办一份杂志，没有资金是万万不行的。

在《中国女报》发刊辞中，秋瑾说："我中国之黑暗何如？我中国之危险更何如？我中国女界之黑暗更何如？我女界前途之危险更何如？予念及此，予悄然悲，予拂然起，予乃奔走呼号于我同胞诸姐妹，于是而有《中国女报》之设……吾今欲结二万万大团体于一致，通全国女界声息于朝夕，为女界之总机关，使我女子生机活泼，精神奋飞，绝尘而奔，以速进于大光明世界。"她先是亲自拟写了讲明女报宗旨的征股广告，在《中外日报》上登载，并印成传单分送各地女子学校，征求热心志士入股，同时四处奔走，亲自筹款，计划集股一万元，像模像样地办好这份杂志。但当时的女界处于蒙昧、落后的状态，过了不少日子，入股的只有四五个人，一共只筹到几百元钱。秋瑾的满腔热忱犹如泼上一盆凉水，想起来实在痛心。但是秋瑾不是一个肯轻易向困难低头的人，而且"沉沉女界无援手"的现实使秋瑾更坚定了要创办这份杂志的决心。

正如她在《敬告姐妹们》一文中所说的那样："不忍使我最亲爱的姐妹，长埋在这样的地狱中，只得勉强凑点经费，和血和泪的做点报出来，供诸姐妹们赏阅。"万般无奈之下，秋瑾想出了一个特殊的办法：亲往湖南去向夫家诱款。

这年秋冬之间，秋瑾带了竺绍康等人，从上海搭轮赴湘，在长沙换乘小火轮，风尘仆仆地赶到湘潭王家。当时王子芳还在北京，王黻臣见秋瑾突然远道而来，感到很是意外，以为她是穷途末路，只得回心转意，要回夫家来了，便热情地接待了秋瑾。秋瑾向他诉说了自己在外历尽艰辛、经济拮据的情况，并说想到亲戚朋友处劝募一点儿捐款以便办学之用。为了使秋瑾与王子芳破镜重圆，也为了顾及王家的面子，王黻臣很热心地交给秋瑾一笔数目可观的钱，希望能使秋瑾安心在王家住下去。同时派人留意，防止她逃跑。几天之后，适逢邻居家请人唱堂会，秋瑾便邀同妯娌几个一起去看，乘机中途溜走。改成男装，与竺绍康等人会合，迅速返回了上海。

从宁折不弯的留日学生，到独当一面的革命领袖，从左冲右突上下求索，到目标明确百折不挠，角色心理的调整，精神状态的改变，使秋瑾的思维方式、处世哲学都发生了变化，因此她能够诱款成功。细究起来，这不乏有对王子芳当年扣留她留学经费的一点小小的报复心理，更多的却是一个人心智的成熟和对手段与结果的分析平衡。她依靠这笔款子和徐自华姐妹勉力捐助的 1500 元钱，终于于 1907 年 1 月 14 日出版了《中国女报》第一期。

为了办好这份呼唤妇女觉醒的刊物，秋瑾费尽心机，竭尽全力，整天顶风冒雨奔走求援，结果还是因为经费不继，在 1907 年 3 月 4 日又出了第二期之后，被迫停刊了。

在为广大民众创造着精神食粮《中国女报》的同时，秋瑾也在磨砺她手中的利剑。

秋瑾在日本留学时就曾学习过制造炸药的技术，她还把王时泽在横滨李植生处学习的笔记全部借去抄了下来，现在真的用上了。在厚德里《中国女报》编辑部楼上的密室中，秋瑾经常与陈伯平等人一起研制炸药。有一次，他们不小心，炸药爆炸了，一声巨响，惊天动地，房顶上的土都被震了下来。陈伯平炸伤了眼睛，秋瑾炸伤了手。街上的警察听到动静，马上开始在附近盘查。秋瑾他们刚刚忍痛将炸药隐藏起来，就听警察已经搜查到楼下了。幸好这间密室是由一道用书橱隐蔽起来的暗门与楼下相通的，外人看不出来。吴芝瑛在楼下迎住警察，镇定自若地反问他们："是什么声音这么响？吓死人了。"警察没看出什么异常，只好走了。吴芝瑛与正好从石门赶来的徐寄尘将秋瑾和陈伯平转移到僻静的地方去休养疗伤。

1906 年 12 月上旬的一天晚上，秋瑾正在自己匿居的挚友吴兰石家中，突然仆人来报："秋先生，有位客人找您。"来者身材健硕，面色微黑，并不认识。接过他带来的徐锡麟的亲笔信，秋瑾再看此人，突然大笑起来："原来江洋大盗是这个样子的。"来人正是鼎鼎大名的秀才出身的所谓"江洋大盗"王金发。王金发看着秋瑾也哈哈大笑："原来三头六臂的女英雄就是你啊。"一见之下，两个豪爽之人从此成为患难与共的战友。秋瑾立时叫人置酒待客，酒逢知己，彻夜长谈，从清政府的腐败到全国各地风起云涌的武装起义，两人一致认为，进行武装反清的时候到了。

1906 年 12 月，在湘赣交界的萍乡、浏阳、醴陵的起义正在轰轰烈烈地进行。王金发此次就是受徐锡麟之命，来上海邀请秋瑾去主持绍兴大通体操学堂，担负浙江方面的会党领导工作。徐锡麟已经捐官，去开辟安徽的革命局面，以求日后两省呼应，进取南京。秋瑾从日本回国后，虽然一直集中精力进行妇女解放运动，但是她始终重视武装斗争。正如毛泽东所言："革命的中心任务和最高形式是武装夺取政权，是战争解决问题。"秋瑾认识是否这样清晰无法断言，但她始终关注武装斗争，这也更适合她的个性脾气，因此秋瑾摩拳擦掌，激动万分地对王金发说："新的战斗就要开始，我觉得太激动太兴奋了。"

秋瑾马上在上海展开工作，同光复会员聚集在一起，商讨了响应萍浏醴起义的具体计划。然后赶往杭州西湖，在南屏山下的白云庵，与准备出发去安徽任职的徐锡麟会面，约定了分头活动、筹划两省起义的计划，粗略拟定了以安庆为重点，以绍兴为中枢，金华、处州等地同时发动，占领两省重镇之后，分路攻取南京的起义设想。安徽方面由徐锡麟负责进行，浙江方面则由秋瑾全力准备，光复会员陈伯平负责奔走浙、皖两地，进行通讯联络。那天，徐锡麟向秋瑾等人慷慨激昂地表示："法国革命历时 80 年才成功，其间不知流过多少热血，我国的革命正在初创阶段，亦当不惜流血以灌溉革命的花实。我这次到安徽去，就是预备流血的，诸位切不可引以为惨而存退缩的念头才好！"这些临别赠言，使秋瑾感到此次行动的悲壮与神圣！

秋瑾火速赶回绍兴，先同大通学堂的光复会员及会党学员接头，随后于 1907 年 1 月下旬，开始到诸暨、义乌、金华、兰溪等地联络会党。正当秋瑾积极开展工作之时，萍浏醴起义已经悲惨地失败了。肖克昌、龚春台等会党头目和刘道一等同盟会员，均战死或遇难，当地革命群众被清朝政府杀害的竟达万人以上。这对革命热情正高的秋瑾来说，是个沉重的打击，"十日九不出，无端一雨秋。苍生纷痛哭，吾道例穷愁。"（《秋瑾集》）但是她并没有因此垂头丧气，一蹶不振。

她认为，处在当时的世界上，如果没有坚毅之力，那么一切事就都只等于纸上谈兵。像辛亥革命前其他激进的革命者一样，秋瑾具有认定目标、百折不挠干下去的可贵品德，她决心以大通学堂为轴心，把联络会党、积聚革命力量的活动坚持下去。

# 血荐轩辕，英勇就义

1907 年 2 月，秋瑾正式接任大通学堂督办（校长）之职。

秋瑾接手大通师范学堂后，首先整顿学堂纪律，加强团队意识，使学员精神为之一振。

清晨，激越的号声把学员从床上唤起。秋瑾身穿黑色学生制服，怀揣勃郎宁手枪，腰佩明晃晃的倭刀，骑着马，往来驰骋指挥。她带着学员列队穿过街道，通过青草没膝、朝露未干的野外小路，来到城外大操场，进行严格的军事训练。当教员高声呼叫"卧倒！预备，放！"时，学员们不管地上有什么东西，都得毫不犹豫地卧倒下去，立即眼明手快地对准前面的假想敌人"开火"。训练三节课时之后，又整队通过街道回到住处。严格认真的训练，使学员们很快克服了会党的散漫习气，掌握了简单的军事知识。一批初知军事常识的干部，在大通学堂中成长起来。

秋瑾刚到学堂上任，便前往府衙拜会了新任知府贵福。这个贵福，过去曾与秋寿南同事过，见留洋归来的秋瑾登门拜访，心中欢喜，一副礼贤下士的样子。秋瑾则仪态端庄，谦逊而不多礼。谈话很快引入正题，秋瑾含笑说道："大人一向赞助新学，想必能够赏脸，屈就大通学堂的董事。"贵福为了表示自己的通达和热心，爽脆地笑着答应了。大通学堂开学典礼这天，秋瑾便请了贵福和山阴、会稽两县知县到会致祝词，并请他们与全校师生一起合影留念。贵福还附庸风雅，把秋瑾别号"竞雄"二字拆开，凑成了一副"竞争世界，雄冠全球"的对联赠送秋瑾。有了这顶"保护伞"，不仅革命党人的地下活动得以掩护，同时也堵住了土豪劣绅的口，他们虽然痛恨大通学堂和秋瑾，却不敢公开反对了。秋瑾趁机扩大招生，又秘密组织光复会员在临海县创办了耀梓学堂，以期作为大通学堂之援应。

浙江历来会党林立，势力遍布全省。由于这些会党都反对清朝统治，因而成为当时光复会和同盟会在浙江从事革命斗争最重要的依靠力量之一。但是它们又各有各的山堂、口号，各家家规、堂章差别很大，不进行联络，就无法进行统一的行动。那段时间，秋瑾常常不辞辛劳，披着一条黑色的羊毛围巾，骑在马上，往来奔波于金华、义乌、诸暨等地。有一次，她为拜访兰溪的会党头目蒋乐山（蒋鹿珊），跋山涉水，一天步行几十里山路，终于在山深地僻的北鄙水塘村找到了他，和他作了一次长谈，而且当即挥毫作诗相赠："画龙须画云中龙，为人须为人中雄。豪杰羞伍草木腐，怀抱岂与常人同？……时机一失应难再，时乎时乎不我待……霹雳一震阴霾开，光复祖业休徘徊。他年独立旗飞处，我愿为君击柝来。"诗中对蒋充满了希望和勉励。

1906 年 12 月的一天，一个身穿玄青色湖绉长袍、脚穿黑色缎靴、身材比一般男子稍微矮小的人，进入杭州过军桥南面路西一家叫做"荣庆堂"的小客栈，穿过一个约两米宽的狭小天井，踏上了檐阶，进入一条小弄左首的一间屋子。这位旅客就是一身男装的秋瑾。她这时刚刚从上海回到浙江，准备组织力量响应萍浏醴起义。在荣庆栈，为了便于和新军及武备、弁目两所军事学堂的革命党人联络，她特意找了一个有套间的房子，与门前的弄堂斜对着，以便观察周围动静。从这以后，秋瑾曾多次在此与新军和学堂的革命党人联络，从而使革命力量迅速壮大起来。

1907 年 3 月 17 日，秋瑾再次来到杭州。江南早春，风和日丽，春光明媚。秋瑾和挚友徐自华一道登上了凤凰山巅，凭吊南宋故宫遗址，鸟瞰杭州西湖全景。极目望去，那纵横如带的白堤苏堤上，垂柳轻舞、桃花绽红，远近的群山重峦叠嶂、林木葱茏，波光涟漪的湖水，轻舟飘帆的游人……秋瑾一边与徐自华倾吐着心事，一边从山巅上察看着杭州的城厢、街道、路径，一一绘在军事地图上。

两个月后，起义计划已经基本就绪，秋瑾为了购买武器外出筹款，曾顺路到湘潭王家去看了看孩子，这时王子芳已经回到了老家，秋瑾温和地对他说："我已经许身革命了，你就另娶他人吧。"家中老母已逝，一子一女有托，秋瑾可谓没有一丝牵挂了。然后她亲自来到崇德再找徐自华求援，徐自华毫不犹豫地将自己所有的首饰，约值三十两黄金，全部交给了秋瑾，作为对这位生死之交和革命的帮助。

秋瑾主持大通学堂以来，呕心沥血、全力以赴，"借会党之声气，以鼓舞军学界，复以军学界之名义，歆动会党，而以大通学校为其中枢。"（陶成章《秋瑾传》）半年之间在各地会党与新军之间已经建立了密切的联系，一共吸收了 600 多人加入光复会，发动武装起义的条件基本成熟了。

1907 年 3 月，秋瑾就把所联系的会党统一编组，用一首诗作标记："黄河源溯浙江潮，卫我中原汉族豪，莫使满胡留片甲，轩辕神胄是天骄。"从"黄"字到"使"字共计 16 个字，正好代表 16 个等级。"黄"字为首领，由徐锡麟担任，"河"字为协领，由秋瑾担任，"源"字为分统，由各会党首领担任，以下类推。各级领导都有金戒指为记号，戒指中嵌有职衔或英文字母 a、b、c 等，组织严密而稳妥。

4 月，秋瑾在杭州的白云庵召开了浙江各会党和军学界首领的秘密会议，正式组建光复军，用"光复汉族，大振国权"八个字作为每一军的编号。随后秋瑾从香袋里取出一张地图，铺在桌上，王金发、吕熊祥、竺绍康、周华昌等人都围拢过来，等着秋瑾布置战斗任务。秋瑾情绪激昂地说："这次光复军起义，先由金华府起兵，处州接应。这样一来，清政府一定会派杭州省城的防军去救急。到时候绍兴义军就可以乘虚而入，渡过钱塘江，与新军和武备学堂的学生里应外合，占领杭州；万一杭州拿不下，我们再回师金华，拊敌军之背，经处州，出江西入安徽，去同徐锡麟的力量会合，再图大事。"起义时间定于

1907 年 7 月 6 日。

在此之前，光复军却屡屡出事。

6 月中旬，在嵊县的裘文高，没有和竺绍康商量就单独起义，虽然杀伤了一些清兵，却引起了政府的警觉，并通缉竺绍康、王金发等人。7 月 1 日，武义县龙华会的聂李唐粗心大意，谈话中泄漏了起义消息，知县钱宝榕急电浙江巡抚派兵镇压，聂李唐被捕后出卖了同志，光复军统领刘耀勋因而惨遭杀害，大通职员赵卓也暴露了。7 月 3 日在金华，光复军统领徐顺达因与豪绅争夺田产，被捕入狱，他的好友倪金得悉起义消息后过分兴奋，入狱告诉徐顺达，又大量购买黑布制做光复军号衣，因而走漏消息，被金华知府拘捕与徐顺达一起杀害了。此后几天，兰溪、汤溪、浦江等地的光复军也因混入奸细，遭到很大破坏，因此起义未能如期进行，只好推迟到 7 月 19 日。

徐锡麟自到安徽后，得到安徽巡抚恩铭的器重，担任安徽巡警学堂会办兼巡警处会办，统管全省警务。他利用职务之便，大力开展革命工作，定于 7 月 8 日乘安徽巡警学堂举行毕业典礼、安徽省各级长官观礼之际举行起义。就在最后几天，恩铭突然决定提早举行典礼。徐锡麟已经无法改变起义计划，情况危急，只好铤而走险。

6 日上午 9 时，坐落在安庆城东北百花亭（今安庆二中）的安徽巡警学堂毕业典礼准时举行。正在这时，徐锡麟发出暗号，陈伯平立即把一颗炸弹掷向恩铭，可惜炸弹没有爆炸，徐锡麟眼疾手快，从靴筒里抽出两支手枪，同时射向恩铭，陈伯平也拔枪向他开火，恩铭当即中弹倒地，后来伤重而死。徐锡麟率领 30 多名学员冲出学堂大门，奔向安庆军械所夺取武器，结果被清军包围。经过四个小时的激战，清兵死伤 100 多人，陈伯平等人英勇战死，徐锡麟受伤被俘。当知道自己第二天将被剖腹挖心时，徐锡麟大笑着说："恩铭死，我志偿，我志既偿，即戮我身为万千片，亦我之愿，区区心肝，何屑顾及。"就这样，安庆起义悲壮地失败了。

安徽巡抚从徐锡麟的弟弟徐伟口中了解到，徐锡麟的妻子曾游学日本，与秋瑾一道提倡革命，当即向浙江巡抚张曾扬发了电报。

就在这紧要关头，曾在日本被秋瑾斥责为"死人"的胡道南，从一个大通学生那儿探得革命党将于 7 月 19 日起义的确切情况，于 7 月 7 日向绍兴知府贵福密告了这一消息。贵福连夜赶往杭州火速报告张曾扬。联想浙江各地连续发生的事件，张曾扬感到绍兴大通学堂和秋瑾是浙江革命力量的中枢。于是，清朝政府的魔爪立即伸向了大通学堂，伸向了秋瑾及其同志。

1907 年 7 月 10 日，秋瑾从来自上海的报纸上得知徐锡麟安庆起义失败和惨遭杀害的消息，她再次尝受到计划受挫、同志惨死的巨大悲痛。

7 月 11 日，张曾扬从杭州派出 300 多人，渡江前去绍兴逮捕秋瑾等人。12 日武备学堂的学生给秋瑾送来了消息。秋瑾冷静地说："革命要流血才会成功。如清廷能将我绑赴断头台，革命至少可以提早五年。"她组织大家把大通学堂的枪支子弹隐蔽起来，然后命令学生们各自分散。

7 月 13 日一大早，一个白发苍苍的老人突然出现在大通学堂门前，他看左右无人才一闪身进了院子。来者不是别人，正是化了装的王金发，他得知清兵已经过了钱塘江，特来催促秋瑾离开绍兴，以保存实力，他日东山再起。秋瑾只说了一句："我不入地狱，谁入地狱？"就把浙江各地同志的名册交给王金发，命他立即上路。没有办法，王金发只好留下自己的一支手枪，与秋瑾洒泪而别，消失在茫茫雨雾之中。

王金发走后，秋瑾和吴珉冒雨赶回和畅堂，在楼梯下的密室里烧毁了大量秘密文件，把另一部分册籍让吴珉转移出去。然后秋瑾嘱咐家中兄弟去偏门外峡山村嫂嫂张淳芝娘家暂避一时，而她自己又独自一人返回了大通学堂。

下午 4 点多，绍兴知府贵福会同山阴知县李钟岳、会稽知县李瑞年，跟在大队清兵后面，从西郭门进了绍兴城。清兵如临大敌，把大通围了个水泄不通。据亲眼看到当时情景的范文澜在《女革命家秋瑾》一文中回忆："枪声响后，我出去一看，前面有几个兵开路，又有几个兵紧跟在后面，他们都端着上刺刀的枪，冲锋似的奔过我家门旁的锦鳞桥，向绍兴知府衙门的路上奔去。"

贵福当夜亲自在知府大堂审讯秋瑾。秋瑾毫无惧色、刚强不屈。不论跪火炼、火砖，秋瑾始终岿然不动，不肯吐露革命实情。贵福见硬逼逼不出来，就改换话题，问秋瑾："你果真认识徐锡麟吗？"秋瑾回答："曾经相识。"愚蠢的贵福以为终于打开了缺口，进一步追问："那么，你还同哪些人有来往？"秋瑾立即转守为攻，大声说："你也常到大通，并赠我'竞争世界，雄冠全球'的对联，和大通师生拍过照，你不是同党么？"贵福目瞪口呆、狼狈不堪，只好退堂。

第二天上午，贵福自己不再出面，而令山阴知县李钟岳在县衙门的花厅里再次审讯秋瑾。

花厅右方放了一张椅子，秋瑾坐下后，李钟岳以平和的口吻问道："你参加革命党干什么，不知道这是犯法的吗？"秋瑾见他不像贵福那样凶狠粗暴，语气便也和缓下来，对他讲了自己的革命主张，但是关于革命党人的情况，却是只字不提。李钟岳见问不出什么名堂，便对秋瑾说："听说你文理尚优雅，请把你知道的情况写出来吧。"当即叫役吏拿了纸笔交给秋瑾。

秋瑾提笔在手，沉思片刻，落笔写了一个"秋"字，就停笔凝思起来。秋瑾想到革命尚未成功，同志已惨遭杀戮，不禁悲愤交加，愁绪万千。正想着，闻听李钟岳催她快写，便挥笔写下了"秋雨秋风愁煞人"七个大字，作为自己交给清政府的唯一"笔供"，从而充分反映了秋瑾对封建统治的不满，也表达了她对革命失败的惋惜，对祖国命运的担忧。之后秋瑾掷笔在地，凛然不可侵犯地说道："革命的事不必多问，要杀要剐随便吧！"

1907年7月15日（农历六月初六）凌晨，监狱门外响起了一阵急促的砸门声。管牢的禁婆打开大门，秋瑾见到外面灯光烛天，一大群荷枪实弹的清兵冲了进来。秋瑾的牢门被打开了，她知道自己就要赴难了。秋瑾郑重地整了整自己的头发，冷峻地向清兵喝道："叫李钟岳来，我有话说。"知县李钟岳进来问她："你有什么要求？"秋瑾昂起头说："革命党人不怕死，不过有三个要求：第一，让我写信与家

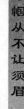
人、亲友告别。第二，临刑时不脱衣带。第三，死后不以首级示众。"李钟岳考虑了一下，只答应了后二点要求。秋瑾也不再坚持，便从容地跨出牢房，她穿着白色布衫，黑纱裤，拖着沉重的铁镣，反缚着双手，走出了监狱……

黎明前的天，乌沉沉的，轩亭口布满了清兵。刽子手正要上前揪拿秋瑾，秋瑾傲然而道："慢着，让我看看有没有亲友来为我送行。"她借着稀微的灯光，环视了一下四周，不知她是否看到了熟悉的面孔，只见她安然地闭上了眼睛，说："动手吧！"

秋瑾牺牲了，年仅33岁。当危险一步步逼近的时候，她一次次拒绝了退避，拒绝了生的召唤，选择了死，选择了用自己的鲜血催开自由之花。当年为了寻求救国良策，秋瑾曾毫不犹豫地典当了所有的首饰；今天为了唤起民众，她义无反顾地献上了自己的生命。秋瑾从小受到"临财毋苟得，临难毋苟免"的教育，留学归来，她更自觉承担了祖国的苦难，承担了祛除那苦难的历史使命，生死早已置之度外。作为革命先驱者，无论活着还是死去，秋瑾生命的价值只有一个："唤醒民众，反清爱国。"所以她视死如归，从容不迫。

正如作家张承志所说："旗帜不追求成为石头砌造的墓碑。我总在想，旗帜的本质是飘扬过。不管飘扬得高不高，人们看见没看见，飘扬之后留下了什么——旗的追求是猎猎飘扬，激烈地抖着风，美丽地飘扬。"

## 第 十 章

# 影坛绝代女星
## ——阮玲玉

阮玲玉的父亲在她6岁时病故，她与母亲二人相依为命，在上海崇德女子中学(现同济大学附属七一中学）就读。1926年（16岁）时，经张慧冲介绍，考入明星影片公司，开始其电影艺术生涯，主演《挂名夫妻》等5部电影。1928年转入大中华百合影片公司，主演《情欲宝鉴》等6部电影。1930年转入黎民伟、罗明佑创办的联华影业公司，主演《野草闲花》（饰演卖花女）一举成名，奠定她在影坛的地位，一生共主演29部电影。

## 命运悲苦，偏遇纨绔

清末的上海，动荡纷乱。帝国主义的势力，早已把一块富饶诱人的上海大地划分为各个租界区，什么英租界、法租界、日租界，公共租界，俨然是国中之国，中国土地上的外国世界，在这块土地上，洋人吮吸着财富，清朝官吏刮尽了民膏。一个普普通通的工人，恰似生活在地狱的底层。

1910 年 4 月 26 日这一天，阮玲玉出生在上海的一个工人家庭里。在她之前，已经有了一个姐姐。

善良的母亲，辛劳的父亲，并不为过早降临的第二个孩子高兴。穷工人家的孩子，求人取了个文静的名字：凤根。而这无知的婴儿，一下子竟跨过了两个时代——从清皇朝到了中华民国。皇帝没有了，国号改变了，而千千万万中国人的生活并没有起色。在这个阴暗的房间里，愁苦还是这么多，生活还是如此艰难。

不久，死神又闯进了他们的房中。在她两岁时，唯一的姐姐死去了，这只是在她懂事后母亲才告诉她的；从那时起，凤根更加受到父母的疼爱。

生活虽然艰苦，但很幸福。然而，生逢乱世，幸福和欢乐对这个万分艰难的家庭毕竟是短暂的，像受到一场巨大的雷击似的，她父亲又不幸去世。而她刚刚才 6 岁。

母亲更孤苦了，她似乎一下子老了 10 岁。

在童年的梦里，她尝到的是人生的苦果。

穷人家的孩子早当家。凤根随着母亲，给有钱人家当小丫头，小小的年纪就学着打杂、洗衣，给老爷擦皮鞋，替太太抱小少爷。唯有

225

相依为命的母亲心疼她，夏天，看到她累得满头大汗，面色通红；冬日，瞧见她双手起了冻疮，肿得很高，瞅着主人家出门的时候，让她放下手上的活计，悄悄去休息一会儿。

这时候，她总是很快溜到附近的一所小学，从校门的缝隙里偷望男女孩子们上课的情景。有时，凑巧学生们放学了，她就躲得远远的看他们嬉闹、打架。他们都穿得很整齐，背着崭新的小书包，有的孩子的父母，还在校门口等候迎接他们。

这给凤根幼小的心灵留下了深刻的印象。这也使一个难以管束的想法在她头脑里转了又转。隔了好一阵子，她看到母亲忙完了活心绪较好时，终于忍不住说出了自己最大的愿望："妈，让我上学吧。"

妈妈听到她的要求，像被针扎了一样蹙了一下眉心，半天没有说话。而当她拉着母亲的手，一再恳求："妈，让我上学吧。"母亲的心动了，轻轻叹了口气："难哪。"

母亲是这样一个老实、听命，苦苦挣扎的妇女。她没有马上答应女儿的要求，因为，她明白这不是一件容易的事：学费、杂费、书本、衣着这一连串的费用，对当女佣的她来说是很难应付的。再说，女儿上了学，还能在主人家吃住下去吗？她找不到答案。

母亲的心在那次凤根的恳求后，又确确实实留下了无法摆脱的印记。凤根是她世上唯一的亲人和寄托啊。何况，凤根自小体弱多病，丈夫刚去世之际，自己曾将她寄养在一个干姐妹家中，一场大病整整两个月，几乎葬送了一条小生命。母亲尽管没有文化，而身居上海这样繁华的大都市，也约略知道读书方能出头的道理。从此，母亲默默地攒钱，也在主人家里卖命地干活，博取老爷、太太的欢心。冬去春来，约摸在两年之后一个晚上才悄悄地对女儿深情地说："凤根，你也不小了。妈明早送你去上学吧。这可不易啊。"说着说着，眼眶红了起来，声音也变得颤抖了。

凤根8岁才上学念书，改学名为玉英。起初，进的是私塾。第二年，才转入崇德女子学校。

上学，对这对寡母孤女来说，实在是难上加难的事，费用的重担自不用说，而且，母女俩没有一个自立门户的家。她俩得苦苦求情于心肠较好的主人家，让母女俩有一个栖身之处。玉英放了学，还得像小丫头一样干活，比往常更卖命地干活。要不，母女俩马上连一个可以遮风避雨的住处都会没有了。

年幼多病的玉英，并没有被这种艰难的遭遇压倒，随着年岁的增长，随着知识的开化，她变得自信了、坚强了。

清晨，当她忙完主人家的杂活，迎着初升的太阳向学校走去时，她的心里反复响起了一个声音："我要做个自立的女子!"

黄昏，当她离开学校急匆匆地赶回主人家时，母亲的面貌和话语出现在她眼前耳边："听命吧"，"不，我定要做个自立的女子!"她的内心时时在和母亲做着争辩。

上海，是帝国主义、官僚买办、富商阔人的天下，又是经济、文化发达的大都市。玉英渐渐长大了起来，学校里的功课对她已经不那么费力了，她开始借许多小说之类来阅读。

小说是五花八门，混七杂八的，而她从中一次次体验了各种人、各种生活的甜酸苦辣。她嗜书如命，终生不变。这，也不知不觉地在她身上培育了艺术的细胞，对她走上电影演员的道路有莫大的影响。

生活的磨难，使玉英比普通少女更早地懂事了、成熟了；生活的磨难，却又使玉英过早地将自己的命运和一名玩世不恭的少爷连结在一起。这是她悲剧命运的开始，也是她悲惨生涯的结局的决定因素之一。

这是在阮玲玉短促一生中第一个占有了她的男人，而且，从 16 岁到 25 岁的近 10 年中，她为他付出了青春和血汗换来的金钱。而他则愈来愈像魔影似地追逐着她、笼罩着她，直至将她送给了死神。此人便是上海张家的三少爷——张达民。

在阮玉英 16 岁那年，她母亲恰好在早期武侠影星张慧冲家里帮工。他家的三弟达民在一次崇德女子学校的晚会上，看到了阮玉英的戏剧演出，一下子就对她产生了好感。

从相识到恋爱，从恋爱到同居，是闪电式的。玉英在此期间，也曾痛苦彷徨过。有时她暗自思忖："我这以后的路该怎么走呢？"自己内心的向往自然是先念书、后工作，做一个自立的人。可每每将这一想法向母亲倾吐时，总在母亲脸上看到一副痛苦、内疚的神情，接着是一声长长的哀叹。怪我这么大的人，好不晓事理，与张达民结婚，还是一条好的出路呢。玉英又想到：自与张达民认识以来，特别自那次学校演出之后，他对我总是笑脸相迎，也从不摆出少爷架子，对母亲也尚称和蔼可亲……难道，结婚就是我面前唯一能走的路？

母亲感到女儿能嫁张家，这是再好不过的事，从此自己终身有靠，地位改变。因而自始至终热心地促成这件事，劝说女儿应允这件事。玉英年轻幼稚，母命难违。她就这样轻易地、似懂非懂地将自己的一生和这位张少爷结合在一起。

阮玉英初嫁时年才二八，完全是个青年少女，而那种流传了千百年的"嫁鸡随鸡，嫁狗随狗"的思想，牢牢占据了她的心灵。要是这位张家三少爷稍有上进之心，至少能够安分守己，阮玉英就将会终身相随，忠贞到头了。而他却像许多旧社会的纨绔子弟一样，一步步走向了堕落。

## 初试银幕，一路坎坷

阮玉英婚后不久的一天，张慧冲突然兴冲冲地走进她的屋里说："弟妹，想不想拍电影？"

这意外的询问，使才过上几天安定生活的阮玉英大吃一惊。如今，她已正式在张家有了一个家，多想过几天舒坦清静的日子，除了家务杂活，伺候丈夫外，可以找些心爱的小说来读，也可以偶尔看场电影和话剧。可是，她的心扑扑地跳得厉害，在学校时，她就喜好文娱活动，登台演过戏。张慧冲就是从看她的演出中，发现了她的演出才能的。在她贫苦的少女时代，演戏曾是她极大的感情寄托和人生的愉快啊。

张慧冲瞧她呆呆地发怔，怕她还不明白自己的意思，进一步具体地说："上海有家明星影片公司，那是家老牌的公司了，你该是听说过的吧？现今，公司正在招考电影演员，要是你愿意试试，我可以介绍你去。"他还怕她要面子，又补了两句，"考不取也没关系，反正是试试嘛。"

玉英的心真正被说动了。她虽然结婚不久，丈夫和她的感情并不浓烈。张达民原是一个依靠父母钱财混日子的世家子弟，他一点不像他的三个兄弟那样，有固定职业和收入，成年后又结交了几个不三不四的朋友，常常到赌场里混日子。同居了数月后，张达民因手中经济不大宽裕而多有埋怨，不时还对她发点脾气。后来，不到半年的时间，他几乎完全断绝了对阮玉英生活上的供给。此时，阮玉英更坚定了要闯入社会，走独立自主的道路的想法。自然，最诱动她的还是"拍电影"这几个字的魅力。这是在她长夜的梦中出现过的情景。

"那……那就请大哥介绍试一试吧。"

事情就这样很简单地决定了。她生活在这个和电影关系密切的家庭里，张达民也没提什么反对意见，再说这又是一条挣钱的出路，母亲当然更是唯张家之命是从，也赞成女儿去碰碰运气了。

1926 年的一个春光明媚的日子里，张慧冲偕同玉英和阮母来到明星公司，让她参加《挂名夫妻》这部默片女主角的应试。慧冲是电影界的老人了，人头很熟，只和看门的打了个招呼，就领着玉英和阮母直接去找电影导演卜万苍了。

不巧的是，卜万苍刚巧不在，只见到了公司里的一名姓林的广东人。姓林的很买张慧冲的面子，又见玉英面容秀美，神态动人，答应向已颇有名声的卜导演推荐。

第二日，当玉英一行人再到明星公司时，卜万苍已经从林某的介绍里预先有了个印象，待他一见，细细端详，便感到这名年轻女人虽不是什么绝色美人，姿容超凡；却有一股清秀气、书卷气。尤为难能可贵的是，她没有那种上海摩登女郎的洋味和俗气，立即答应让她参加《挂名夫妻》女主角的试戏。卜万苍对她热情地说："密司阮，我看你定能演戏，让我来给你一个机会吧。"这意外的顺利，使玉英又喜又愁，喜的是受到了一位令她敬畏的电影导演的青睐，愁的是她真能演好这个主角吗？

当她怀着这种复杂不安的心绪回到家里时，她哪里想到，在明星电影公司，正为她的女主角问题争得面红脖子粗呢。有人说："一个初出茅庐的毛丫头，没有号召力。"又有人说："模样儿、演戏的本领都不出众。"多数的意见是否定的，有的主张重选。

卜万苍力排众议，独执己见。他的确还没有试过她的表演才能，尤其不了解她会不会拍电影，只是从接触中有一种隐隐约约的感觉，这是个可造之才。外貌虽不惊人，却有一股隐含内在的力量，为了郑重起见，卜万苍答允试一试她的戏，再作定夺。

阮玉英一夜翻来复去，久久不能入睡。好不容易入睡了，又不觉做起梦来，梦里一会儿被录取了，她从此成了演员；一会儿有人凶神似地训斥她："毛丫头，凭你的模样和本事，还想当明星？"她模模糊糊地被赶了出来。夜，竟像从来没有过的那么漫长，当她在天微亮醒来时，头沉沉的，心中感到一阵阵不舒服。

在母亲的催促下，她打起了精神，认真地梳妆了一番。以比当年走进学校更紧张万分的心情，走进了这家赫赫有名的电影公司。

在场看她试戏的有公司的决策人物张石川等人，气氛十分严肃。

卜导演和蔼地向她讲解了剧中的人物要求，以及怎样演好这名可怜的女子。她认真地听讲，眼睛盯得直直的，脸色也红了起来，而导演的话却似懂非懂，似听非听。临到卜导演让她试着走几段戏时，她几乎手足无措，连步子都不会走了。

一个天性聪慧，酷爱演戏，又有过舞台经验的女子，竟在万分惶恐不安的心情中把一切都弄糟了。糟得连自己也不能相信，自然更使张石川和卜导演大大地失望了。

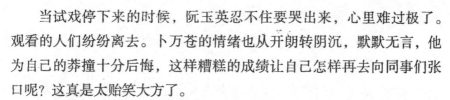

当试戏停下来的时候，阮玉英忍不住要哭出来，心里难过极了。观看的人们纷纷离去。卜万苍的情绪也从开朗转阴沉，默默无言，他为自己的莽撞十分后悔，这样糟糕的成绩让自己怎样再去向同事们张口呢？这真是太贻笑大方了。

他望着这个满脸乌云的女子，轻声地、有气无力地对她说："好吧，密司阮，够辛苦的了，你回去吧。"阮玉英从他的话音里，听到的是深深的失望，也自感到"拍电影"的大门从此对她关上了。她咬了咬牙，打起了精神，走向陪伴她来的母亲，转身准备离去。

当母女俩缓缓地、一步一步地走出试戏场时，突然，从她们的脑后传来了一个响亮的声音："等一等。"随着话音，卜万苍快步走了过来，向已回身过来的阮玉英说："明早再来试一趟吧。"听到这一话语，阮玉英的泪水都禁不住地流了出来。

又是一个难眠的夜。她把自己要演的那个被封建婚姻包办的少女的身世。反复想了又想，琢磨了又琢磨。片中的少女不是自己，但不是又有自己的影子吗？自己虽说不尽是挂名夫妻，但自己的婚姻是自由、幸福的吗？她隐隐感到，自己和这个要扮演的不幸女子，有相近之处，在她的心中，升起了一种信心、希望、力量。她在不知不觉中，激发起一定能演好她的愿望。

当她由母亲陪同，再次走进明星电影公司大门和试演场时，心不再剧烈地狂跳，神态也从容自如得多了。卜万苍不去理睬阮母的恳求和哀告，以鼓励的眼神对着阮玉英说："这没有什么，就像你在生活中照相一样！"

阮玉英此刻已忘了是在试戏，也不去多想"当明星"的事情，一心沉浸到了人物之中。她的步履、神情，都在刹那间成了少女史妙文。她本与青年王定章相恋，而家庭包办了她的婚姻，让她嫁给一名痴呆的富家子弟方少琏。她，为这忍受着感情的痛苦。这样的故事、人物，并不新鲜，也无太多的特色，而由于阮玉英是用心、用真情实感去演的，演起来楚楚动人，表情贴切。使周围在场的人都怔住了。卜万苍愈看愈喜悦，脸色由肃穆转向赞赏。当试演告一段落时，他连连向阮玉英说："好，很好。我决定让你来演！"

阮玉英从心底升起了一股暖流。当她从人物的情景中完全清醒过来时，终于意识到电影的大门已为她打开了。

她终于成了《挂名夫妻》这部默片的女主角，而且改艺名为阮玲玉。她，终于跨出了第一步，这是多么艰难的第一步啊！这一步中有自己的心血，也有卜导演的信任。

在阮玲玉短短的艺术生涯中，从未忘怀卜万苍的知遇之恩；卜万苍也以一个艺术界的长者关怀着阮玲玉的成长。后来，在1932年由他执导的《三个摩登女性》中，又最后决定由她担任女主角淑贞。该片上映与观众见面后，阮玲玉的表演又获新的成功。

在阮玲玉短促的不到10年的拍片生涯里，曾先后演出了29部电影，全部是默片。她先在明星影片公司，短短的2年时间，便演了5部电影，除《挂名夫妻》外，还有《血泪碑》、《杨小真》（又名《北京杨贵妃》）、《洛阳桥》、《白云塔》。这些影片都是描写婚姻恋爱故事的，如《血泪碑》以姐妹两人的境遇作对比。大姐梁似宝被一名男扮女装的坏人引诱失身，走上自杀道路；二妹梁似珍有反抗精神，与一青年自由恋爱，却遭到封建家庭的阻挠破坏，终于含冤而死。《杨小真》表现一名有学识的交际花，不甘堕落，和一名正直有为的青年恋爱，后来受到封建家庭的威逼与欺骗，嫁给了一个军阀，历尽苦难，终于和情人团圆。《白云塔》描写3家矿山资本家儿女之间的恋爱故事。

这些影片，虽多少有一些反封建、争取婚姻自由的意义，而故事比较陈旧、老套；手法也比较刻板、程式化，人物大同小异，差别不大。阮玲玉尽管演得严肃认真，较有生活气息，而终究还不能摆脱明星公司当时那种小市民的格调。她此刻虽已成为一些观众爱慕的新星，却还未发出真正夺目的光彩。

阮玲玉在短短的两年间，成了一名颇有声誉的女明星，但阮玲玉的内心并不宁静。婚后，张达民已不像当初追求自己时那么温顺、体贴；有时阮玲玉对他的放荡生活好言相劝，他却恶语伤人。他的两个哥哥（张慧冲、张惠民都开过公司，也都以演武侠片出名）在事业上都有进取，而张达民却终日无所事事、游手好闲。后来，总去赌场厮混，为了钱，还向两个哥哥提出析产分家。

阮玲玉感到生活、感情的无望，更清楚自己要在经济上独立。自入明星影片公司以来，最初薪金是40元，现在由于摄制的影片较多，片酬也有提高，完全够自己、母亲和小玉（原为阮母收留的一个孤苦女孩，玲玉见而生爱，求母亲给她，当亲生女儿抚养）的生活，阮玲玉意识到自己的生活、事业走到这一步是不容易的，如果从这一步败下阵来，那就不堪设想了！"一定要演好每一个角色"——既为了实现心中美好的理想，又为了实际生活的需要。

为了演好戏，她每接到一个角色，就将自己关在房中准备，揣摩角色的神情、动作，一会儿嬉笑，一会儿哭泣。当有人问她：你在家中准备角色和在摄影棚里，怎么能一会儿笑得那么由衷，顷刻之间又可以哭得那么真情呢？阮玲玉回答说："演戏就要像疯了一样。演员是疯子！"接着，她还带着一种创造的喜悦神情说："我就是疯子！"

在阮玲玉创造角色过程中，往往是凭自己的生活经历、感情进入角色，有时还需借助小说中描绘的人物心理、神态、动作，来丰富角色的创造。所以在阮玲玉的艺术生涯中，嗜书如命。上海当时到处有租书店和小书摊，她成了这里的常客。她向租书店每月缴纳一元伍角钱，往往三两天就把厚厚一本书读完了，又去换借来看。她是个书迷，连去摄影棚拍戏，都请娘姨带着书，戏一拍完，即从娘姨处取书。她曾情不自禁地笑着说："娘姨是我的一个书橱！"阮玲玉从小说中探索到各种女性的精神世界，并在自己的艺术实践中，丰富了自己的角色创造。这更坚定了她的阅读习惯，数年间，她看过的书竟不下千册。

明星影片公司的主持人张石川等人，注重的是能有号召力的红星。因而网罗人才，不遗余力。1928年，公司的女明星，除杨耐梅、丁子明、赵静霞和阮玲玉外，又新添聘了胡蝶、胡珊等人。

当年该公司摄制《白云塔》即为阮玲玉与胡蝶主演。明星公司摄制《白云塔》的动机，是起于胡蝶加入之后。《白云塔》一片，系根据陈冷血原著改编。导演为张石川、郑正秋。剧情大意是描写秋、石、蒲三姓矿山资本家之间的恩怨与爱情的曲折故事。石斌（朱飞饰）与凤子（胡蝶饰）相恋，遭蒲绿姬（阮玲玉饰）之破坏，后凤子乔装为红叶公子，绿姬遂舍石斌追求红叶，真相大白后，绿姬自顾无颜，坠白云塔而死。

胡蝶貌美肤丽，举止安详，形象较适合扮演雍容华贵的大家闺秀。她在片中饰演了凤子，在影片后半部又扮男装，饰演红叶公子，很适合东方人的审美观念；阮玲玉在片中扮演的蒲绿姬，额前刘海齐眉，着长衫，婀娜多姿，顾盼自如。在影片中、阮玲玉与胡蝶处于同样的地位。她们两人与男主角朱飞配戏，是珠联璧合，相映生辉。可明星公司出于胡蝶在一般观众中的号召力，偏在广告中将胡蝶的名字列于阮玲玉之上。

当阮玲玉演完《白云塔》后，感到公司对自己往往另眼相看，态度冷落。这自然伤害了一个有抱负、有作为、又蕴藏着无限创造力的青年演员的自尊心。再说，明星公司拍摄武侠片的兴起，在阮玲玉心中也引起了思考。北伐战争失败后的1928年，混乱的中国电影界，更向着脱离现实的商业化方向发展。为了迎合小市民观众的口味和南洋片商的要求，各公司大拍武侠神怪电影。明星公司的郑正秋抵不过当时这股潮流，为公司营业计，他根据平江不肖生（向恺然）所著的武侠小说《江湖奇侠传》改编，由张石川导演了《火烧红莲寺》第一集，董克毅摄影，郑小秋、夏佩珍主演。同年5月公映后，大为轰动，倍受欢迎。从此，明星公司更掀起了拍摄武侠片的狂潮，并从第三集起，重要的女演员，除夏佩珍外，胡蝶也参加主演。阮玲玉不喜欢武侠片，也不愿加紧训练自己投入这一片种以试身手。这种影片只求新奇热闹，演员不能展示精细的演技。明星公司专注拍这种武侠片，这就使能演戏而不愿意搞这种武侠片的阮玲玉，感到英雄无用武之地了。

阮玲玉思虑再三，只好另谋出路了。

# 另辟新路，又创新迹

1928 年，她离开了明星影片公司，加入大中华百合影片公司，第二年又转入联华影业公司，从此真正走向了她思想上、艺术上的新路程，向默片表演艺术的顶峰不断攀登。

阮玲玉在大中华百合影片公司的时间不长，在短短一年多时间，就演出了《银幕之花》、《情欲宝鉴》、《珍珠冠》、《大破九龙山》、《火烧九龙山》、《劫后孤鸿》6 部影片。这些影片题材仍然比较狭窄，思想、艺术上新意不多，阮玲玉的艺术才华难以得到更好的发挥。

阮玲玉的艺术才华，是和"联华"这家新起的、有名的电影公司相联系的。可以说，她始于"明星"，却成熟于"联华"。"联华"的一些著名导演孙瑜、卜万苍、朱石麟、费穆、蔡楚生、吴永刚，在阮玲玉的艺术道路上都起过不可磨灭的作用。而阮玲玉，又以她那杰出的、多面的、不断探求的艺术才能，为"联华"，为这些艺术家的电影作品，为中国早期电影事业作出了永垂青史的贡献。

比较了"明星"和"联华"的情况，可以看到客观情况的变化，对阮玲玉艺术发展的重大影响。只是，真正能推动她在艺术上不断进步的，仍是她那顽强的、不停顿的、对艺术创造追求的性格。这使她不安于现状，不满足于已有的名声地位，而有一种开拓的，甘冒风险的精神。就拿她在进"联华"之前，先由"明星"公司转入大中华影片公司的情况来说，就和通常的女明星、女演员有很大不同。按说，阮玲玉在"明星"的地位虽不十分显赫，但已奠定了一定基础，可是，当陆洁、吴性裁合办的大中华百合公司登报招考女演员时，在千百封寄往该公司的报考信中，就有一封阮玲玉亲自写的，按规定附有本人照片的信件。而那个管招考工作的拆信人，竟主观认为阮玲玉已是明星公司一位较有名气的演员了，信件肯定不是阮玲玉自己写来的，不光没有和别人商量，干脆就不予理睬。考期过去了，使这个拆信人和公司主持人感到十分意外的是：阮玲玉竟亲自找到大中华百合公司来了。阮玲玉打趣地对该公司的人说："我要来投考，你们连回音也不给我一个，是看不起我，不要我这么个人吗？"公司里的人坦率地告诉她，不相信她会舍得离开"明星"这样赫赫有名的老牌公司，跑到他们这家新公司来。阮玲玉问明了该公司不理会她的原因，明确地表示了自己的态度。自己这次自愿投考，是一片诚心。明星公司的几个老板，只捧着一个红星，对别的演员都不重视，自己不愿屈居人下，才决心跳出来另找门路。公司的人听阮玲玉这样坦率地说明缘由，连连对她表示由衷的欢迎，又不无顾虑地问："阮小姐，明星公司能不能放您出来呢？"阮玲玉果断地回答说："他们不会阻拦我。再说，是我自己投考来的，贵公司丝毫不会有挖角的嫌疑的。"阮玲玉的爽朗态度，打消了该公司的疑虑，他们当即给了阮玲玉一份聘书，聘请她为该公司的基本演员。这是阮玲玉在艺术事业上很关键的一个转折，很能反映她性格的果断，对艺术的挚爱。

不久，大中华百合影片公司，与从北京迁来的华北影片公司合并，改名为联华影业公司，实力和规模都大大扩充了。导演人才中有孙瑜、蔡楚生、朱石麟等等。演员著名的有金焰、王人美、舒绣文、陈燕燕、张翼、林楚楚、黎灼灼等。"联华"自孙瑜导演的《故都春梦》和《野草闲花》、《恋爱与义务》之后，影响日渐扩大，阮玲玉的演技也给人耳目一新的感受，从此，她便成为30年代最受欢迎的女星之一了。

阮玲玉在"联华"拍摄的第二部影片，是孙瑜编导的《野草闲花》。在这部片子里，阮玲玉却要主演一个完全不同于燕燕的，聪明活泼、纯洁天真的少女——卖花女丽莲。

《故都春梦》中的燕燕和《野草闲花》中的丽莲，一个是毒如蛇蝎的荡妇，一个是聪慧活泼、纯洁天真的姑娘，阮玲玉以她精湛的角色创造和真挚的表演，将这两个角色都演得细腻准确。默片时期的电影女演员，戏路宽广的，真可谓是凤毛麟角。阮玲玉在"联华"公司的两炮，都打响了，这两部影片在公开放映时，都打破了当时国产影片的卖座纪录。同时，在这两炮中，阮玲玉也真正迈出了可塑性演技的第一步。

由孙瑜导演，阮玲玉主演的影片，除《故都春梦》、《野草闲花》外，还有1933年拍摄的《小玩意》。在这三次合作中，孙瑜对阮玲玉的演技留下了很好、很深的印象，他说："导演阮玲玉拍电影，是任何导演的最大愉快，开拍前略加指点，她很快地就理解了导演的意图，在绝大多数情况下，总是一拍成功。极少重拍。"她"试拍出来的戏，常比导演在进入摄影场前所想象出来的戏要好得多、高明得多。"

阮玲玉去世后，孙瑜坐在栩栩如生的阮玲玉遗体旁，默默地凝视着她，痛惜这位被万恶的旧世界吞噬了的艺术天才。他在《联华画报》上发表文章说："她（阮玲玉）的一生是一页挣扎向上的史实。阮玲玉的卓绝演技霸占了中国影坛十几年以来的第一位。"在阮玲玉去世20多年后，他又写文章怀念阮玲玉，对她的表演艺术给予更高、更准确的评价："阮玲玉的天才演技，是中国电影默片时代的骄傲。"

在阮玲玉婚后的一段时间中，她对张达民有了进一步的观察和了解。阮玲玉曾试着以好言劝解丈夫：你才二十三四岁（当时阮玲玉仅16岁），前途无量，总要有一份固定安生的职业才好……张达民起初因为和阮玲玉新婚，感情缠绵，听了妻子动情的规劝，还常流露出几分羞愧腼腆的神态，可是时间一久，夫妻间的感情渐渐淡薄，他便把阮玲玉的话当耳边风了。后来，他不仅不听阮玲玉的规劝，反而变本加厉地暴露出挥霍无度的放荡习性，加上阮玲玉进入电影界后，渐渐有了声誉和收入，张达民更是将她看作摇钱树，胃口越来越大，简直到了索取无厌的地步。阮玲玉以她电影女明星的地位，服饰精美，交际渐广，这都一次次引起张达民的疑心和嫉妒。渐渐地，他们之间的意见日益增多，还经常发生口角。阮玲玉自幼清苦无势，现仅有弱母幼女相依为命，当她受到张达民的欺负、忍无可忍时，曾被迫分居3次，并曾服毒自杀，幸亏抢救及时，才痛苦地生活下去。

命运之神正是这样摆弄着阮玲玉：正当她的事业一步一步向前发展的时候，她的感情生活也一步一步地向悲剧发展了。在阮玲玉往北平去拍摄《故都春梦》外景时，张达民便在上海尽情地嫖赌，把家里析产分得的一万多元钱，全部嫖尽输光了。当她回家后，和母亲一起对他好言相劝，张达民却拿出先前做主子的样子先吵后骂，以致动手打了阮玲玉一个嘴巴。阮玲玉用手摸着疼痛的脸颊愣住了。从结婚到现在，夫妻间虽然吵吵闹闹，相互之间，总还有着一点起码的尊重。现今，张达民竟如此蛮横，打痛了她的肉体，更侮辱了她的人格！这还不算，张达民还当着阮玲玉的面，拉开架势要打她的母亲，并恶狠狠

阮玲玉

地说："我和玉英的事都是你在中间搅坏的。你说我不该赌博，你打不打牌？你打了牌，是不是要输钱？你不是也输钱吗？还有资格管我！"他还盛气凌人地说："你是什么人？刚吃了几天饱饭就不耐烦了，真是小人得志。"说话时，他那眉眼之间还流露出那种不屑一顾的怪模样！最后，他又冷笑了一下，朝着阮玲玉说："你可以像上次那样自杀！"

从此，阮玲玉与张达民的感情彻底破裂，再也无法弥补了！在一段时期内，阮玲玉心中想的是断绝，是离异！张达民要达到的却是纠缠，是诈取！这一场纠纷白热化的后果，只有诉诸于法律解决！

终于，阮玲玉忍无可忍，提出了离婚的要求。后经亲友调解，两人仍勉强住在一起。1932年上海"一·二八"事变时，他们同赴香港，阮玲玉想：如果他"依旧在上海的这个恶劣环境里，是无论如何改不

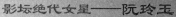

过他的脾气来的"，于是介绍张达民在轮船上做事。同年4月，阮玲玉接"联华"电报，返沪拍《续故都春梦》（1932年，编剧：朱石麟，导演：卜万苍）。在这段时间内，她像在精神上卸下了一个不小的包袱，也暂时"解脱"了张达民对自己索取无厌、把自己当摇钱树一样的无理纠缠。

她的心情愉快了，也更豁达了。闲暇无事，也能和二三好友到戏院去听听戏。这时，她已是为大家所注目的电影明星了。在公众场所，她对自己的举止行动都分外注意。衣饰、面容既要给人以美感，又不使人觉得轻浮、放浪。她深知："一个引人注目的女明星，在公共场所稍有闪失，就会遭来很多不好的舆论，不是在人群中传为笑话，就会弄到在报章杂志上公开宣扬。"有一次，她去看被誉为"粤剧梅兰芳"的薛觉先的戏，服饰打扮就不像平日参加宴会那样浓妆艳服，而是仅仅穿一件合身的长旗袍，薄施脂粉。她童年生过天花，脸上留下了浅浅的麻点，但细白、柔嫩，不仅无损其美，反添俏媚。她与友人边看边谈时，声音极细，就是近在咫尺的人，也分辨不出她说的是什么，可她对周围观众的吸引力，仍然是很大的。大家常常情不自禁地舍弃了看舞台上演员的唱做，而将眼神向她转了过去。原来，阮玲玉不仅在银幕上表演艺术美妙动人，在生活中谈笑风生的神情，也有着无比的魅力。有人甚至感到："她在生活中的真人，比起银幕形象还要美三分。"

除了看戏，阮玲玉也很喜欢音乐和跳舞。"联华"一厂就组织有音乐会，担任教授的是当年的少年音乐家关华石。加入者，除一厂主任黎明伟，导演卜万苍，演员金焰、林楚楚（黎明伟的妻子）、陈燕燕外，阮玲玉也欣然参加。她也是舞会的积极参加者。这既是爱好，也是对演员的身体灵敏、节奏感的极好训练。

阮玲玉在这时，也进入了她创作最旺盛、演技状态最佳的时期。在她短促的、最后的四五年艺术生涯里，竟演出了近20部影片（已知有18部，尚有《妇人心》等片因故未正式公映），并大都担任有很重分量的主要角色。是什么促成阮玲玉进入她创作最旺盛、演技状态最佳的时期的呢？主要因素是正在开展的左翼电影创作，为她提供了一批新的女性形象。

阮玲玉从 1930 年开始，她的主要角色创造，正是党领导下的左翼文艺和受其影响的作品。如《三个摩登女性》、《恋爱与义务》、《小玩意》、《女神》、《新女性》等。

中国默片的黄金时期，为发挥阮玲玉的表演艺术天赋，提供了坚实的基础。30 年代初，是我国默片向有声片逐渐过渡、逐渐转折的时期，这个时期是电影史中一个很值得重视和研究的课题。这时，国外已有了有声片（第一部有声片为美国 1927 年出品的《爵士歌手》）。中国在世界电影潮流的影响下，一方面进行了有声片的试验，摄制成了中国的第一部有声片——胡蝶主演的《歌女红牡丹》；另一方面，当时对摄制有声片还有许多思想、工艺技术落后的障碍。人们往往有保守的一面，尤其是许多有成就、为之付出了大量心血的默片创作者，感到自己千辛万苦赢得的东西正在受到威胁。他们不满地说："我们去看声片，还不如直接去看戏院里的舞台表演——对白决不能如字幕（默片因无语言声音，故用字幕解释剧情）的透彻，有时反会使人模糊。"

阮玲玉的表演艺术高峰，正是在这一默片的黄金时期达到的。在 1931 年以前，从《挂名夫妻》起拍摄的十余部影片，虽也取得了较好的成绩，而银幕上稍观即逝、过于匆促的表情动作，并未完全展露她的才华。如 1931 年映出的《桃花泣血记》（卜万苍编导，联华公司出品），仍是以每秒 16 格摄制的。影片中，阮玲玉扮演一个贫苦的牧羊女琳姑，对她主人家的少爷金德恩（金焰饰）一见倾心。这时，只能看见阮玲玉在一个近景镜头中，头部在左右摆动（默片中演员因不能说话，常以大幅度的动作来加强剧情效果），再加上快速的节奏，使人简直无法看出人物的细致表情和深刻的心理变化。可见，当时的电影技术限制了艺术创造。

在稍后的一个时期中，当拍摄速度由每秒 16 格转为每秒 24 格时，阮玲玉的表演，也有一个适应、变化的过程，如在同年映出的影片

《一剪梅》（编剧黄漪磋根据莎士比亚《维罗那二绅士》改编，导演：卜万苍，主要演员：阮玲玉、金焰、林楚楚、高占非、王次龙、陈燕燕等）中，人们往往觉得阮玲玉在影片里的动作快慢不均，表情节奏失衡。她所饰的一妙龄女郎，在影片开始不久，手中拿着歌谱，一边唱一边跳，动作的节奏因演员仍保留前期拍摄时（一秒钟 16 格画面）的表演习惯，动作幅度过大，表情过多。一直到 1932 年，阮玲玉在她参加拍摄的一些影片（如《三个摩登女性》等）中，才逐步克服了默片初期的一些表演弊端。也正是从 1932 年开始，阮玲玉的表演艺术才华，更臻于完美。她出演的几部最佳影片，除以上说的《三个摩登女性》外，还有《小玩意》、《神女》、《新女性》，都是这一时期拍摄的。

阮玲玉表演技艺的形成，更多的是每年在摄影机前拍摄 2—4 部影片的实践积累，从实践经验中，她的表演逐渐适应了电影的特性。再加上她个人的表演魅力，更使她在这一批女演员中有一种去陈脱俗的独特风格。

从另一方面看，阮玲玉表演的艺术光辉又远远超过了默片时代。因为，随着有声片的兴起，默片中有地方口音的演员开始自然淘汰，不得不大量启用话剧演员，在许多年后，影坛上仍然流行一种舞台化的表演。这就使人深深感到："阮玲玉的表演，不仅在默片时期，就是与后来许多有声片相比，也是更为自然质朴，并且适应电影表演特性的一种表演。"许多国外的评论家，曾批评我国某些影片的表演还存在着虚假和模式化，可对阮玲玉的表演却倍加赞赏："当时拍电影根本没有预先写好的剧本，演员只是依靠导演的简单的指示去演，而她却演得如此自然，无论是戴着草帽的农妇，干着活的工人，还是叼着香烟的妓女。阮玲玉的演技在当时的女演员中是出类拔萃的。"

# 摩登女性，婚姻不幸

阮玲玉在《三个摩登女性》中的表演，揭开了她艺术创造光辉的新篇章。

1932年，联华影业公司拍了一部左翼电影——《三个摩登女性》。首映时间为1931年12月29日，首映地点在上海北京大戏院、上海大戏院，两家同时演出。

阮玲玉在《三个摩登女性》中，扮演了一名自食其力、有理想有追求的新女性形象——淑贞。

《三个摩登女性》是阮玲玉表演艺术中很关键的一部影片，也是她在上片过程中颇费周折的一部影片。当《三个摩登女性》即将摄制，正着手选择角色的时候，阮玲玉因怕被观众遗忘，而要求给她一个角色（其实，这几年来，她每年都要拍二三部影片）。导演卜万苍，是最先了解和发现阮玲玉的演艺才华的，这时却和其他人一样犹疑不决。因为，这部影片比较重要的角色是一个女工，而阮玲玉以前在《白云塔》、《情欲宝鉴》、《故都春梦》中成功地扮演了一些钻刁狡猾、风骚放荡的女性，给人的印象太深了。如果选择她来饰演，怕容易演成一个"骚"女工，所以举棋不定。可阮玲玉对周淑贞一角非常倾心，很有信心。她坚决表示：如果影片失败，她愿负担赔偿因她所受的全部损失。

《三个摩登女性》拍摄放映后，获得了成功，它是一部很有时代特色的电影作品。当时评论说："《三个摩登女性》如炸弹般落于中国影坛，新的电影开始出现于观众面前。尤其是作为该片女主角阮玲玉的表演更是富有光彩，她在片中很完美地塑造了一个富有爱国思想的、自立奋发的女性形象。"这和阮玲玉以往扮演的堕落女性或苦命的女性，有着很大的区别。阮玲玉在她的每一部影片里，并不去重复过去的角色，相反，她沉浸在新的角色之中，寻求着一种新的形象的美。比如她表演淑贞在电话机前接线的服饰、神态、头发虽然烫过，却梳得朴素大方，布旗袍也显得整洁严正，眼神安详、诚挚、含有深意，欣喜时脸上流露出一丝会心的微笑，而有别于以往影片中的"娇笑"、"媚笑"。这使人感受到阮玲玉那种扮演角色并非有意取媚于人的神情。这种艺术风度，显然是超出于当时许多女演员、以至于一些赫赫有名的女星之上的。

阮玲玉与她同时代的电影女明星一样，也以自己的素质、外形和本人气质上的魅力，作为创造角色的基础。只要稍为了解阮玲玉身世和遭遇的人，就会惊异地发现，她所扮演的角色，与她的经历是如此相似。

1932年，当左翼文艺运动蓬勃发展的时候，阮玲玉也有强烈追随时代前进的心情，正是在这种心情下，又主演了要求和劳动人民相结合的新的妇女形象——《三个摩登女性》、《新女性》。

1934年，阮玲玉在联华影业公司主演了影片《再会吧，上海》，在拍摄间隙，她与同片演出的主要演员何非光（扮演影片中的医生）的一席话，道出了阮玲玉表演的奥秘。当何非光问阮玲玉如何才能塑造好一个角色时，她毫不犹疑、很有定见地说："多看"生活，我就常观察我母亲是怎么样打牌的。

阮玲玉，作为一个演员，她并没有经过系统的表演理论的学习，这使她不大可能依靠艺术技巧和理性分析去进入角色。从她的艺术实践来看，她更多的还是靠着观察生活来进入角色创造。

阮玲玉创造角色的特点，一方面是用自己的对生活的感受、气质、外形直觉地进入角色；同时，她也到生活中去攫取人物的素材，进行角色的再创造。如果没有后者，如果她没有注意不断地从生活中吸取营养，阮玲玉是不会在《三个摩登女性》中，成功地创造了与以往角色完全不同的电话工人周淑贞，也不会在《小玩意》中塑造一个热情泼辣、勤劳朴实的手工业者叶大嫂，以及后来创造的、艺术形象更为完美的《神女》、《新女性》的角色。阮玲玉在短促的不到10年的艺术生涯中，扮演过小家碧玉、大家闺秀、村姑、老太婆、尼姑、丫头、妓女、乞丐、姨太太、卖花女、女学生、歌女、女作家等等。"如果把她的杰作汇集起来，差不多是一本中国社会大观"，她在银幕上"曾自杀4次，入狱两次，其余便是忧伤、癫疯、被杀、病死等等"。如果一个演员，不能对自己饰演的角色作性格化的创造，她是决不可能塑造好这么多类型的人物的。所以，阮玲玉既是大家所俗称的本色演员，又是一个当之无愧的擅演多方面性格的性格演员。

阮玲玉的整个艺术生涯，是在默片创作时期度过的。面对拍摄场中即兴表演的方式，她是如何创造出那么多千姿百态的人物形象呢？阮玲玉是很有表演天分的，而她的表演天分，还是在脚踏实地地准备角色，可以说她的角色不是在摄影场中完成的，而是到在摄影场以前就创造成功的。她常常为了回避干扰，躲到一个开服装公司的好友家里，将自己关在试衣房里，对着试服装的镜子练起来，动作起来，以致在与友人接触时，还口中念念有词，她解嘲似地嘻笑说："我是个疯子。"还说，"我甚至做梦都在想着如何来表演她（角色）"。阮玲玉的表演艺术的特点之一，就是当她掌握了一个角色的思想感情之后，就不需要再苦苦地缠住它，而是随时都可以进入角色。与阮玲玉合作的著名导演、艺术家蔡楚生曾说："在要正式拍戏时，阮却能在瞬间变换自己的全部思想感情和形体动作，从容而又敏捷地进入角色，待摄影机一转动，她——或者就是一个在身心上长年受践踏与创伤的老妇人，她以无穷的哀痛，苦泪交流地在泣诉着什么……使许多内外行的参观者为之惊叹不已。"在联华影业公司的《联华画报》5卷7期上，曾登载过这么一段对阮玲玉表演的评语："各导演言，演员拍戏时，重拍最少者，女为阮玲玉，阮玲玉拍戏极能领略剧中人地位，临摇机以前，导演为之申说一二句，即贯通了解，拍时，喜怒哀惧，自然流露，要哭，两泪即至，要笑，百媚俱生，甚有过于导演所期水准之上者，斯阮之所以独异于人欤。"

这些，都是阮玲玉的表演艺术真正吸引人、最可珍贵的地方。这种表演素质的技艺，不是每个演员都能达到的。

　　1935 年，阮玲玉去世后，"联华"因为公司的台柱明星阮玲玉陨落，实力大损，演员阵线顿形软弱，大有后继无人的恐慌。在公司已成名的演员中，或因个性与阮玲玉不同，或是因天分有限，造诣已止，都没有递补阮玲玉地位的资格。为此，"联华"只有把注意力移向新人。

　　在阮玲玉周围的人，只要细心一点的都会观察得出："她很少看中国影片，大多时候看的是外国影片。"30 年代初，葛丽泰·嘉宝是好莱坞最红的女明星，她曾以精湛的演技和迷人的风姿使世界上千百万影迷为之倾倒。嘉宝的重要影片，都曾在我国上映，除默片外，1930 年上映了嘉宝的第一部有声片《安娜·克里斯蒂》和数年后上映的《琼宫恨史》，都曾得到过我国影剧界的赞誉。可阮玲玉最喜爱的影星，并不是嘉宝，而是 1931 年在世界电影中，使人震惊的德国影片《蓝天使》里的女主角玛琳黛德丽。阮玲玉酷爱这位德国的影星的缘由，并未告人。可是，如果看过她俩所拍摄的影片，并相互比较研究，就会使人强烈地感到：她们在形体、表演风格上，都有惊人的相似之处。玛琳黛德丽在《蓝天使》等影片中娇姿婀娜，体态窈窕，出色地塑造了一个迷惑道学先生的歌女。当时的西方电影对女电影明星的体形美的要求是十分严格的。玛琳黛德丽就曾以她的大腿美著名于世。《蓝天使》的导演冯·斯登堡，就是"用隐藏在吊袜带与黑色花边下面的大腿的扭动来突出她的淫荡"。阮玲玉在她同时代的电影女明星中，她的银幕形象也是轻盈敏捷、婀娜多姿的。阮玲玉的艺术生涯，整个是处在默片时期。默片中的演员，只能借助字幕表达人物的语言，所以默片时代演员的语言运用，不可能像现在这么丰富，这就更多地要求演员在饰演角色时，不仅需要丰富的面部表情，而且需要身体灵活，气质优雅，以加强整个场面的感情、艺术效果。纵观阮玲玉所拍摄的影片，她是很能领略其中之精髓的。

　　阮玲玉训练、爱护自己的体形，一方面适应了默片时代演员以造型、动作为主要塑造人物手段的需要，更重要的是，使她在扮演各种角色时，具有较大的适应性。她不像当时一些体态过于丰硕的女演员，只能演富家女性，不能扮演贫家女子；只能演城市女性，不适宜扮农村妇女。还有另外一些女演员，单就她的外型看，总使人自然地将她们归划到某种类型的女性之中，阮玲玉却演一人有一种模样。赵丹在生前曾这样称许阮玲玉说："穿上尼姑服就成为尼姑，换上一身女工的衣服，手上再拎个饭盒，跑到工厂的女工群里去，和姐妹们一同上班去，简直就再也分辨不出她是个演员了。"这不仅说明阮玲玉是一个素质很好的可塑性演员，也因为她的外型对各类妇女具有适应性。

阮玲玉与玛琳黛德丽的演剧风格也是非常相似的。玛琳黛德丽在《蓝天使》中，每一举一动，每一姿态，极其真切销魂，冶艳无比。这点，集中展现在她的一双不凡的眼睛上，这双眼睛在镜头前，具有一种朦胧，好像有点"焦点不清"（影评家亚里斯坦语），透过这双朦朦胧胧的眼神，在一种神秘的味道之中，有着强烈的魅惑力；在阮玲玉的艺术生涯中，特别在她的早、中期，也有一组角色是一些妖媚娇艳的女性。如在《故都春梦》中饰演的妓女燕燕，迷惑了家中有贤妻的朱家杰，并以自己狡黠的交际手腕，为朱觅得一份要职。阮玲玉扮演的燕燕，除用自己形体上轻盈敏捷、婀娜多姿为表现人物的手段外；也靠她那一双发虚的、"焦点不清"的眼睛的魅惑力来蛊惑人心。角色正是依赖于这种魅惑力，才牢牢地抓住了观众的心神。

从《故都春梦》之后，阮玲玉塑造的角色，离这一类型的人物越来越远了。开始是温柔、善良（如《野草闲花》），受人同情的角色（如《恋爱与义务》、《桃花泣血记》、《小玩意》、《归来》等），后来又发展到扮演追求革命、要求进步的新女性（如《三个摩登女性》、《新女性》等）。自然，塑造这些角色，是不能用以前那种人物造型和眼神去表现的，但阮玲玉在扮演那些人物时具有的那种魅力却没有消失，她只是在将"美艳"化为"温柔"，将"迷惑"换成"质朴"的同时，有着一种端庄大方、仪容优雅的气度。郑君里回忆说："她的技艺熟练、朴素而自然，丝毫没有雕凿的痕迹。"每个人物都烙印着她特有的清丽优美的表演风格，具有强烈的艺术魅力。即使她扮演一个庸俗的"交际花"，也有一种脱俗的韵味。

当阮玲玉在左翼电影运动中，在表演艺术上有着迅速发展时，那追随着她的悲剧命运，似乎也以更快的速度，在向更深的方向进展了。这是因为在阮玲玉的感情生活里，纠缠不休的张达民的身影渐渐"淡化"了，一名富商叫唐季珊的暗影，又推到了她生活的"前景"上来了。

唐季珊自从与阮玲玉数次接触同舞后，对阮的追逐甚为热烈。阮玲玉开始对唐季珊，只是为了"联华"的事业，与他做一般的周旋、交际。何况，张达民还不时地三天两头的来要钱、吵闹，已使她在感情上伤透了心。加之影片一部一部的连续拍摄，哪有时间去想这些情场上的事呢？可唐季珊手段老到，不仅与阮玲玉同舞时百般温存、随和，风度翩翩，还仔细体察、了解她思想感情上的需求。阮玲玉心爱小女妙容（小玉），他每次去她家常带些小衣裙、洋囡囡，小孩子思想单纯，见着他，就拉着手亲如家人。唐季珊对阮母，更是恭敬得五体投地，极尽阿谀奉迎之能事，"阿婆""阿婆"地叫个不停，将上好的衣料、点心买了送她不算；还常陪她打牌，设法将钱输给她，以博得她对自己的好感。经过大半辈子动荡贫困的阮母，见着很有经济实力的唐季珊主动来巴结她，也时常被他哄得笑逐颜开。况且，阮玲玉离开了张达民后，也需要终身有靠。

唐季珊为了取得阮玲玉的爱恋，打的是一场迂回战、包围战。阮玲玉深爱相依为命的母亲和小玉，他就先取得了她们的欢心。确实，他的力气并没有白花，阮玲玉对这一切看在眼里，在心中对唐季珊这个人也有所动。但她到底是在生活中曾有过一次失意和打击的人，哪能轻易地迈开这决定人生道路的一步呢？她平时行动，仍深自矜持；在与唐季珊的接触中，依然保持一定的距离。在繁忙的拍片生活里，她把业余时间都用在准备角色上，不敢有稍许懈怠。但，道高一尺，魔高一丈，唐季珊为阮玲玉的色艺所动，决心坚定，积极向阮玲玉"进攻"。他反复表示："决不会像张达民那样对待她，也决不会像和

张织云那样与阮玲玉分离……”唐季珊还为她解除了许多后顾之忧，当阮玲玉提到张达民的纠缠无礼时，他完全表现出一个真正的男子汉大丈夫的气概说："这由我来对付！他对你有什么感情？在他眼里只有个'钱'字，要钱，这还不容易！""离了婚，再结婚，这在报纸上不是天天都有么？"

可以说，在事业上，阮玲玉不愧为一个强者，她从 16 岁起，由不会演戏到会演戏；又从会演戏到争取饰演不同性格的角色。可在生活中，却有女性脆弱的一面，她常常因重感情而失去理智。唐季珊为了得到她，精心设置了这一切，她就不知不觉地重踏了张织云的覆辙。最初，唐季珊提出在她往返于摄影场的来回路上接送她时，是被她拒绝的，可一方拒绝，一方坚持，不管刮风下雨，唐季珊都在"联华影业制片有限公司"厂部的门外，身坐在汽车中静等阮玲玉的到来，一天，阮玲玉上了唐季珊的汽车。后来有一次在国民饭店跳舞后，两人终于结合在一起。

阮玲玉与唐季珊的结合，在当时的观念与现在的男婚女嫁是有所不同的。旧社会对男女婚姻，都以父母之命、媒妁之言为主要联姻方式，常常酿成不幸的人生悲剧。三、四十年代中，有些具有新思想的青年，为反叛这些封建意识的羁绊，只要双方性格相投，志趣一致就可结合在一起。阮、唐的结合，在阮玲玉的内心深处，也是有这一层意思的。她知道，唐季珊在最初热恋张织云时，两人曾订有契约，各执一纸，在该契约载明："唐如弃张，唐应赔偿张之损失费 20 万元。"阮玲玉想："虽然唐季珊为新居置办了上好的红木家具，特制沙发床、椅，选购了我心爱的项链首饰等物，但这是与张织云结合的性质截然不同的。一是我们有真正的感情；二是我们有独立的人格，不是他人的依附物。总之，我绝不停止去摄影场拍片。"阮玲玉希望唐季珊对他们的结合不必过多地张扬，因为以她当时在影坛的地位，定会遭到一些不好的舆论。

阮玲玉与唐季珊结合时，在事业上，完全奠定了她在影坛上的地位，月入丰盈（一说每月收入千元，一说实际收入为 700 金），不会太贪爱唐季珊的钱财；再者，唐季珊已达不惑之年，并非风流少年，这说明两人之间，尚有一定的感情。而对张达民呢，阮玲玉回想到与他在一起生活时的情景，仍是感到分外寒心的。那时为了将他从上海这个嫖、赌的恶劣环境里拔出来，曾恳请从香港来的何东爵士，为他设法介绍到瑞安轮上充任卖办，可是去不数月，又用亏了1000余元，丢了工作后，又回来吵闹，于是又写信给十九路军范其务先生，把他介绍至福建福清税局任事，大概不到二个月吧，竟又三天两日地写信来缠扰她了。为免却将来纠纷，阮玲玉找到律师伍澄宇，于1933年2月还在报上登了一个声明。

张达民返回福建后不久，又丢掉了饭碗。失业后的时日，他几乎每月就靠这100元的津贴过活。

阮玲玉自与张达民有了这样一项协议后，心中稍为平静和安慰。可那黑暗的旧社会的现实，将她这一点点可怜的平静和安慰也毫不留情地撕得粉碎。她与唐季珊的结合之日，正是她爱情上第二次失足之时。唐季珊以自己的富有，一贯对女性巧取豪夺、浪漫成性。婚后不久，阮玲玉就感到唐季珊的变化，他在热情、笑容可掬之外，常常透现着一些冷漠、貌合神离的神情。阮玲玉在生活中是一个绝顶聪明的人，她的表演职业，更促使她长于细心、善于观察的特性。为此，她开始审视、提防他了。有一次，唐季珊刮好胡子，着上新添购的灰色西装，支支吾吾地出去了，阮玲玉设法尾随其后，终于印证了她的推测，亲眼见到唐季珊与一红舞女并肩携手地双双进入新居中去。阮玲玉看到此情此景，心快跳到喉咙口，手激动得急剧颤抖，几乎眼发黑快晕了过去，心中在默念着：啊！她胸前还戴着那颗红宝石项链！

原来，在数天前，阮玲玉已见唐季珊行动有异，借他酒后熟睡之机，带着试探的心情，搜查了一下他的上衣口袋，摸着了一个硬梆梆的东西，拿出来一看，是一个精美的首饰盒子，内装一条红色宝石的项链。阮玲玉看着这精美的饰物，思绪起伏：他是送给我的吗？他已知道我有几条满意的项链了，而且这一条和我原有的项链中的一条十分相像。可他不是送给我的，又是送给谁的呢？阮玲玉全身血液沸腾着，微皱眉头，不觉又想到，难道自己的猜测，近日来所听到的风言风语是真的么？当她再回过头去，看见正躺在床上的唐季珊，沉睡中一滴口水顺着嘴唇流出的样子，徒生一种嫌恶的感情。阮玲玉是一个十分爱干净的人，顺手拿了一块手帕拭去了唐季珊嘴边的唾液。随着这一个动作，她心中又萌生一个念头，可能是自己小心眼。是真是假还得进一步留心查看。现在看来，天呐！这一切原来都是真的？

唐季珊的变化，唐季珊的见异思迁，这一打击不亚于张达民的堕落，不，只有过之而无不及。昔日阮玲玉与张达民联姻，是母女都寄人篱下，又受旧风俗习惯的束缚，家长为子女包办婚姻，代订婚约，收受财礼，到处都有。阮玲玉幼年丧父，母亲为她与张达民订婚，在当时是很平常的事情。何况，那时阮玲玉并未成年，婚姻由无经济能力的寡母代办，现在离异，能看清几分真相的人，可能同情是在阮玲玉这一边的；可是，与唐季珊同居时，自己已是一个 22 岁的成熟女子，又是一个曾经历过一次婚姻不幸的人，这是自作自受。

阮玲玉的苦衷，向谁诉？向谁言？自然，她首先想到了在生活中最亲的人——母亲。可她想到，就是对母亲倾诉心怀，也是于事无补，她见着母亲因过于辛劳的生活而造成额头的缕缕皱纹，就不忍心再去加重她的悲痛。

从此，在阮玲玉的生活中，有着异乎寻常的变化。不明底细的人，从表面看去，她照常拍戏，准备角色，参加社交活动，可要是一个细心的人就会觉察到，她在和大家说笑的时候，总有那么一点像在哭的味道，或者笑声刚出来，又戛然而止。

# 神女背后，万般苦楚

阮玲玉从 1930 年后，一直到她 1935 年去世的四五年间，参加拍摄了近 20 部影片，她的表演大都是具有一定的思想和艺术深度的。自然，其中也有较差的，如《再会吧，上海》（1933 年）和最后拍摄的《国风》（1935 年）。在这两部影片中，一是她在进入角色时有过多的理念成分；二是缺少人物独特的感情和动作。也许，这是她在这一时期中，被婚姻和感情折磨所致吧。

就我们现在所能看到的阮玲玉后期影片里，以《小玩意》（1933 年）、《神女》和《新女性》（1935 年）3 部为最有光彩、最有代表性。

导演孙瑜自与阮玲玉合作拍摄《故都春梦》、《野草闲花》后，就缺少合作的机会。因为，这时阮玲玉在电影界的声誉日高，许多电影导演名家，都纷纷邀她拍片。曾与阮玲玉初次合作《挂名夫妻》一片的导演卜万苍，在 1931 年又与她合作了《恋爱与义务》、《一剪梅》、《桃花泣血记》，1932 年与她合作了《续故都春梦》、《三个摩登女性》。著名导演朱石麟在 1931 年与她合作拍摄了《自杀合同》；费穆在 1933 年与她合作拍摄了《城市之夜》。孙瑜虽认为阮玲玉是默片时代最有创作活力的电影女演员，也没有获得再度合作的机会。

1933 年，孙瑜编导了他的救亡三部曲（《野玫瑰》、《小玩意》、《大路》）之一的《小玩意》。阮玲玉向他表示了再度合作的意愿，孙瑜欣然同意由她扮演女主角叶大嫂，还决定邀请她的养女妙容在片中扮演叶大嫂的女儿——珠儿（长大后为黎莉莉扮演）。

阮玲玉在此片中，不仅自己演得好，还适时地帮助了扮演珠儿的演员黎莉莉。

阮玲玉在《小玩意》中，演得最出神入化的地方，还是在影片的结尾部分。一年春节，她身遭家破人亡之后，流落在春花舞场门外的街头，猛听见爆竹一声巨响，误以为敌人杀来，精神失常，高呼："中国要亡了……快救救中国!"她指着一些沉醉在灯红酒绿中的男女："我所说的是你!""是你!"虽然叶大嫂的语言是用字幕打出来的，可阮玲玉对于她那种既疯呆，而又对侵略者怀有深仇的真情，掌握得恰到好处。影片用几个不长的中、近景，拍摄了在人群中的叶大嫂大幅度摆动身肢和凝视失常的眼神，显示出阮玲玉已完全沉浸在角色之中。透过她的眼神，一幕幕敌人摧残杀害中国人的惨剧在重现，透过她自己制作的小玩意——士兵、武器去冲锋陷阵的幻觉，更刻画了她的爱国激情。这使人感受到："阮玲玉既善于演一些细致入微的感情变化，又能发挥出淋漓尽致的奔腾激情，并达到和谐的统一。"

1933 年 8 月 13 日，阮玲玉拍完《小玩意》后，感觉疲劳，她到普陀山去休息了几天。接着，她在费穆导演的《人生》里担任女主角。该片的主要内容，是表现一个女工，由于生活和环境的逼迫，使她一生都无法摆脱当妓女的命运。影片制作时间历时 4 个多月，首映于1934 年 2 月 3 日上海金城大戏院。放映后得影评界关注，认为："1934 年带给中国电影的是压力的黑影与忧郁。但是，费穆的《人生》，的确表示了中国电影的技术水准的新的阶段。"影片的成绩是与阮玲玉的表演技艺分不开的。她在影片中饰演的角色，从少小到老死，历时四、五十年之久。当影片拍完后，阮玲玉曾对人说过，在她所拍过的影片中，她以为这部影片的表演是最使她满意的了。

在阮玲玉所主演的 29 部影片中，就她在艺术上的完美和光彩来说，吴永刚导演的《神女》可以说是她的艺术顶峰之一。

由于有了阮玲玉的参加，增加了吴永刚拍好《神女》的信心。因为，吴永刚作为"联华"的一位美工师，曾经无数次在摄影场上看见过阮玲玉在摄影机前的表演，他认为："她有着非常敏捷的感应力，如同一张感光最快的底片，反应力非常快;尤其是她那种对于工作的严肃、一丝不苟的态度，使人感动。"而在她过去的作品中，她曾经饰演过多种人物，她不但能摹拟各种人物典型，并且能深深地抓住剧中人的个性，她能控制她的感情，使她的表情和动作，转变的顺序节奏恰到好处。她对于工作是聪明而诚恳，待人接物使人感到像是一团和煦的春风。

从她在《神女》中的第一个镜头起，阮玲玉从步态、面容、情绪、细节，都演得那么从容、自然、准确。而这又不是琐琐碎碎、断断续续的。它是这一艺术形象总体中的一部分、一方面。一皱眉，一昂头，一举步，一个眼神，都是人物整体中的一枝一叶。这种对人物整体把握和表现的能力，体现出阮玲玉的表演艺术已进入成熟的境地，已从一般表演上的真实、质朴、自然，达到了创造完整丰满的性格化表演的高峰。

在《神女》里，有三次表现神女上街卖淫的镜头。

第一次，她第一次出街，来到20年代的路灯下，从眼神、面容、步态，尤其是抽烟、吐烟圈的细节，活画出她那从事这一不幸生涯的真实形态。可是，阮玲玉并不以这些表面的、外观的真实为满足，而在细微的瞬间，在面容的变化和紧闭一下嘴唇的表情中，显露出她内心的委屈、无奈和痛楚。这都是在极短的镜头中完成的，反映了阮玲玉感情变化迅速、明快的特点，也使人物在具有真实可信性的同时，有了深度和厚度，有了多样的色彩。尤其令人惊讶的，是阮玲玉在步态的运用上，真是像出色的音符那么准确、传神。如同她出卖肉体挣不到钱，而在当铺门口徘徊时进退两难的步态；尤其是当寒夜已经过去，黎明初展，她拖着疲惫的步子沉重、缓慢地上楼，这一步态，既反映了她身体的疲劳，更表现出她心灵的悲切。在画面中，阮玲玉有时是以背影出现，而却给人以胜过语言、胜过正面面部表情许多倍的感染力、想象力。

第二次：她在街上卖淫时，受到巡警的追捕。慌忙之中，她竟误撞入那个高大肥胖的流氓（章志直饰）房里。她如同一只小鸡似的，刚逃过豺狼的追逐，又落入饿虎的巢穴。惊魂未定，神色惶恐，她向流氓发出一丝希望的祈求，流氓掩护了她，把警察打发走了。她神色略显安定，流氓又强迫她留下过夜："你应当怎样来谢我？今天别走了！"她听了他的话并不声响，平静的外表隐含着内心无比的屈辱和痛苦。此时，她在一个较长的摇镜头中，默默地向里走去，跳到桌上坐着，还将一只腿搭在木椅上，她找流氓要了一支烟，在指甲上磕了磕烟丝，既豪爽又从容地吸着……在阮玲玉的脸上，我们没有看见她啼哭、悲切的表情，然而在她这种默默的、连续不断的形体动作中，在她那淡淡的、冷峻的目光后面，却使人感到她有比啼哭、悲切更深沉的东西！

第三次，阮玲玉只是以她的步态，向嫖客走去，镜头中是她的脚的特写。简简单单的、朴素的几步，暗示出她一次次出卖了自己的肉体，干着最不幸最可耻的勾当。电影表演不可能在每个镜头中，全都显露演员的面部和肢体，但在局部镜头中，也要紧紧联系着人物整个精神状态。导演在这一小节镜头中，虽只是双脚走动的特写，可它已是有主体感觉的、有生命的，观众也完全可以想象出阮玲玉当时那似哭非哭，楚楚可怜的神情。

这三次卖淫的表演处理，镜头都不算太长，阮玲玉却在有限的篇幅里，在默默无言的动作中，以及在细微变化的表情里，活现出一个地道的旧上海滩、而且是个生活在最底层的妓女血泪史。她演得既有妓女卖笑的职业特点，又演得那么含蓄，毫不给人一种感官上的生理刺激；相反，还给人一种"脱俗"的味道。阮玲玉表演丑恶的生活现象，却留给人们美的艺术享受。这正反映她的美学观、艺术观日趋成熟。

阮玲玉在这之前，曾在《玉堂春》、《故都春梦》、《人生》等影片中，成功地塑造过妓女的角色，唯独在《神女》中，塑造了一个富有哲学意味的艺术典型。如果阮玲玉演出她不幸屈辱的一面，那么，即使她演得再出色、再成功，终不过是个中外电影史上已经有过、常见的妓女罢了。阮玲玉在这一角色身上所追求，所探寻的，有更为重要，更具特色的另一面，那就是她在第一场里就定下的基调："崇高的无私的母爱。"正是流动于她心灵之中的这种母爱，使神女的形象发出了与众不同的光彩。在影片中，孩子才是神女的欢乐、安慰、希望。她的肉体虽然属于世上的任何男人，可她的灵魂却只属于她的孩子。当她一抱起孩子时，似乎在灵魂里纯洁得没有一丝污秽。人们不能不感到惊讶！阮玲玉竟能这样天才地将最不幸、最痛苦的情感和最崇高、最丰富的母爱揉和在一起；竟能从一个最下等的神女身上，发掘出最美、最无私、最纯洁的母爱之光；竟能从最寻常、最普遍的日常生活中，挖掘出一种艺术美的境界。

美国影片公司在 30 年代的初、中期，一度盛行以旧时的默片重新摄制有声片。如《三剑客》、《双城记》和《钟楼怪人》等，都是先有默片，后来才有有声片。吴永刚在拍摄了《神女》（1934 年）之后，于 1938 年又在联华公司，重新拍摄和《神女》内容几乎完全一样的有声片——《胭脂泪》。此时，已是阮玲玉去世后 3 年，该片的女主角由另一有名的红女星扮演。其他配戏的主要演员尽量保留（如饰演孩子的黎铿，扮演流氓的章志直等）。场次、镜头的分切等处理也基本忠实于此前拍摄的《神女》。由于有重要女明星参加，影片有一定的影响，但人们难于忘怀的是阮玲玉在《神女》中那纤弱灵巧、造型优美的形体；更难于忘怀的是她那凄楚冷峻的眼神，这一切的美，在人们的心中是永恒的。